Or des Amériques

◂ **La flotte de Christophe Colomb à la conquête du Nouveau Monde**
Nova tipus transacto navigatio novi Orbi de Philoponus Honorius, 1621
Photo : © Costa, Leemage

Sous la direction **d'Hélène Dionne**

OR DES AMÉRIQUES

SEPTENTRION

MUSÉE DE LA CIVILISATION
Québec

L'exposition *Or des Amériques* sera présentée à Québec du 30 avril 2008 au 11 janvier 2009 et au Muséum national d'histoire naturelle de Paris du 4 avril 2009 au 19 janvier 2010.

L'exposition *Or des Amériques* et le présent ouvrage ont été conçus par le Musée de la civilisation de Québec, sous la direction de François Tremblay, directeur de la Direction des expositions et des affaires internationales du Musée de la civilisation de Québec.

Le Musée de la civilisation tient à remercier chaleureusement ses partenaires pour leur engagement, leur expertise et leur appui financier dans la réalisation de l'exposition *Or des Amériques*:

AGNICO-EAGLE

goldcorp

ROYAL CANADIAN MINT
MONNAIE ROYALE CANADIENNE

IAMGOLD CORPORATION

L'ASSOCIATION MINIÈRE DU QUÉBEC

Ressources naturelles et Faune Québec

Ressources naturelles Canada / Natural Resources Canada

Le Musée de la civilisation est subventionné par le ministère de la Culture et des Communications du Québec. Les éditions du Septentrion remercient de leur soutien financier le ministère du Patrimoine canadien, le Conseil des Arts du Canada et la Société de développement des entreprises culturelles du Québec (SODEC). Les éditions du Septentrion bénéficient du Programme de crédit d'impôt pour l'éditionde livres du gouvernement du Québec, géré par la SODEC.

En couverture: Vêtement rituel Mochica en forme de peau de félin, découvert sur le site Huaca de la Luna au Pérou, Universidad Nacional de Trujillo, Pérou, Projet Huaca de la Luna. Inv. PHLL-56 INC-03, H: 67 cm, La: 31 cm Ep: 11 cm. Photo: Steve Bourget

Quatrième de couverture: Escudo espagnol en or arborant une croix potencée dite de Jérusalem sur son revers. Fin du XVIe siècle. Photo: Michael McKeown, The Ulster Museum; Escudo espagnol en or arborant les armoiries de Philippe II, *ibid.*; Monnaie d'or portugaise frappée à Lisbonne à l'effigie de saint Vincent (São Vicente), fin du XVIe siècle, The Ulster Museum, Belfast, Inv. BGR 800. Photo: Michael McKeown, The Ulster Museum; *Corbeau apportant la lumière au monde*, Masque haïda en or de Robert Davidson, diam: 30 cm. Photo: © 2007 Monnaie royale canadienne – Tous droits réservés

Rabat de gauche: Cortès entre en grande pompe à Mexico et est reçu en toute amitié par Motecuhzoma. Huile sur cuivre, 1776-1800, Museo de América, Madrid, Inv. 00209. Photo: Museo de América; Ostensoir dit «Soleil des Trois-Rivières», Claude Boursier, 1663-1664, Vermeil (argent recouvert d'or par placage), Conseil de la Nation Huronne-Wendat, Wendake, Québec. Photo : © Canadian Museum of Civilization, Harry Foster, D2007-12318

Rabat de droite: Détail d'*Insularum Britannicarum acurata delineatio ex -geographicis conatibus Abrahami Ortelii* dans Georg Horn, *Accuratissima orbis delineatio, sive, Geographia vetus, sacra & profana...* Amstelodami: Prostant apud Joannem Janssonium, 1660. Musée de la civilisation, bibliothèque du Séminaire de Québec. Photo: Idra Labrie, Perspective, Musée de la civilisation

Publication

Direction: Hélène Dionne
Conseiller historique: François Gendron, Muséum national d'histoire naturelle de Paris
Recherches bibliographiques: Pierrette Lafond
Recherches iconographiques: Frédérick Bussières
Révision linguistique: Christian Bouchard
Secrétariat: Danielle Roy
Traduction: Louis Jolicœur, Madeleine Stratford

Exposition

Directeur du Service des expositions historiques: Pierre Bail
Chargée de projet: Hélène Daneau
Chef du Comité scientifique: José Lopez Arellano
Conservatrices: Annie Beauregard, Nicole Grenier

Éditeur

Direction éditoriale: Gilles Herman
Chargée de projet: Sophie Imbeault
Révision: Solange Deschênes
Maquette de couverture et mise en pages: Pierre-Louis Cauchon
Réalisation de l'index: Roch Côté

1300, av. Maguire
Sillery (Québec)
G1T 1Z3

Dépôt légal :
Bibliothèque et Archives nationales du Québec, 2008
ISBN : 978-2-89448-546-0

Diffusion au Canada :
Diffusion Dimedia
539, boul. Lebeau
Saint-Laurent (Québec)
H4N 1S2

Ventes en Europe :
Distribution du Nouveau Monde
30, rue Gay-Lussac
75005 Paris

Avant-propos

Claire Simard
Directrice générale, Musée de la civilisation

IMAGE DE RICHESSE NATIONALE, évocation de prodigieuses splendeurs, expression d'irrésistibles pouvoirs, étalon des monnaies, l'or a exercé son pouvoir dans tous les pays du monde et a influencé l'exploration et la colonisation de vastes régions. Rares sont les peuples qui ont échappé à sa fascination. Ce sont pourtant les Amériques qui furent, depuis la conquête européenne jusqu'à l'aube du xxe siècle, les principaux pourvoyeurs d'or de la planète. L'exploitation de ce métal précieux reste encore aujourd'hui un défi que les hommes et les femmes relèvent avec compétence et ingéniosité.

Le Musée de la civilisation se devait d'explorer cette grande aventure panaméricaine que partagent les pays du Nouveau Monde, depuis les civilisations précolombiennes jusqu'à l'or industriel contemporain. L'exposition *Or des Amériques* montre la riche diversité des perceptions et des usages de l'or, ce métal que les premiers habitants du continent appelaient la « sueur du soleil ». Au fil des siècles, des millions de personnes ont fouillé les entrailles de la terre, en espérant atteindre l'Eldorado et trouver la richesse. Encore aujourd'hui, l'exploitation de l'or offre aux peuples des Amériques un espoir qui oscille entre fortune et misère.

Le Musée de la civilisation raconte, dans *Or des Amériques*, une histoire passionnante qui n'est pas toujours tendre envers ses protagonistes. Autochtones, conquérants, colonisateurs, explorateurs et entrepreneurs, tous ont entretenu et entretiennent toujours une relation particulière avec ce métal précieux. À l'heure où la valeur marchande de l'or explose et où les pays des Amériques ont entrepris des dialogues sur l'alignement de leurs forces, une grande exposition sur ce thème est on ne peut plus d'actualité.

Or des Amériques a su intéresser bien des collaborateurs et des partenaires. Mais, avant tout, elle aura été une expérience humaine et professionnelle très enrichissante. Projet de longue haleine conçu et réalisé par le Musée de la civilisation, l'exposition a bénéficié du soutien intellectuel de scientifiques et de praticiens de grande envergure dont on trouvera l'écho dans cet ouvrage. Fidèle à sa manière de faire, le Musée de la civilisation propose à ses lecteurs une vision globale, issue de la contribution d'une équipe multidisciplinaire. Chacun des auteurs rayonne avec autorité dans son champ d'expertise et c'est une occasion unique d'avoir leurs propos réunis autour du thème *Or des Amériques !*

Je ne saurais passer sous silence la collaboration remarquable des institutions et des collectionneurs privés qui nous ont permis de réaliser ce projet. Une soixantaine de prêteurs provenant de neuf pays (Canada, Colombie, Espagne, États-Unis, France, Irlande, Mexique, Pérou et Portugal) ont généreusement prêté leurs collections. Il faut aussi mentionner l'aide financière et technique importante de l'industrie minière et de la Monnaie royale canadienne, qui ont toujours été respectueuses de la nature de notre travail.

Sans le partage et l'intégration des idées, des savoir-faire et des collections, l'exposition *Or des Amériques* n'aurait pu atteindre une telle envergure, dans sa présentation au Musée de la civilisation, à Québec en 2008 et au Muséum national d'histoire naturelle, à Paris en 2009.

Je souhaite à tous que ce voyage au cœur des Amériques soit une découverte pleine d'enseignements et de réflexions propres à nourrir les importants défis qui se posent aux sociétés des Amériques et d'ailleurs.

MUSÉE DE LA CIVILISATION
Québec

Bertrand-Pierre Galey
Directeur général, Muséum national d'histoire naturelle

Avec *Or des Amériques*, une exposition conçue et produite par le Musée de la civilisation de Québec, le rêve, l'histoire et la science seront au rendez-vous.

Les concepteurs du projet présentent en effet une approche très complète qui a su réunir chercheurs, conservateurs, experts des deux rives de l'Atlantique. Les objets exposés n'ont pas été rassemblés seulement pour éblouir, mais pour témoigner de l'importance considérable de l'or dans l'histoire et dans les rapports entre les cultures.

La recherche du fabuleux métal a lancé vers le Nouveau Monde bien des hommes « ivres d'un rêve héroïque et brutal ». Cette quête souvent tragique d'un Eldorado représente la face très sombre d'une épopée qui a connu de nombreux épisodes et qui s'est déroulée sur plusieurs scènes au Mexique, au Pérou, en Californie, en Alaska ou au Québec. Elle ne peut faire oublier l'ingéniosité des mineurs et des artisans, la beauté du travail des orfèvres qui, selon les mythes ou les usages de leur culture, transformaient le minerai en objets précieux.

L'exposition et sa publication nous font également découvrir la fonction financière de l'or dans les sociétés modernes, les prospections actuelles et les études géologiques contemporaines.

En partageant un regard émerveillé et lucide sur l'or, objet de nature, objet de culture, en échangeant à travers une exposition, une expérience, le Muséum et le Musée de la civilisation de Québec renforcent un lien de coopération culturelle qui prend tout son sens en permettant au public français de découvrir le fascinant *Or des Amériques*… une découverte qui les enrichira bien sûr !

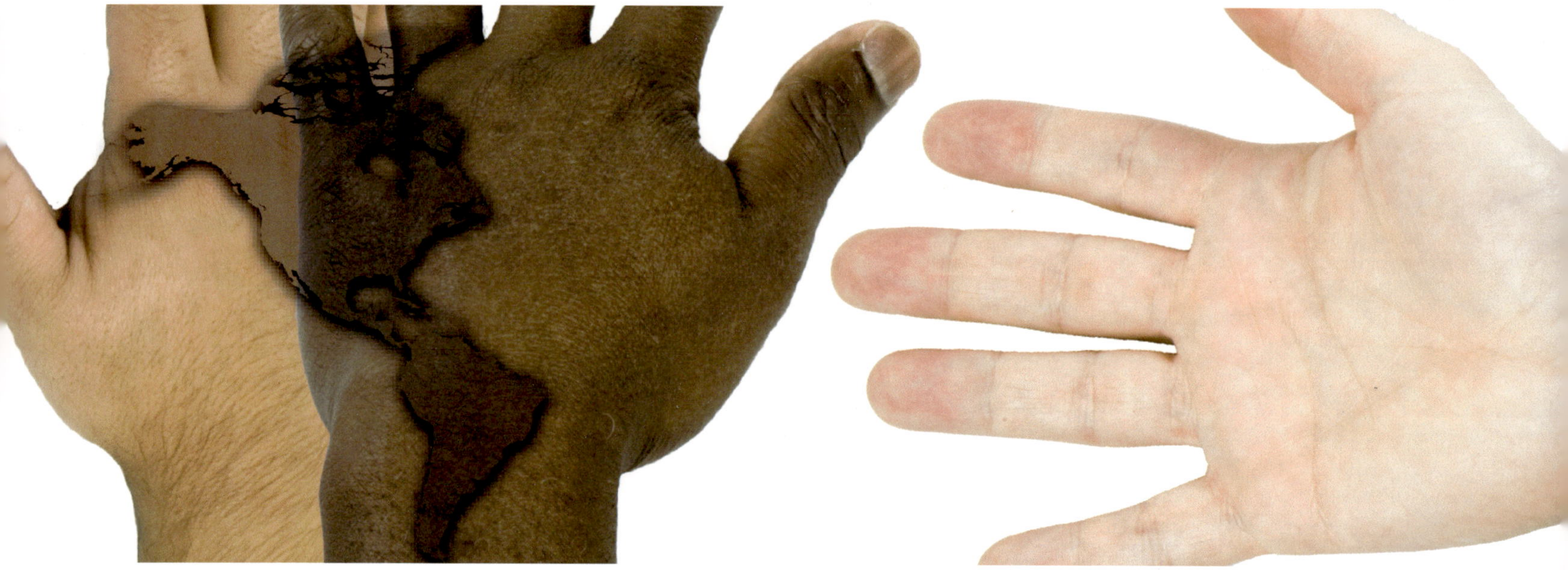

Préface

Corps des Amériques

DANY LAFERRIÈRE
Écrivain

HÉLÈNE DIONNE N'A PAS VOULU qu'on discute au téléphone d'un sujet aussi précieux : l'or des Amériques. Cet or arrive, m'a-t-elle dit, dans peu de temps à Québec. Comment recevoir le célèbre métal et ses multiples métaphores qui ont tant contribué à fonder le réel et l'imaginaire de notre continent ? Faut-il remuer l'histoire et son cortège de malheurs ? Doit-on croire que tout cela n'est que du passé ? Qui parle alors ? L'héritier du maître ou l'héritier de l'esclave ? Car l'Amérique est née d'un crime : le génocide amérindien. Et l'une des raisons de ce génocide est cet or qui, en liquide, court plus vite que l'héroïne dans le sang du conquistador qui finit toutefois par se faire dévorer dans son hamac par des anophèles gorgés de fièvres tropicales.

Il reste chez moi de légères traces de cette conquête. Et la sieste en est une. Malgré ou à cause de cette constante agitation urbaine, je continue à faire la sieste, l'après-midi. Après cette rapide conversation au téléphone, je suis allé me coucher dans de frais draps blancs, en ayant soin de baisser les stores. Dans cette douce pénombre, qui m'a rappelé les Caraïbes, j'ai pu repenser à ce reflet jaune qui aveugla l'Europe entière durant près de quatre siècles. Quand on perd la vue, remarque l'Argentin Borges, le jaune est la dernière couleur à disparaître. Je fermai donc les yeux pour voir, en un clin d'œil, tout l'or des Amériques que le Musée de la civilisation dépose aujourd'hui à vos pieds.

Hélène Dionne m'attendait, avec son sourire et ses dossiers, dans ce petit café de la rue Saint-Denis, à Montréal.

– Que voulez-vous de moi ?

Elle me regarda en face. Autour de nous quelques clients lisant ou buvant sans hâte leur thé vert. J'essaie toujours de chercher dans les faits les plus banals de notre vie quotidienne les signes accablants de la déchirante histoire coloniale. Un simple thé vert nous dit l'aberration des Indes occidentales en nous rappelant l'arrogance d'une culture qui tenta de changer la carte du monde afin de ne pas se tromper de direction. L'Inde est derrière vous, Monsieur Colomb !

Le regard sensible d'Hélène Dionne dont les ancêtres quittèrent l'Europe un jour pour cette Amérique de rêverie de Bernardin de Saint-Pierre, qui n'était en fait qu'un immense camp de travail sous un soleil torride, redonne à cet univers son vrai sens exempt de haine comme de naïveté. Et je revois, dans le même cillement, mon ancêtre débarquer des cales d'un négrier pour tomber, sans transition, dans l'enfer de Saint-Domingue. Voilà donc, face à face dans ce petit café montréalais, l'Européenne et l'Africain, ces deux immigrés qui ne retournèrent jamais à leur point d'origine. Sont-ils restés les mêmes ? C'est l'Amérique d'aujourd'hui. Car il nous faut soupçonner ces identités pures dans cette Amérique affolée de désirs furieux et de rapports troubles durant ces lourdes nuits embaumées de tous les parfums d'une si riche flore. Loin de l'Europe, les interdits tombèrent comme des mouches saoulées par la chaleur. Et nous voilà, Hélène Dionne et moi, en train de discuter, quelques siècles plus tard, d'une histoire qui nous est aujourd'hui commune. Breton soupira, vers la fin de sa vie : « Je cherche l'or du temps présent. »

– J'aimerais, dit-elle, que vous préfaciez le livre de cette exposition.

Et elle m'expliqua minutieusement ce projet qui la brûle depuis un bon moment. L'or continue donc de faire des ravages au cœur sauvage de la jeune Amérique. Elle m'exhiba chaque collaborateur de ce livre comme une pépite. Et chacun a une fonction précise dans une ruche où la reine recueille, avec diligence, le fabuleux pollen.

‹ Corps des Amériques

Photo : Idra Labrie, Perspective, Musée de la civilisation
Graphisme : Charles St-Gelais, Musée de la civilisation

Carta esatta rappresentante l'Isola di S. Domingo osia Hispaniola dans *Il gazzettiere americano : contenente un distinto ragguaglio di tutte le parti del Nuovo Mondo…*, In Livorno, Per Marco Coltellini, 1763

Musée de la civilisation, bibliothèque du Séminaire de Québec, SQ0025655
Photo : Idra Labrie, Perspective, Musée de la civilisation

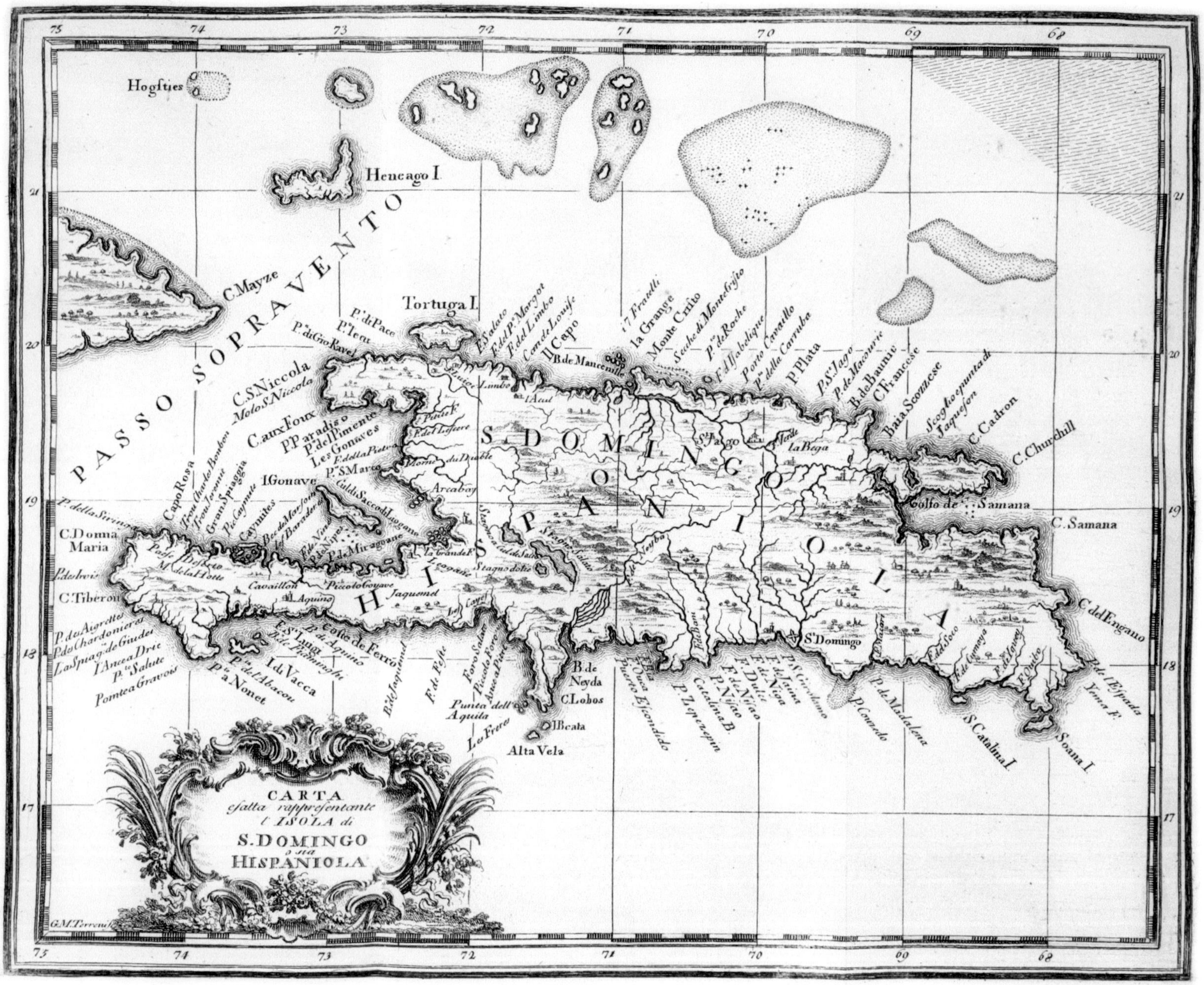

– J'ai une certaine difficulté à séparer l'or du corps, dis-je.

Ses yeux brillent instantanément, mais elle se garde de tout commentaire pour ne pas m'influencer. Il ne faudrait surtout pas que cette mémoire déjà blessée ne devienne une mémoire volée. Ce n'est pas le cas ici si l'on voit avec quelle délicatesse Hélène Dionne touche cette plaie encore vive.

Avant de lire dans les salles du musée cette histoire de l'or, il faut savoir qu'elle fut d'abord une histoire de la frénésie des hommes pour le pouvoir. Et visualiser, si possible, la rivière de sang qui en résulte. Et chacun l'a vécue, selon sa position dans l'histoire. Pour l'Indien, ce fut féroce et rapide. Pour le Nègre d'Afrique : une interminable nuit sanglante. L'Européen y a connu l'aventure, les maladies et la mort hors de son lit natal. Selon qu'on soit d'un côté ou de l'autre de la rivière des Massacres, la vie fut différente.

Voici comment le poète haïtien René Depestre raconte cette épopée du point de vue de l'Esclave.

> « Quand la sueur de l'Indien se trouva brusquement tarie par le soleil
> Quand la frénésie de l'or draina au marché la dernière goutte de sang indien
> De sorte qu'il ne resta plus un Indien aux alentours des mines d'or
> On se tourna vers le fleuve musculaire de l'Afrique
> Pour assurer la relève du désespoir
> Alors commença la ruée vers l'inépuisable
> Trésorerie de la chair noire
> Alors commença la bousculade échevelée
> Vers le rayonnant midi du corps noir
> Et toute la terre retentit du vacarme des pioches
> Dans l'épaisseur du minerai noir[1]. »

Pour Depestre, le métal précieux, c'était le Nègre importé d'Afrique pour venir prendre la relève de l'Indien épuisé par les maladies et le travail. Le Nègre a toujours vu cet or comme une abomination. Et tout l'or d'Amérique ne pèsera jamais plus lourd qu'une nuit d'horreur dans la cale des négriers.

Alors pourquoi est-ce que j'accepte de présenter cette publication ? Parce que l'histoire est tissée de bonheurs et de malheurs. Et qu'il serait dangereux de commencer à l'amputer de ce qui ne fait pas notre affaire. Et qu'après tout cet or est là. Et qu'il est un fait incontournable. Et qu'il contient l'énergie qui nous a lancés à une folle vitesse contre le mur du temps. Il engendra aussi des rituels sanglants où des mains dessinent des cartes sur la peau humaine et tracent des symboles complexes qui se sont changés avec le temps en œuvres d'art. La douleur qui devient une œuvre d'art. Depestre nous fait frémir en évoquant « la relève du désespoir ». Ce désespoir qui passe de la main de l'Indien à celle de l'Esclave, pour briller dans la nuit d'une lueur jaune et triste. Il faut, bien sûr, élargir les responsabilités jusqu'à l'Église qui a permis de bénir avant de tuer.

En voyant la longue liste des savants et la grande diversité des angles pris pour étudier ce moment de l'histoire des Amériques, j'ai tout de suite compris que le musée avait pleine conscience de la situation. Et qu'en fait cette publication n'était que la véritable histoire du Nouveau Monde. Le roman de l'or. Homère remarque que les dieux nous envoient des malheurs pour que nous puissions en tisser des chants. Cet or et les douleurs qui l'accompagnent entrent aujourd'hui dans ce musée pour que la folie des hommes puisse être vue de près par un public qui, toujours, préférera la justice à l'or.

Pendant des semaines, la proposition d'Hélène Dionne m'accompagna partout. Je ne voulais pas que l'or cache le labeur des hommes et la douleur de ces femmes qui firent les frais de la solitude du maître. Je me suis rappelé la fin du poème de Depestre pour exprimer les révoltes à venir :

> « Muris ton grisou dans le
> secret de ta nuit corporelle
> Nul n'osera plus couler des
> canons et des pièces d'or
> Dans le noir métal de la
> colère en crues[2]. »

Détail d'*Insularum Britannicarum acurata delineatio ex geographicis conatibus Abrahami Ortelii* dans Georg Horn, *Accuratissima orbis delineatio, sive, Geographia vetus, sacra & profana…* Amstelodami : Prostant apud Joannem Janssonium, 1660.

Musée de la civilisation, bibliothèque du Séminaire de Québec
Photo : Idra Labrie, Perspective, Musée de la civilisation

1. René DEPESTRE, *Minerai noir*, Paris, Présence africaine, 1956.
2. *Ibid.*

« Cette terre doit être désirée, découverte et ne jamais être quittée. »

Lettre de Christophe Colomb au roi Ferdinand d'Aragon, le 4 mars 1493

Lever de soleil - 25 septembre 2005
Photo : Francis Baillargeon

CHAPITRE 1

LES AMÉRIQUES

L'or des Amériques

José Lopez Arellano, Ph. D. Antropologie, chef du Comité scientifique du projet d'exposition,
Musée de la civilisation, Québec

Insula hyspana

L'or des Amériques

José Lopez Arellano
Anthropologue, chef du Comité scientifique du projet d'exposition, Musée de la civilisation, Québec

Les Amériques, de l'or et des hommes

Vers la fin du xve siècle, l'Amérique semble sortir du néant. Les vastes étendues, la singularité des civilisations et la variété des ressources du nouveau continent fascinent les Européens et transforment radicalement le futur de l'humanité. L'or est la cause première de cette fascination et l'exploitation de l'or est le principe à l'œuvre qui va bouleverser de fond en comble la vie des Autochtones des Amériques et contribuer au développement du colonialisme et du mercantilisme européen. Les rêves des richesses et l'emprise des chimères aurifères ont envoûté les conquistadores, les premiers à s'engager corps et âme dans la première d'une longue série des ruées vers l'or, ressorts inopinés de l'expansion territoriale et du façonnement du Nouveau Monde[1]. L'afflux intarissable des métaux précieux vers l'Europe va contribuer à l'essor d'un système financier et commercial d'envergure mondiale. S'il y a un lieu sur terre dont le devenir a été étroitement associé à l'or, ce sont bien les Amériques. Afin de mieux cerner les dimensions occultes derrière ces événements historiques, il est nécessaire d'explorer les perceptions, les usages et les vertus que l'imaginaire social confère à l'or et les répercussions que les pulsions et les désirs humains ont exercés sur la vie, la culture et la structure sociale des Amériques.

◂ **Le débarquement de Christophe Colomb (1451-1506) à Hispaniola.**
Gravure tirée de *De insulis in mare indico super inventis*, Bale 1493-1494 (traduction latine du rapport de Colomb au roi d'Espagne).
Photo : © Costa-Leemage

Un nouveau continent

« En 1491, les Incas gouvernaient le plus vaste empire de la terre[2]. » Les Européens qui vont débarquer sur le nouveau continent n'ont aucune idée de l'ampleur des terres à explorer ni du nombre d'habitants, de peuples et de cultures différentes qui habitent ce territoire. Les premiers contacts avec la population indigène et les premières explorations vont avoir une conséquence néfaste difficile à mesurer encore aujourd'hui. Les Européens ont apporté avec eux des animaux domestiques qui étaient porteurs de virus, entre autres celui de la variole. « En Europe, la présence récurrente de ce virus faisait qu'une grande part de la population adulte était immunisée contre lui. [...] Les Indiens n'y ayant jamais été exposés, ils étaient en termes d'épidémiologie un "terrain vierge". [...] La période d'incubation de la variole est d'une douzaine de jours, pendant lesquels la personne contaminée, qui ne se sait pas forcément atteinte, peut transmettre la maladie à tous les individus qu'elle rencontre[3]. » Le conquistador Cieza de León a rapporté qu'une grande épidémie de variole s'était déclarée dans tout l'empire et qu'elle avait emporté plus de 200 000 personnes.

Au xvie siècle, la richesse et le pouvoir d'une nation sont mesurés par la quantité de métaux précieux qu'elle possède. Chaque nation doit donc accroître ses réserves d'or aux dépens des autres. À cette époque, les nouvelles forces économiques en émergence luttent contre l'influence de l'Église qui condamne la chrématistique, « l'art d'acquérir des richesses », la passion dévorante qui alimente la quête de l'or (*auris sacra fama* : la maudite soif d'or) et le

1. Sur les conséquences de l'afflux des métaux américains sur l'économie européenne et sur l'essor du mercantilisme espagnol, voir BERNSTEIN, 2000 ; CHAUNU, 1976 ; VILAR, 1974. Le rôle structurant de l'exploitation des métaux précieux dans l'intégration des Amériques à l'économie mondiale et ses conséquences sur l'économie, la culture et le développement des anciennes colonies espagnoles ont été largement documentés. Cf. BAKEWELL, 1989 ; BRADING, 1991, 1977 ; GALEANO, 1981 ; SERENA-FERNANDEZ, 2002 ; STEIN et STEIN, 1982.
2. Charles C. MANN, *1491. Nouvelles révélations sur les Amériques avant Christophe Colomb*, Paris, Albin Michel, 2006, p. 82.
3. *Ibid.*, p. 107.

prêt usuraire. Le commerce avec l'Orient était une source de richesses inégalée. L'Europe a joui pendant longtemps d'une voie d'accès rentable et sécuritaire vers la Chine et l'Inde grâce à l'hégémonie de l'empire mongol. En 1453, Constantinople tombe sous le contrôle des musulmans qui bloquent la route terrestre vers l'Asie. Afin de surmonter cet obstacle, les Portugais s'engagent dans l'exploration d'une voie en contournant les côtes africaines. C'est dans un tel contexte que Colomb, conscient que l'or est la substance la plus vivement recherchée, entreprend ses démarches auprès des cours européennes en offrant son savoir-faire dans la recherche d'une autre voie vers les Indes[4].

La Couronne espagnole a d'abord rejeté la proposition. Mais la possibilité de monopoliser une voie de commerce avec l'Orient et d'atteindre la mirifique cité de Cipango regorgeant d'or constituaient des arguments de taille pour une Couronne lourdement endettée par les guerres de *Reconquista*[5]. En échange de ses services et des futures richesses rapportées, Colomb convient avec la Couronne qu'il conservera 10 % des profits et qu'il sera nommé gouverneur unique et capitaine amiral des Indes. En 1492, Colomb foule la terre de l'île Guanahani, aux Bahamas[6]. Sous le regard ahuri des Autochtones, il taillade les arbres avec son épée en signe de possession. Son notaire dresse un acte de propriété contresigné par les témoins présents. Cette première rencontre avec des Indiens, ainsi nommés parce que les Espagnols se croient aux Indes, marque le début de l'ère coloniale moderne.

De retour en Espagne, une foule immense assiste à l'arrivée de l'amiral et de sa suite. Colomb parade avec les objets hétéroclites qu'il a rapportés des « Indes » : de l'or, des perles, des perroquets et quelques malheureux Indiens malades qu'il présente aux rois comme des sujets du Grand Khan. Il prépare rapidement une nouvelle expédition beaucoup plus ambitieuse. Son objectif est de fonder une colonie sur Hispaniola[7] et d'enclencher l'exploitation des gisements aurifères des îles Caraïbes. Lors de son dernier voyage, Colomb parvient à l'entrée du futur canal de Panamá : il n'a pas trouvé le passage vers l'Asie, mais il a trouvé de l'or, un premier et fugace eldorado. L'Amérique s'avère extraordinairement riche en métaux précieux et autres richesses.

La conquête de l'Amérique

Les ornements et les objets en or dont les Espagnols s'emparent étaient issus de la grande tradition orfèvre américaine[8]. Cieza de León consigne dans sa *Chronique du Pérou*[9] les splendeurs de l'empire inca et la destruction de ces trésors par les Espagnols. Il raconte que le temple du Soleil à Cuzco avait une fontaine dont la cuvette et les contours étaient couverts de plaques d'or. Il affirme avoir enlevé sept cents plaques d'or. Les jardins du temple étaient ornés d'une extraordinaire réplique d'un champ où des épis de maïs au sommet de tiges d'or émergeaient des mottes de terre figurées par des blocs d'or. Une vingtaine de lamas en or avec leurs bergers grandeur nature paraient l'enceinte du temple[10]. Voilà bien de quoi attiser la convoitise des conquistadores.

Les peuples préhispaniques ne se comportaient nullement de façon détachée face à l'or. Bien au contraire, l'or était recherché et valorisé, mais pas pour sa fonction économique. L'or préhispanique était massivement employé dans la production d'ornements personnels et d'objets votifs[11]. Ces ornements

4. Selon les calculs de Colomb, la terre avait une circonférence de quelque 25 500 km. En 1474, Paolo Toscanelli avait dressé une carte en faisant ressortir la proximité des côtes du Portugal de la limite orientale de l'Asie et avait calculé une distance de 3 000 milles nautiques entre les îles Canaries et Cipango (le Japon). Colomb ramène cette distance à 2 400 milles, argumentant qu'il était possible d'atteindre les Indes après une vingtaine de jours de navigation. Les experts de l'époque n'ont plus le moindre doute que la terre est ronde et que théoriquement il est possible d'atteindre la Chine ou l'Inde en traversant l'Atlantique. Mais les distances évaluées par Colomb étaient, selon les experts, fort erronées. Qui plus est, aucun bateau de l'époque ne pouvait transporter l'approvisionnement nécessaire pour parcourir une telle distance (HEERS, 1991 : 121).

5. La *Reconquista* ou Reconquête désigne les guerres menées pour reprendre les royaumes où les musulmans s'étaient installés dans la péninsule ibérique. En 1492, Isabelle de Castille accepte le projet de Colomb et il part pour les Indes comme agent personnel de la reine. La reconquête lancée en 718 s'achève en 1498. Cf. THOMAS, 2003 ; STEIN et STEIN, 1982.

6. Les historiens expliquent le succès de Colomb par l'emploi des nouvelles techniques de navigation : la boussole, le gouvernail d'étambot et la caravelle. Cf. [http://www.cristobal-colon.net].

7. Pour les juristes de la cour espagnole, les choses étaient un peu plus compliquées. Le voyage de Colomb venait de transformer la configuration du monde. Il était urgent de justifier légalement la prise de possession par l'Espagne des nouvelles terres et de lui assurer sans contestation possible l'exclusivité des futures découvertes. La diplomatie espagnole négocia rapidement avec le pape Alexandre VI quatre bulles successives : le traité de Tordesillas, un véritable accord sur le partage du monde et le début de la conformation des plus puissants empires coloniaux de l'époque.

8. Les spécialistes s'accordent pour dire que l'orfèvrerie préhispanique n'avait pas une « vocation économique » mais plutôt une fonction rituelle et emblématique. Cf. HOSLER, 1994 ; REICHEL-DOLMATOFF, 1990 ; SHIMADA et autres, 2000.

9. CIEZA DE LEÓN, 1984.

10. CIEZA DE LEÓN, 1984 : 160.

11. FAGAN, 1991 ; FALCHETTI, 2000 ; HOSLER, 1994.

Carte des Amériques

Gerardus Mercator, 1595, Photo : © Stapleton Collection/Corbis

étaient des emblèmes du rang social et les supports matériels d'une complexe iconographie religieuse et chamanique[12]. Ces ornements accompagnaient leur propriétaire jusqu'au tombeau. Puisque l'or était sacré, il se retrouvait plus souvent qu'autrement sous terre. Le saccage des sites sacrés et des tombeaux s'est avéré une des premières formes d'appropriation de l'or. Ces objets magnifiques ont été fondus en lingots et envoyés à Séville. Grâce aux arrivages américains, le stock d'or en Europe a doublé entre 1500 et 1650 et triplé entre 1650 et 1800[13].

Les dettes de la Couronne étaient réglées en métal et non en monnaie. La Couronne espagnole décide d'accumuler les métaux précieux et l'or ne doit plus être exporté ; cette politique économique est connue sous le nom de bullionisme[14] (de l'anglais *bullion* : lingot d'or). Cette perception de l'or comme matérialisation de la richesse aura des répercussions profondes sur le développement économique de l'Espagne et de ses colonies.

L'expansion commerciale européenne

Vu l'étendue du Nouveau Monde, la Couronne d'Espagne décide de subdiviser les nouveaux territoires afin de mieux les administrer et procède à la création de la vice-royauté de Nouvelle-Espagne (1535). Viennent ensuite celles du Pérou (1544), de Nouvelle-Grenade (1717) et du Río de la Plata (1776). La vice-royauté de la Nouvelle-Espagne comprend à elle seule la totalité de l'actuel Mexique, l'ensemble de l'Amérique centrale jusqu'au Costa Rica, la Californie, l'Arizona, le Nouveau-Mexique et le Texas.

Pour pallier la disparition des Indiens décimés par les maladies et le travail forcé, la Couronne espagnole a recours au trafic d'esclaves. L'Espagne ne pratique pas directement la traite négrière, elle requiert les services d'autres pays qui s'adonnent à ce

12. REICHEL-DOLMATOFF, 1990 ; EMMERICH, 1965 ; SHIMADA et autres, 2000.
13. VILAR, 1974 : 90-189.
14. Le bullionisme est en fait une des premières théories mercantilistes développées au cours du XVIe siècle, et les premiers mercantilistes sont appelés bullionistes. Ces penseurs partent de l'idée que la richesse repose sur l'abondance de l'or et de l'argent, et qu'il faut donc les entasser. Durant le XVIe siècle, la France et l'Angleterre vont participer au bullionisme, mais avec des finalités tout à fait différentes.

lucratif marché. Cette pratique s'appelait l'*asiento*[15]. Le Portugal est le premier pays à monopoliser l'*asiento* espagnol en Amérique et il prend en charge la capture et la livraison des esclaves. Les Anglais, les Français, les Néerlandais, les Allemands et les Danois ne tardent pas à se joindre à ce négoce profitable connu sous le nom de « commerce triangulaire », une des pierres d'assise de l'expansion commerciale et coloniale européenne[16]. Le commerce triangulaire consiste à transporter des marchandises d'un point à un autre : du blé, du vin et des esclaves africains. Les navires partent de l'Europe, chargés des articles destinés au troc, et se rendent à leurs comptoirs de traite installés sur les côtes africaines où ils échangent les marchandises contre des captifs. Ils transportent ensuite les esclaves vers les colonies d'Amérique et retournent en Europe remplis de produits américains. Les estimations concernant le nombre d'esclaves déportés vers les Amériques varient énormément et ne sont pas toujours exactes. On calcule que, du début du XVe au milieu du XIXe siècle, entre 6 et 50 millions de personnes ont été violemment arrachées du sol africain pour travailler dans les mines et les plantations[17].

L'exploitation des esclaves et des Indiens était la clef de voûte de la vie sociale, politique et économique. L'abondance des richesses a « engendré la fête et la tragédie et fait couler le vin et le sang[18] ». La vie des groupes nantis scintille d'or et de pierreries. L'éclat de l'or conjugué à l'art religieux et à l'architecture coloniale étaient de puissants dispositifs visuels et pédagogiques utilisés pour stimuler l'adhésion des Autochtones et des coloniaux aux préceptes de la foi catholique. En Europe, l'empire catholique espagnol est assailli par la montée du protestantisme, ce puissant renouveau moral qui anime les forces naissantes de l'économie moderne.

L'or arraché aux entrailles du sol américain devait cependant traverser l'océan. Les convois espagnols chargés de métaux précieux étaient sans cesse attaqués par des pirates[19]. La Compagnie hollandaise des Indes occidentales obtient en 1621 le monopole commercial avec les Amériques et, grâce à la création de la Banque d'Amsterdam, la capitale hollandaise devient le centre international des métaux précieux et le plus grand marché de capitaux[20]. L'essayiste Eduardo Galeano dit que « les Espagnols possédaient la vache mais que d'autres buvaient son lait[21] », pour illustrer les tortueux sentiers que l'or empruntait dans son périple vers les coffres bancaires des puissances européennes. Ce parcours erratique de l'or va contribuer à la transformation de la perception du métal : aux yeux des banquiers hollandais, l'or n'était plus une richesse en soi mais un véhicule et une source de profits et on devait le traiter comme toute autre marchandise. La personne qui prêtait de l'or avait le droit d'obtenir un bénéfice, et ce, pour deux raisons. D'abord, parce qu'elle courait le risque de le perdre ; en plus, en le prêtant, elle perdait la possibilité de l'utiliser à d'autres transactions : c'était donc un manque à gagner. Grâce à une circulation élargie, l'alchimie des finances va transformer la perception et l'usage social de l'or.

Lingot d'or espagnol produit au Pérou entre 1600 et 1620
H : 3,8 cm Lo : 16,5 cm Ep : 1,6 cm
Poids : 877,7 g
Museo de América, Madrid, Inv.1988/06/14
Photo : Museo de América

15. L'*asiento* est un contrat administratif entre la Couronne espagnole et un particulier ou une société qui s'engage à accomplir un service en échange d'un droit. Il y avait plusieurs types d'*asiento* pour les produits coloniaux, mais l'*asiento* d'esclaves est de loin le négoce le plus lucratif. L'*asiento* espagnol est étroitement lié au fonctionnement du commerce triangulaire. Il prend fin en 1817. Cf. SANCHEZ ARCILLA, 1992.
16. Cf. THOMAS, 2006. On peut aussi consulter : [http://portal.unesco.org/culture/fr/ev.php].
17. Les données empiriques sont pratiquement inexistantes et les estimations varient d'un auteur à l'autre et dépendent des sources et des méthodes de calcul. Cf. THOMAS, 2006.
18. GALEANO, 1981 : 35.
19. Les Provinces-Unies, en guerre contre l'Espagne depuis 1566, étaient décidées à remettre en cause le monopole ibérique sur le Nouveau Monde et encourageaient ouvertement les attaques contre les galions espagnols chargés d'or et d'argent. Les pirates néerlandais étaient appelés *vrij buiters* (pilleurs libres), ce qui va donner par déformation *flibustier* en français et *freebooter* en anglais. Ce lustre « libertaire » a contribué à la banalisation des crimes commis. Avec l'effondrement de l'Espagne et la consolidation de l'empire anglais, l'attaque des galions espagnols est devenue une figure de fiction emplie d'héroïsme et d'aventures. Cf. MARX, 1992.
20. L'essentiel des métaux précieux utilisés par le grand commerce venait des Amériques et une grande partie de ces métaux gagnaient Amsterdam. VILAR, 1974 : 257.

Le partage du monde

Du XVIe au XVIIe siècle, les puissances européennes se sont engagées dans une compétition acharnée pour obtenir leur part des richesses de l'Amérique. Cet effort d'exploration et de colonisation ne se fait plus aux dépens des Couronnes, mais grâce à la constitution de grandes compagnies de commerce. Créées grâce à l'émission d'actions, ces entreprises visaient ultimement la rentabilisation des investissements. La consolidation de ces compagnies exige de s'assurer de l'approvisionnement en matières premières, de garantir des débouchés à leurs industries nationales, de contrôler les routes commerciales, de conquérir un espace de peuplement et d'empêcher l'expansion des puissances concurrentes. Pour prendre leur envol, ces compagnies cherchent à s'établir en particulier aux Antilles et à s'assurer une place dans le commerce triangulaire qui gravite autour des îles Caraïbes et de leur économie de plantations (canne à sucre, indigo et café).

La London Company crée la première colonie anglaise en 1607 : Jamestown, sur les rives de la James River, dans l'État actuel de Virginie. La compagnie cherche à faire des profits et exerce de fortes pressions sur les colons, qui se lancent à la recherche d'or et de pierres précieuses sans le moindre succès. Pour éviter la faillite, la compagnie décide de rembourser les investisseurs non pas sous forme monétaire, mais en leur accordant de vastes terrains dans le Nouveau Monde.

La France confie aussi le développement de la Nouvelle-France à une compagnie à charte, la Compagnie des Cent-Associés. Champlain et ses associés ont pour mission de découvrir une voie vers la Chine et de chercher de l'or. En 1627, la compagnie obtient le monopole de la fourrure pour 15 ans et celui de tout autre commerce à perpétuité. Elle s'engage à transporter 4 000 colons, à assumer les frais d'administration de la colonie et à financier les missions auprès des Amérindiens. En confiant le développement de sa colonie à une compagnie privée, le roi de France peut clamer son autorité sur un vaste territoire sans avoir à engager trop de frais. Les compagnies à charte vont consolider l'expansion mercantile européenne et deviennent le cheval de Troie du partage colonial des Amériques[22].

Les conflits d'intérêts entre les compagnies vont contribuer à l'éclatement d'une longue série de guerres intercoloniales entre les Provinces-Unies, l'Angleterre et la France[23]. Les causes de ces conflits sont multiples et complexes. Mais les « raisons d'État » de ces guerres se confondent facilement avec les intérêts des compagnies, qui n'hésitent pas à mater violemment les révoltes des colons ou des Autochtones. À cet égard, il est hautement significatif que ce soit précisément un contentieux commercial entre les marchands de la Nouvelle-Angleterre et la Couronne britannique (à savoir l'obligation imposée aux colons anglais de vendre leurs produits exclusivement à l'Angleterre) qui va déclencher la guerre de l'Indépendance des États-Unis en 1775.

L'or était une force agissante de premier ordre, mais il a participé dans le plus pur anonymat au déroulement de ces événements, grâce à son rôle dans le développement des bourses de commerce et de valeurs européennes[24]. Les marchés boursiers ont permis aux compagnies à charte d'entreprendre des projets qu'un individu seul n'aurait pas pu financer. La captation des métaux précieux américains a facilité le contrôle accru du métal comme monnaie en circulation et est devenue une puissante cheville ouvrière dans le passage vers l'économie moderne. La Couronne anglaise va suivre l'exemple des Pays-Bas. Afin d'accroître son contrôle sur le flux des monnaies, elle met fin à la frappe artisanale et, en 1663, apparaît la première *golden guinea*, guinée d'or qui marque la naissance de la frappe mécanisée en Angleterre, ouvrant ainsi la voie à la création de la Bank of England l'année suivante. L'esprit protestant soutient la culture entrepreneuriale et l'idée que l'or emporte un « juste » profit. L'or se prépare donc à transmettre ses vertus économiques et son pouvoir de séduction aux futurs billets de banque, ce qui va stimuler la création des institutions bancaires et financières.

---

21. GALEANO, 1981 : 37.
22. À titre d'exemple, en 1624, la Vereenigde Oostindische, compagnie hollandaise, fonde la Nouvelle-Amsterdam sur le site actuel de New York. La Suède, le Danemark, l'Écosse, la Russie et l'Allemagne ne tardent pas à constituer leurs propres compagnies et à s'installer au Nouveau Monde.
23. En Amérique du Nord, le conflit intercolonial entraîne une série des transformations profondes dans la dynamique relationnelle entre colons et Autochtones. Le conflit larvé entre la France et l'Angleterre tourne autour du commerce de fourrures, de la zone de pêche au large de Terre-Neuve et de la possession du territoire de l'Ohio, que les Iroquois considèrent comme leur terre ancestrale. Lorsque les Iroquois passent sous le protectorat britannique, l'Angleterre se considère comme la légitime propriétaire de l'Ohio.
24. VILAR, 1974 : 249-255, signale que les Provinces-Unies importent de l'or en lingots, en barres et en pièces de toutes sortes puis elles en frappent la plus grande partie en pièces internationalement négociables. Dans ce sens, la monnaie hollandaise était devenue le dollar de son temps.

Mineurs américains, entassés dans des wagonnets sur rails, prêts à descendre dans la mine

Photo : Courtesy California State Parks, 2008

L'expansion américaine et la ruée vers l'or

Les guerres intercoloniales ont totalement érodé le pouvoir impérial espagnol, l'Angleterre est devenue la première puissance mondiale et s'est emparée des vastes territoires en Amérique du Nord. Le dynamisme commercial des marchands américains, l'abondance des ressources naturelles et une vertigineuse croissance démographique ont facilité l'industrialisation du pays. L'esprit de pionniers et l'optimisme du peuple américain sont étroitement intégrés à l'idéologie du progrès. L'achat ou l'annexion des vastes territoires qui entourent les anciennes colonies (la Louisiane, l'Oregon, la Floride ou le Texas) ont légitimé l'imminence de l'expansion impériale.

Le développement industriel provoque d'intenses crises sociales aux États-Unis et en Europe. À partir de 1837, la dépression économique s'installe et les émeutes dans les villes deviennent chroniques. En 1846, les États-Unis déclarent la guerre au Mexique qui se solde par l'annexion de la Californie, de l'Arizona, du Nouveau-Mexique et d'autres territoires. Le triomphe sur le Mexique et l'annonce de la providentielle découverte de gisements d'or en Californie en 1848 confirment la supériorité de l'éthique protestante sur l'obscurantisme hispanique et des milliers des personnes se lancent volontairement à la quête de l'Eldorado. Grâce à la révolution des moyens de communication, la ruée vers l'or de la Californie s'avère un des plus puissants mécanismes de l'expansion américaine[26].

En Amérique, la richesse minière ne cesse d'inspirer les peintres, les artisans et les imagiers espagnols ou autochtones qui contribuent à la création de chefs-d'œuvre de l'art baroque colonial. La polychromie de l'art sacré hispano-américain acquiert tout son éclat grâce à l'application d'une couche d'or sur les tableaux et les sculptures. La dorure recouvre à profusion les chapelles et leur éclat est une source de jubilation et de fierté des fidèles. Cependant, le clergé colonial doit composer avec l'américanisation du miracle : les Noirs, les Indiens et les Métis se confessent, payent leur dîme et ont des visions qui finissent par engendrer des saints et des madones profondément syncrétiques, comme c'est le cas de Notre-Dame-de-Guadalupe[25]. L'or n'a jamais reflété d'une façon si éclatante le rang social et les vertus sacrées que durant l'époque coloniale hispano-américaine.

Cette marée humaine arrive essentiellement par voie terrestre, suivant la piste de l'Oregon et animée par la consigne : *Go West, Young Man, Go West!* Les fermiers pauvres, les travailleurs agricoles et les jeunes aventuriers prennent la route en chariots bâchés, qui deviendront l'emblème par excellence de la conquête du Far West. Les notables, les militaires et les gens fortunés partent de New York, de Boston ou de La

25. La construction du mythe guadalupéen est encore une source de débats, mais son rôle dans la construction d'une identité nationale est bien documenté. Cf. LAFAYE, 1984.

26. La relation entre la ruée vers l'or de la Californie et l'expansion américaine n'est pas une relation de cause à effet. Cependant, selon Vilar, les ruées se placent régulièrement dans un contexte de très bas prix pour toutes les marchandises et d'un très haut prix de l'or. Dans ce sens, l'obsessive quête d'or de Colomb n'était pas un hasard (VILAR, *op. cit.*, p. 424).

Affiche annonçant l'exposition de la tête du célèbre bandit Joaquin Murieta, c.1853
Joaquin Murieta s'est porté à la défense des mineurs mexicains, chiliens et d'origine sud-américaine, ses compatriotes menacés par les « gringos », les mineurs blancs, qui s'attaquaient à leurs claims et leurs mines.

Photo : University of Oklahoma Press

Nouvelle-Orléans et font la traversée de l'isthme de Panamá, la voie plus courte vers la Californie mais pleine de dangers et d'aventures exotiques. Le voyage se fait à bord de clippers, mais les bateaux à vapeur prennent rapidement en charge le transport des marchandises et des passagers.

En Europe, c'est le Printemps des peuples. La révolution française de 1848, durement réprimée, illustre dramatiquement les impasses sociales provoquées par la révolution industrielle. Le gouvernement français choisit de se débarrasser des agitateurs et des chômeurs en leur faisant miroiter les richesses de l'or californien. Une loterie des lingots d'or est organisée pour collecter des fonds et envoyer les déchus de la révolution vers le nouvel Eldorado[27]. La Société des lingots d'or paye les frais de transport de plus de trois mille personnes. Celles-ci traversent l'Atlantique, contournent péniblement le cap Horn pour ensuite débarquer à San Francisco et partir à la recherche du pactole[28]. Malgré les images idylliques des affiches publicitaires, le voyage vers l'Eldorado californien est long, imprévisible et monotone. Les voyageurs jouent aux cartes, se saoulent ou consignent par écrit leurs impressions, donnant naissance à une véritable industrie de récits de voyage et d'aventures en Californie[29].

Cet afflux de population provoque une croissance démographique extraordinaire, essentiellement masculine, multiethnique, jeune et ambitieuse. Dans les campements, la cupidité, la convoitise, la fraude et la discrimination raciale font loi. Les mineurs des différentes nationalités se regroupent afin de faciliter la prospection et de se protéger mutuellement[30]. L'exploitation des sables aurifères est un travail ingrat et souvent infructueux. Il est nécessaire d'acquérir un minimum de savoir-faire[31]. Le but de la majorité des prospecteurs n'était pas d'apprendre un nouveau métier mais de dénicher le plus rapidement possible le *big stake* et de repartir.

Les filons de la Mother-Lode sont riches à souhait. Entre 1848 et 1849, les *Forty-Niners* vont extraire 76 tonnes d'or et ce n'est que le début[32]. Les mineurs mexicains et chiliens, héritiers des traditions minières riches en savoir-faire, représentent un danger pour les prospecteurs américains sans expérience, mais aveuglement convaincus que ces richesses leur reviennent de droit : les conflits empreints de racisme ne tardent pas à exploser. Visant à protéger les intérêts des nouveaux maîtres du sol, la législature californienne vote en 1850 une loi stipulant que tout mineur étranger est tenu de payer une licence de 20 dollars par mois. C'est une véritable déclaration de guerre[33]. De ces conflits va émerger une des figures les plus remarquables de la ruée vers l'or : le « justicier social » Joaquin Murrieta, le *Robin Hood of Eldorado*[34], symbole de

27. Cf. LEMONNIER, 1944 ; LE BRIS, 1988.
28. Les chimères d'or étaient puissantes : les bateaux sitôt arrivés à destination étaient désertés ou simplement laissés à la dérive dans les eaux de la baie de San Francisco. La construction du quai et l'expansion du centre de San Francisco finirent par les engloutir. Leurs carcasses réapparaissent à la lumière du jour grâce aux travaux de voirie ou à la construction de nouveaux bâtiments. Cf. Buried Ships : [http://www.sfgenealogy.com/sf/e1852.jpg].
29. LE BRIS, 1988, reproduit des affiches publicitaires et fait le tour des plus intéressants récits de voyage.
30. Les Yankees se concentrent essentiellement au nord du Mother-Lode. Les Mexicains, les Chiliens, les Européens et les Chinois occupent le Sud. Cf. LE BRIS, 1988.
31. L'or des placers se présente en pépites ou cristaux arrondis, roulés par les eaux, de taille variable, en poussière, composée de fines particules mêlées au sable et en paillettes, petits fragments, aiguilles ou plaquettes de la grosseur maximale d'un pépin. La pyrite de fer, très brillante, pouvait facilement tromper les novices. Le premier instrument utilisé pour séparer l'or de sa gangue a été la batée ou écuelle. Son maniement est excessivement dur et, comme il faut se pencher pour faire le lavage, les courbatures, les maux de dos et les rhumatismes étaient monnaie courante chez les orpailleurs. La batée a rapidement été remplacée par la méthode du *craddle*. Vers 1850 apparaît le *Long tom*, version allongée et agrandie du *craddle*. Son fonctionnement exige un travail d'équipe. Il n'était pas rare de voir au travail des équipes de trente à cinquante mineurs appliqués à ces tâches.
32. Les *Forty-Niners* est une expression qui désigne les premiers Américains à se ruer vers la Californie. En ce qui concerne les volumes d'or mis en circulation, cf. CAUGHEY, 1975 ; BERNSTEIN, 2000 ; LEMONNIER, 1944 ; LE BRIS, 1988.
33. Mormon Gulch était un des plus riches placers du comté de Calaveras. Il a longtemps été exploité par des Chiliens et des Mexicains. Après un sanglant affrontement, les mineurs chiliens et mexicains ont été chassés de leurs claims. Cf. LEMONNIER, 1944 ; LATAPIE, 2001.
34. Cf. JOHNSON, 2000. La légende de Murrieta est souvent confondue avec la légende d'El Zorro, qui est un personnage de fiction créé en 1919 par Johnston McCulley et dont les aventures se déroulent aussi au XIXe siècle dans la Californie hispanique.

Rue Principale de la ville de Dawson, 1898

Collection du Musée de Dawson City, Inv. 998.20.728
Photo : Eric Hegg

L'or de la grande transformation

La révolution industrielle n'a pas été le résultat d'inventions techniques, mais plutôt des innovations sociales. En effet, la « grande transformation » qui a bouleversé le monde moderne a été possible grâce à l'acceptation générale des marchandises fictives. Il est impossible de comprendre le monde contemporain sans l'argent virtuel, sans le travail salarié ou sans la marchandisation croissante des éléments naturels[36] (la terre, l'eau, l'intelligence humaine). Grâce à la légitimation de ces prémisses, l'émission de billets de banque a connu un essor sans précédent. Vers la fin du XIXe siècle, la société nord-américaine est aux prises avec une surabondance de dollars qui perdent sans cesse leur valeur. Pour remédier à cette situation, le candidat à la présidence des États-Unis, William McKinley, propose en 1897 la réforme du système monétaire américain. Cette réforme implique l'abandon du bimétallisme et l'adoption de l'étalon-or comme garantie de la valeur du dollar. La lutte entre les partisans du bimétallisme ou de l'étalon-or va dévoiler une des facettes les plus insidieuses de l'or dans l'imaginaire occidental.

Dans la presse, les partisans de McKinley déclarent qu'il y a un lien naturel entre l'or, la stabilité économique, la prospérité du peuple et le progrès de la civilisation. Pour les promoteurs de l'étalon-or, l'or est le résultat du processus de sélection naturelle qui gouverne l'évolution : c'est la devise des plus forts. Ils déclarent que l'or est naturellement réservé aux nations civilisées, de race blanche et prospères[37]. L'argent est étroitement lié aux caractéristiques des nations inférieures, arriérées comme le Mexique ou la Chine et, tout comme ces nations, l'argent est essentiellement corrompu, alors que l'or est naturellement pur. Les Goldbugs inondaient la presse avec des slogans ridiculisant l'opposition : *Vote for Free Silver*

l'irrédentisme des groupes violemment dépossédés par les forces du progrès et la soif d'or.

Les placers s'épuisent rapidement et il faut donc s'attaquer au quartz aurifère qui se trouve enfoui dans les flancs de montagnes[35]. Les anciens prospecteurs qui paradent en arborant leurs chaînes d'or vont céder la place aux mineurs au service des grandes compagnies. De leurs désirs, leurs rêves, leur chance ou leur mauvaise fortune à l'Eldorado, il ne reste que leurs mémoires, leurs outils de travail ou leurs photos hébétées devant le flash des daguerréotypes. L'or qu'ils ont arraché aux sables aurifères, converti en lingots et purifié des souffrances humaines grâce au cachet du fondeur et à son numéro d'enregistrement, loge encore dans les coffres bancaires.

Le fulgurant développement des métropoles de l'Ouest (San Francisco, Sacramento, Los Angeles) et l'emprise des mythes fondateurs américains (la mission divine de la nation américaine de répandre la démocratie et la liberté dans le monde, la conquête du Far West) confinent à la périphérie de la mémoire sociale les bouleversements écologiques et l'existence même des groupes autochtones et hispaniques en Californie. L'or du Mother-Lode a contribué, entre autres « nobles » causes, au financement de la guerre de Sécession américaine.

35. Le grand investissement des capitaux a facilité le développement des marteaux-pilons, des moulins à quartz et d'autres infrastructures. L'opération de mines industrialisées a attiré beaucoup d'ouvriers anglais spécialisés.

36. La « grande transformation » est tirée du livre phare de Karl Polanyi. Cet auteur analyse l'avènement du monde moderne. Il suggère que la société contemporaine a été fondée sur un postulat utopique : l'idée d'un marché s'adaptant à lui-même. Cette idée s'est imposée grâce à l'essor de la grande finance qui avait établi un lien organique entre l'organisation politique et l'organisation économique internationale. Le marché s'impose en réduisant toute chose, humaine, sociale ou naturelle, à sa valeur marchande. Cf. POLANYI, 1983.

37. MORSE, 2003 : 27.

Médailles olympiques remportées par Chantal Petitclerc lors des Jeux paralympiques d'Athènes en 2004

Photo : James Duhamel

and be Prosperous Like South America. Phrase profondément imprégnée de racisme mais combien effective[38]. McKinley va orchestrer une campagne médiatique de grande envergure pour lancer les Américains à la recherche d'un nouvel Eldorado : la ruée vers l'or du Klondike[39].

Le flux humain qui se rue vers le Klondike en 1897 va transformer à jamais l'Ouest canadien. Plus de 100 000 personnes se précipitent dans cette région particulièrement inhospitalière pour y chercher fortune[40]. Pour atteindre les gisements, les *stampeeders* doivent franchir le col du Chilkoot en transportant avec eux de quoi vivre pendant un an, ce qui représente environ une tonne de vivres et d'équipement. Il faut ensuite parcourir quelque 800 km jusqu'à Dawson City, véritable porte d'entrée de l'Eldorado[41]. Les futures métropoles de la côte pacifique, Vancouver, Portland, Seattle, s'érigent sur le passage des prospecteurs. McKinley déclare la guerre à l'Espagne, s'empare des Philippines et, fort de l'or du Yukon et de l'Alaska, instaure l'étalon-or comme garantie du dollar américain en 1900. La colonisation de ces vastes territoires nordiques se fait au détriment des Amérindiens[42]. Et, comme en Californie, un bouleversement sans précédent de l'environnement restera comme un témoin muet d'une autre ruée vers l'Eldorado[43]. L'emballement prend fin vers 1906 mais le dollar américain, fer de lance de la nouvelle puissance impériale, finit par détrôner l'or comme monnaie internationale et Fort Knox devient, dans l'imaginaire contemporain, la source d'où irradient dorénavant les redoutables vertus magiques de l'or[44].

Enjeux contemporains

Emblème de la prouesse sportive et de la gloire : chaque pays a vécu un siècle d'or et chaque athlète qui surpasse un record précédent mérite une médaille dorée. Toute nouvelle valeur se voit affublée d'un titre d'or. Le pétrole est communément appelé l'or noir ; le caoutchouc a longtemps été l'or vert de l'Amérique du Sud. Aujourd'hui, l'eau potable est devenue non seulement un enjeu planétaire, mais elle est aussi l'or bleu du Canada. L'or, symbole de tout ce que notre société vénère, ne cesse de se transformer en marchandises.

Le précieux métal est plus que jamais au cœur des défis sociaux, éthiques et écologiques contemporains. Les organismes qui surveillent les agissements des grandes sociétés minières affirment qu'il y a actuellement plus d'or dans les coffres des banques que dans les entrailles de la terre[45]. Cependant, les *garimpeiros*

38. *Ibid.* : 28-31.
39. À la fin du XIXe siècle, la Compagnie de la Baie d'Hudson est le véritable maître de ces territoires. En 1880, Joseph Juneau, un Canadien français, part prospecter pour la compagnie et trouve de l'or à Douglas Island. Cette découverte favorise la fondation d'une nouvelle ville, Juneau, qui deviendra la capitale de l'Alaska en 1906. Juneau ouvre les portes du Grand Nord.
40. MORSE, *op. cit.* ; LE BRIS, 1988.
41. NEUFELD et NORRIS, 1996.
42. CRUIKSHANK, 1991 ; MORSE, *op. cit.*, p. 40 ; STONE, 1988.
43. MORSE *op. cit.*, p. 101 et suivantes.
44. L'adoption de l'étalon-or et le remplacement du bimétallisme en 1870 ont créé le premier système monétaire international, qui tombe rapidement en crise. Lorsque la Première Guerre mondiale éclate en 1914, chaque nation se lance à imprimer plus de monnaies sans posséder la contrepartie en or. Les accords de Bretton Woods (1946-1971) mettent en place un système d'étalon change-or : le dollar américain est indexé directement sur l'or tandis que les autres monnaies sont indexées sur le dollar américain. Ses accords donnent naissance à la Banque mondiale et au Fonds monétaire international. La convertibilité du dollar américain en or prend fin en 1971 et un système de changes flottants est mis en place en 1973. Cf. DAVIES, 2002.
45. YOUNG, 2000 : 10-14.

de Serra Pelada continuent à prospecter, la Bolivie connaît une nouvelle ruée vers l'or et l'exploitation des gisements aurifères dans les montagnes chiliennes risque d'accélérer la fonte des glaciers andins.

Malgré l'interdiction légale qui pèse sur les particuliers d'accumuler de l'or[46], il est de plus en plus présent dans notre vie quotidienne grâce à l'usage toujours renouvelé qu'en font l'industrie, la mode et la culture contemporaine. Cette présence grandissante est stimulée par la dématérialisation de l'or en tant que métal monnaie[47]. Qui plus est, la dématérialisation croissante des richesses contribue à consolider notre sentiment de sécurité et notre confiance dans le système économique[48]. Notre argent est de plus en plus numérique, nous pouvons acheter à crédit, nous pouvons investir et suivre les péripéties boursières en temps réel grâce à Internet. La confiance dans le système aiguillonne la réglementation de l'exploitation minière : les conséquences écologiques provoquées par l'extraction des métaux peuvent être prévues et neutralisées et, même si la santé des mineurs est toujours à risque, les conditions de travail s'améliorent.

Dans les pays du Sud, des milliers de mineurs n'ont d'autres gagne-pain que l'exploitation artisanale des anciennes mines. En dépit des faibles revenus qu'ils en retirent, ils refusent de tout abandonner et restent profondément attachés à leur façon de vivre, empreinte du sceau colonial mais aussi d'un profond désir d'autodétermination : « We eat the mines and the mines eat us. For that reason, we have to give rituals to the spirit of the hill so that the hill continue to reveal the veins of metal to us and so that we can live[49]. » Les mineurs artisans ne sont pas des simples vestiges du passé, ils sont en train de bricoler leur manière de prendre part à notre civilisation. Pour eux comme pour nous, l'or est l'arcane qui convoie, à travers le temps et l'espace, les tensions et les contradictions qui étayent notre rapport au monde et aux Amériques.

46. En effet, les pays qui adhèrent depuis 1933 à la Loi sur les réserves punissent la possession d'or. Les collections de monnaies et les bijoux sont exemptés. Cependant, cette loi n'a jamais été appliquée avec vigueur. Cf. DAVIES, 2002.
47. La dématérialisation est une technique juridiquement reconnue du traitement numérique d'une valeur et indique l'accroissement de l'espace de confiance que la société accorde à cette valeur.
48. La confiance et le sentiment de sécurité dans les systèmes experts et autres gages symboliques contribuent au développement des mécanismes de dé-localisation (le détachement de l'activité sociale des contextes locaux) et rendent possible l'essor de la modernité contemporaine. Cf. GIDDENS, 1994.
49. NASH, 1979 : ix.

Bibliographie

BAKEWELL, P. J. (1989), *Minería y sociedad en el México colonial, Zacatecas (1546-1700)*, México, Fondo de Cultura Económica.

BERNSTEIN, P. L. (2000), *The Power of Gold. The History of an Obsession*, New York, John Wiley.

BRADING, D. (1991), *The first America : the Spanish Monarchy, Creoles Patriotes and the Liberal* State, Cambridge, Cambridge University Press.

BRADING, D. (1977), *Miners and Merchants in Bourbon Mexico, 1763-1810*, Cambridge, Cambridge University Press.

Buried Ships : [http://www.sfgenealogy.com/sf/e1852.jpg].

CAUGHEY, J. W. (1975), *The California Gold Rush*, Berkeley, University of California Press.

CHAUNU, P. (1976), *Histoire de l'Amérique latine*, Paris, PUF.

CIEZA DE LEÓN, P. (1984), *La cronica del Peru*, Edicion de Manuel Ballesteros, Madrid, Historia 16.

CRUIKSHANK, J. (1991), Dän dhá Ts'edenintth'é. *Reading Voices : Oral and Written Interpretations of the Yukon's Past*, Vancouver, Douglas and McIntyre.

DAVIES, G. (2002), *A History of Money. From Ancient Times to the Present Day*, Cardiff, University of Wales Press.

EMMERICH, A. (1965), *Sweet of the Sun and Tears of the Moon. Gold and Silver in Pre-Columbian Art*, New York, Hackert Art Books.

FAGAN, B. (1991), *Kingdoms of Gold, Kingdoms of Jade. The Americas before Columbus*, London, Tames and Hudson.

FALCHETTI, A.M. (2000), *Prehispanic Metallurgy in the Caribean Lowlands of Colombia*, dans *Precolumbian Gold : Technology, Style and Iconography*, edited by Collin McEwan, Chicago, Fitzroy, Dearborn Publishers.

GALEANO, E. (1981), *Les veines ouvertes d'Amérique latine : une contre-histoire*, Paris, Plon.

GIDDENS, A. (1994), *Les conséquences de la modernité*, Paris, L'Harmattan.

HEERS, J. (1991), *1492. La découverte de l'Amérique*, Bruxelles, Éditons Complexe.

HOSLER, D. (1994), *The Sounds and Colors of Power : the Sacred Metallurgical Technology of Ancient West Mexico*, Cambridge, MIT Press.

JOHNSON, S. L. (2000), *Roaring Camp. The Social World of the California Gold Rush*, New York, WW Norton.

LAFAYE, J. (1984), *Quetzalcoatl et Guadeloupe : la formation de la conscience nationale au Mexique, 1531-1813*, Paris, Gallimard.

LATAPIE, D. (2001), *La fabuleuse histoire de la ruée vers l'or. Californie XIXe siècle*, Toulouse, Privat.

LE BRIS, M. (1988), *La fièvre de l'or*, Paris, Gallimard.

LEMONNIER, L. (1944), *La ruée vers l'or en Californie*, Paris, Gallimard.

MANN, CHARLES C., *1491. Nouvelles révélations sur les Amériques avant Christophe Colomb*, Paris, Albin Michel, 471 p.

MARX, JENIFER, *Pirates and Privateers of the Caribbean*, Malabar, Florida, Krieger, 1992.

MORSE, K. (2003), *The Nature of Gold. An Environmental History of the Klondike Gold Rush*, London and Seattle, University of Washington Press.

Milliers de *garimpeiros* (mineurs artisans) escaladant les parois du cratère de la mine d'or de Serra Pelada, la montagne chauve, au Brésil.

Photo : Stephanie Maze, Corbis

NASH, J. (1979), *We Eat the Mines and the Mines Eat Us*, New York, Columbia University Press.

NEUFELD, D., et F. NORRIS (1996), *Chilkoot Trail: Heritage Route to the Klondike,* Whitehorse, Yukon Lost Moose Publishing Company and Parks Canada.

POLANYI, K. (1983), *La grande transformation,* Paris, Gallimard.

REICHEL-DOLMATOFF, G. (1990), *Orfebreria y Chamanismo. Un estudio iconografico del Mueso del Oro del Banco de la Republica,* Colombia, Ed Colina.

SANCHEZ ARCILLA, J. (1992), *Las ordenanzas de la Audiencia de Indias (1511-1811)*, Madrid, Dykison.

SERENA-FERNANDEZ, A. (2002),« Los mecenas de la plata. El respaldo de los Virreyes a la actividad minera colonial, dans Revista de Indias », 2000, vol. LX, n° 219, p. 335-371.

SHIMADA, et autres (2000), *A Multi-dimensional Analysis of Middle Sicán Objects*, dans *Precolumbian Gold: Technology, Style and Iconography*, edited by Collin McEwan, Chicago, Fitzroy, Dearborn Publishers.

STEIN, S., et B. STEIN (1982), *La herencia coloniale de América Latina*, Mexico, Siglo XXI editores.

STONE, T. (1988), *Miner's Justice. Migration, Law and Order in Alaska – Yukon Frontier. 1873-1902*, New York, Peter Lang.

THOMAS, H. (2003), *Rivers of Gold: the rise of the Spanish Empire, from Colombus to Magellan*, New York, Random House.

THOMAS, H. (2006), *La traite des Noirs. Histoire du commerce d'esclaves transatlantique. 1440-1870*, Paris, Robert Lafont.

VILAR, P. (1974), *Or et monnaie dans l'histoire: 1450-1920*, Paris, Flammarion.

YOUNG, J. E. (2000), *Gold: at What Price. The need for a Public Debate on the Fate of National Gold Reserves,* Mineral Policy Center, Western Organization of Ressource Councils.

CHAPITRE 2

LES ROUTES DE L'OR

« Choses précieuses mais périlleuses » : l'or et le colonialisme en Amérique espagnole et portugaise
Daviken Studnicki-Gizbert, Ph. D. Histoire, Université McGill, Montréal

Le mythe d'El Dorado : entre voyageurs, aventuriers et explorateurs
Clara-Isabel Botero, Ph. D. Histoire de l'art, directrice, Museo del Oro, Bogotá, Colombie

L'Afrique, les Africains et l'exploitation minière à l'époque coloniale
Daviken Studnicki-Gizbert, Ph. D. Histoire, Université McGill, Montréal

Muki, maître des mines des Andes
Daviken Studnicki-Gizbert, Ph. D. Histoire, Université McGill, Montréal

EST. EFFIGIES. LIGVRIS. MIRANDA
COLVMBI. ANTIPODVM. PRI
QVI. PENETRAVIT. IN
ORBEM

« Choses précieuses mais périlleuses » : l'or et le colonialisme en Amérique espagnole et portugaise

DAVIKEN STUDNICKI-GIZBERT
Professeur d'histoire mondiale
Département d'histoire, Université McGill (Montréal)

"Galing gold, wringing rings precious but perilous things."
Boèce, *Consolation de la philosophie*

Traduit de l'anglais par Madeleine Stratford avec la collaboration d'Hélène Dionne

À L'ÉPOQUE, LA SCÈNE SEMBLAIT discrète, innocente, imprécise et ouverte. Une chaloupe mise à la mer franchit à rames les vagues et accoste. Un petit attroupement se forme sur la plage. Les gens de la mer et les gens de la terre se réunissent et commencent à échanger : communiquant tant bien que mal par signes et par gestes, des objets passant de mains en mains.

Après coup, cet événement du 12 octobre 1492 sur la plage de Guanahini comporte un poids historique considérable : l'histoire d'un continent, la mort et la naissance de peuples entiers, les débuts du colonialisme européen moderne, la création de nouvelles sociétés en Amérique.

Il est intéressant de constater, puisqu'il ne s'agit pas d'un simple détail, que c'est l'or qui a déterminé et orienté de façon décisive les échanges entre les Autochtones insulaires et Colomb et son équipage. Pendant la deuxième journée de pourparlers à Guanahani, l'œil attentif de Colomb aperçoit tout à coup ce qui avait entretenu son espoir durant toute la traversée depuis Los Palos en Espagne : la brève réflexion des rayons dorés du soleil scintillant de l'autre côté de la plage. Voilà ! Parmi la foule, Colomb « voit que certains insulaires portent un petit morceau d'or qui pend d'un trou qu'ils ont dans le nez ». Ayant repéré ce qu'il cherchait, la conversation prend soudain un tour plus précis. D'où provient donc cet or ? Colomb écrit ce soir-là : « Par signes, j'ai réussi à comprendre [...] qu'il y a un roi qui en possède d'énormes contenants et qu'il a de l'or en très grande quantité. » Maintenant que l'or est en vue, il n'est plus question de faire marche arrière. « Cette terre doit être désirée, découverte, et ne jamais être quittée[1]. » Le désir, la découverte et l'occupation : voilà les trois étapes successives du processus de colonisation.

◂ Portrait d'un homme, soi-disant Christophe Colomb

Sebastiano del Pombio, 1519
The Metropolitan Museum of Art,
don de J. Pierpont Morgan, Inv. 00.18.2
Photo : © MP, Leemage

Le désir

L'incessante quête de l'or pour Colomb est un thème central, voire le fil conducteur des mémoires, journaux de bord et lettres qu'il rédige durant ces années exaltantes. Les Autochtones sont interrogés à répétition sur le sujet et semblent faire preuve d'obligeance. D'un curieux mélange de conversations boiteuses, de ouï-dire et d'imagination, Colomb entend ou croit entendre parler de rois dorés, d'insulaires portant de lourds bracelets d'or massif aux poignets et aux chevilles, voire d'îles où l'on ramasse le précieux métal la nuit à la lueur vacillante des torches. Puis – comme une sorte de point culminant dans la géographie fantastique de son désir – Colomb croit entendre l'histoire d'Ophir, le plus célèbre pays de l'or de la chrétienté, source légendaire de l'or du roi Salomon, d'abord découvert à Hispaniola, mais dont

1. Christopher COLOMBUS, *The Diario of Christopher Columbus's First Voyage to America 1492-1493. Abstracted by Fray Bartolomé de las Casas.* Translated by Oliver Dunn and James E. Kelley Jr. (Norman : University of Oklahoma Press, 1989), p. 71.

l'emplacement glisse ensuite vers les marécages de Darien au Panamá[2].

Après Colomb débarquent Cortés, Pizarro, Aguirre. Après les Espagnols, ce sera le tour des Portugais, des Anglais, des Français, des Hollandais et de bien d'autres encore, tous à la recherche du précieux métal, leurs projets s'appuyant tous sur le fabuleux potentiel des territoires du Nouveau Monde. Chacune de ces quêtes reprend successivement les mêmes étapes : conquête, occupation et colonisation.

On connaît bien ces histoires, tout comme le rôle central que l'or y a joué. L'or était la raison d'être de ces aventures : la source de motivation des conquistadores, eux-mêmes responsables du premier cataclysme de l'expansion coloniale. Face à toutes ces vagues de violence et de malheurs, les témoins de l'époque – Européens, Africains et Autochtones – ont diagnostiqué une maladie : la soif d'or pathologique du colonisateur. L'histoire raconte que les Espagnols souffraient d'un appétit insatiable, que seul l'or pouvait assouvir. Selon les marchands akans de la côte ouest-africaine, c'est cette même obsession qui avait poussé les marchands anglais et hollandais à commettre le péché suprême de « l'idolâtrie métallique », l'or étant devenu leur dieu[3]. La fièvre de l'or ne s'est jamais apaisée, subissant même des poussées régulières du XVIe siècle à nos jours, et donnant lieu à des ruées vers l'or au Brésil, en Colombie, au Mexique, en Californie, au Yukon et, aujourd'hui, partout sur le continent américain.

Voilà ce dont l'histoire s'est longtemps contentée, généralement satisfaite du genre d'*Aura ex machina* où l'or entrait en scène pour mettre en marche la tragédie des passions et de la violence coloniales. Au début de l'époque moderne, par contre, on commence à s'interroger de façon plus approfondie sur la nature et les vertus de l'or, ainsi que sur les formes et les conséquences de sa convoitise. Les auteurs européens savent très bien que, depuis l'Antiquité, l'or a toujours constitué l'ultime marque de richesse, et ce, chez toutes les civilisations connues[4]. Afin de comprendre *pourquoi* il en est ainsi, ils ressentent le besoin d'examiner de plus près les vertus du métal – ses qualités intrinsèques – et la place qu'il occupe dans l'ordre naturel et cosmologique élargi. Et comme la vertu peut être vue autant comme une propriété que comme une qualité, on soupçonne que les caractéristiques propres à l'or pouvaient exercer une influence particulière sur les humains. En agissant sur la nature humaine, les vertus du précieux métal auraient donc généré les passions pour l'or.

Selon Alonso Barba, un métallurgiste du XVIIe siècle, l'or est « le plus précieux des métaux, et le plus parfait de tous les corps inanimés créés par la Nature[5] ». Il s'agit du métal le plus pur, le plus incorruptible et le plus résistant au pouvoir de transformation du feu. Il jouit, en outre, d'une étrange malléabilité, pouvant être façonné, étiré et tordu de nombreuses façons, sans que ne se rompent pour autant les liens puissants qui lui donnent forme. Enfin, l'or possède des propriétés curatives : il guérit l'empoisonnement au mercure, chasse la mélancolie, console le cœur humain et procure même la jeunesse éternelle[6]. Juan Cardenas, un philosophe naturaliste du XVIe siècle, explique que ces vertus sont attribuables à la relation privilégiée de l'or et du Soleil. Ce dernier, en fertilisant les entrailles sombres et humides de la terre, aurait effectivement engendré l'or et, au moment de l'extirper du sol, lui aurait légué « ses plus admirables propriétés... la splendeur, la pureté et la beauté de ses reflets[7] ».

Les théories génératives et embryonnaires au sujet de la création des métaux pullulent dans toute l'Europe. Il est intéressant de constater que des notions

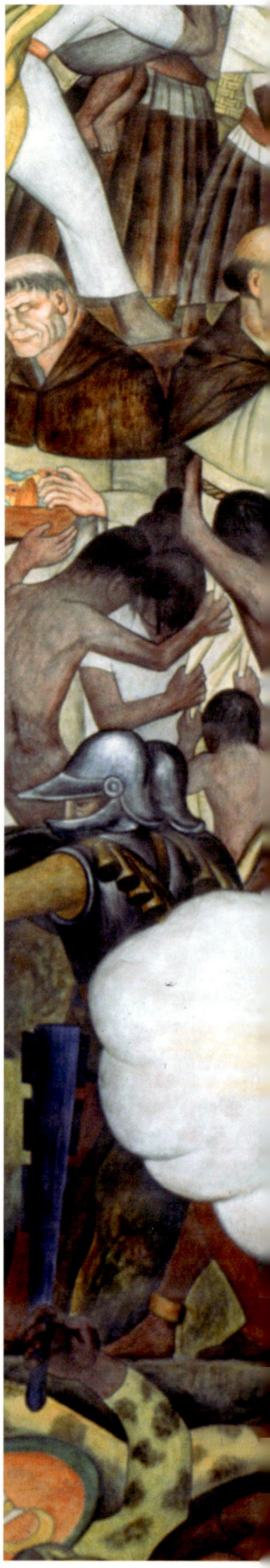

2. Samuel Eliot MORISON, *Admiral of the Ocean Sea. A Life of Christopher Columbus* (Boston : Little, Brown and Company, 1942), p. 35-42.
3. P. DE MAREES, *Description and Historical Account of the Gold Kingdom of Guinea (1602)*, cité dans Simon SCHAFFER, « Golden Means. Assay instruments and the geography of precision in the Guinea trade », Marie-Noëlle BOURGUET et autres (ed.), *Instruments, Travel and Science. Itineraries of precision from the seventeenth to the twentieth century* (London and New York : Routledge, 2002), p. 34.
4. José DE ACOSTA, *The naturall and morall historie of the East and West Indies Intreating of the remarkable things of heaven, of the elements, mettalls, plants and beasts which are propre to that country : together with the manners, ceremonies, lawes, governments, and warres of the Indians.* Translated into English by E.G. (1604), p. 205-206.
5. Alvaro Alonso BARBA, *El Arte de los Metales* [1640]. Trans. by Ross E. Douglass and E.P. Mathewson (New York : John Wiley and Sons, 1923), p. 64.
6. *Ibid.*, 64 ; Alfonso X, *Lapidario*. Ed. Maria Brey Mariño (Madrid : Editorial Castalia, 1997), p. 64.
7. Juan DE CARDENAS, *Problemas y secretos maravillosos de las Indias* (Mexico, 1591), Colección de Incunables Americanos, vol. IX (Madrid : Ediciones Cultura Hispánica, 1945), 81v, 83v.

La conquête de Mexico
Détail du mur corridor longeant la cour du palais présidentiel de Mexico
Les envahisseurs espagnols attaquent la capitale avec des canons et des armes à feu,
Diego Rivera, 1929-1930, © Banco de Mexico Trust, Nationa Palace, Mexico City, D.F., Mexico
Photo : Schalkwijk, Art Resource, NY

analogues apparaissent à la même époque dans les philosophies autochtones de la nature. Inti Illapa, le dieu Soleil des Andes, une divinité masculine, fertilisait non seulement les moissons et les champs, mais aussi les métaux qui émergeaient des profondeurs de l'Ukhu Pacha, ou monde souterrain[8]. Le lieu exact de la conception variait. Certains récits racontent que de vénérables grenouilles pondaient leurs œufs dans les replis meubles de l'Ukhu Pacha, qui étaient ensuite inséminés par le Soleil pour en faire de l'or. D'autres disent encore que les métaux précieux naissaient d'un genre de matrice du nom de *mama* ou mère, située au cœur des montagnes[9].

Au début de l'époque moderne, on expliquait donc l'attraction de l'or par ses puissantes vertus et son affiliation au Soleil. Néanmoins, ce pouvoir ne faisait pas qu'augmenter la valeur du métal; il était aussi la source des dangers associés à son extraction et à sa manipulation. Ce genre de dualisme, cette dangereuse ambivalence des qualités de la matière, est au cœur de la conception de l'or des Européens, des Autochtones et des Africains de l'époque. Si l'exploitation minière représente le moyen grâce auquel les humains peuvent obtenir «le plus précieux de tous les métaux», elle est aussi perçue comme une activité fondamentalement transgressive.

On donne différentes raisons pour expliquer ce paradoxe. L'exploitation minière éloigne les humains de leur environnement naturel à ciel ouvert, en les attirant vers les profondeurs souterraines de la mort et des ténèbres. L'exploitation des mines accélère le rythme naturel de la création métallique, par lequel l'or est sans cesse généré puis poussé vers la surface grâce au pouvoir d'attraction du Soleil[10]. Enfin, parce que l'or est le fruit de l'union de la Terre et du Soleil, l'exploitation minière était considérée comme une forme de vol. Ovide, dans un passage souvent cité par les moralistes et métallurgistes de la Renaissance, a bien saisi l'essence des transgressions minières:

> [...] on pénétra les entrailles de la terre, et l'on déterra les richesses qu'elle y avait cachées, reléguées près des ombres du Styx, ces richesses sources de malheurs. Bientôt on découvre le fer malsain et l'or, plus malsain encore[11].

Dans le but de se protéger de toute cette violence, les mineurs du monde atlantique pratiquaient des rituels de propitiation aux abords des mines. Au XVIIe siècle, le jésuite Anathius Kircher raconte que les mineurs de mercure d'Hydria déposent des vêtements d'enfants et de la nourriture sur de petits autels consacrés aux «petits démons des mines[12]». De même, les mineurs de l'Afrique de l'Ouest honorent les esprits des filons et observent des tabous élaborés. Dans les Andes, le rituel consiste à plonger le chef de la mine dans du sang d'animal pour garantir la fertilité des veines et s'assurer de la bonne volonté des *mukis* qui en ont la garde.

Cependant, ce n'est qu'une fois l'or extirpé de la terre qu'on comprend vraiment ses dangers potentiels et qu'une étrange dialectique entre en jeu. Ce métal aux plus grandes vertus – incorruptibilité, noblesse, pureté – et qualités (dont le pouvoir de consoler le cœur humain) devient un catalyseur donnant libre cours aux pires vices de l'humanité. Si les mineurs approchent avec méfiance le plus puissant des métaux, en prenant soin

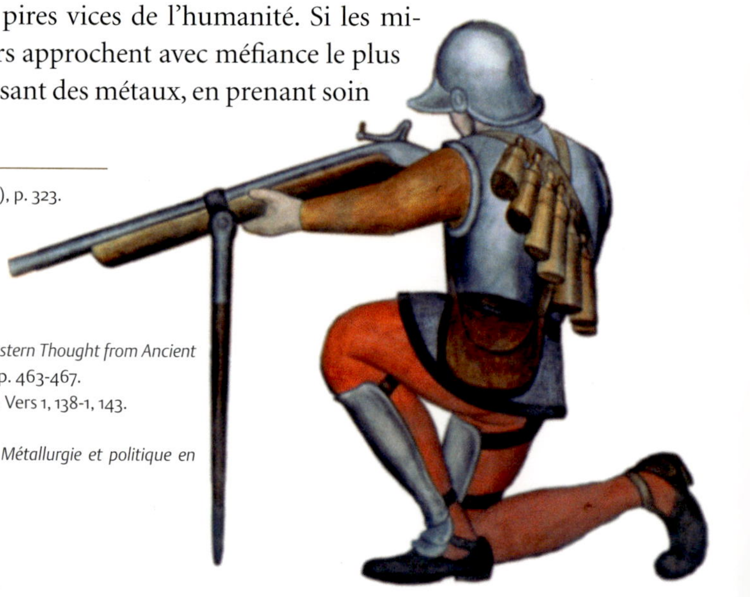

8. Carmen SALAZAR-SOLER, *Anthropologie des mineurs des Andes* (Paris: L'Harmattan, 2002), p. 323.
9. Jean BERTHELOT, «L'exploitation des métaux précieux au temps des Incas», *Annales: Économies, Sociétés, Civilisations*, 33: 5-6 (sept.-déc., 1978), p. 962.
10. Lewis MUMFORD, *Technics and Civilization* (London: George Routledge & Sons, Ltd., 1934), p. 69-70; SALAZAR-SOLER, *Anthropologie des mineurs*, p. 311-313; CARDENAS, *op. cit.*, 83v-84v. Au sujet de l'idée que la *techné* humaine aurait pour but de parfaire la nature, voir Clarence J. GLACKEN, *Traces on the Rhodian Shore. Nature and Culture in Western Thought from Ancient Times to the End of the Eighteenth Century* (Berkeley: University of California Press, 1967), p. 463-467.
11. OVIDE, *Métamorphoses, livre I*. Trad. et notes de A.-M. Boxus et J. Poucet, Bruxelles, 2005. Vers 1, 138-1, 143. [http://bcs.fltr.ucl.ac.be/METAM/Met01/M01-001-252.html].
12. SALAZAR-SOLER, *op. cit.*, 239-248; 251.-252; Marie-Claude DUPRÉ et Bruno PINGON, *Métallurgie et politique en Afrique centrale* (Paris: Karthala, 1997), p. 119-120.

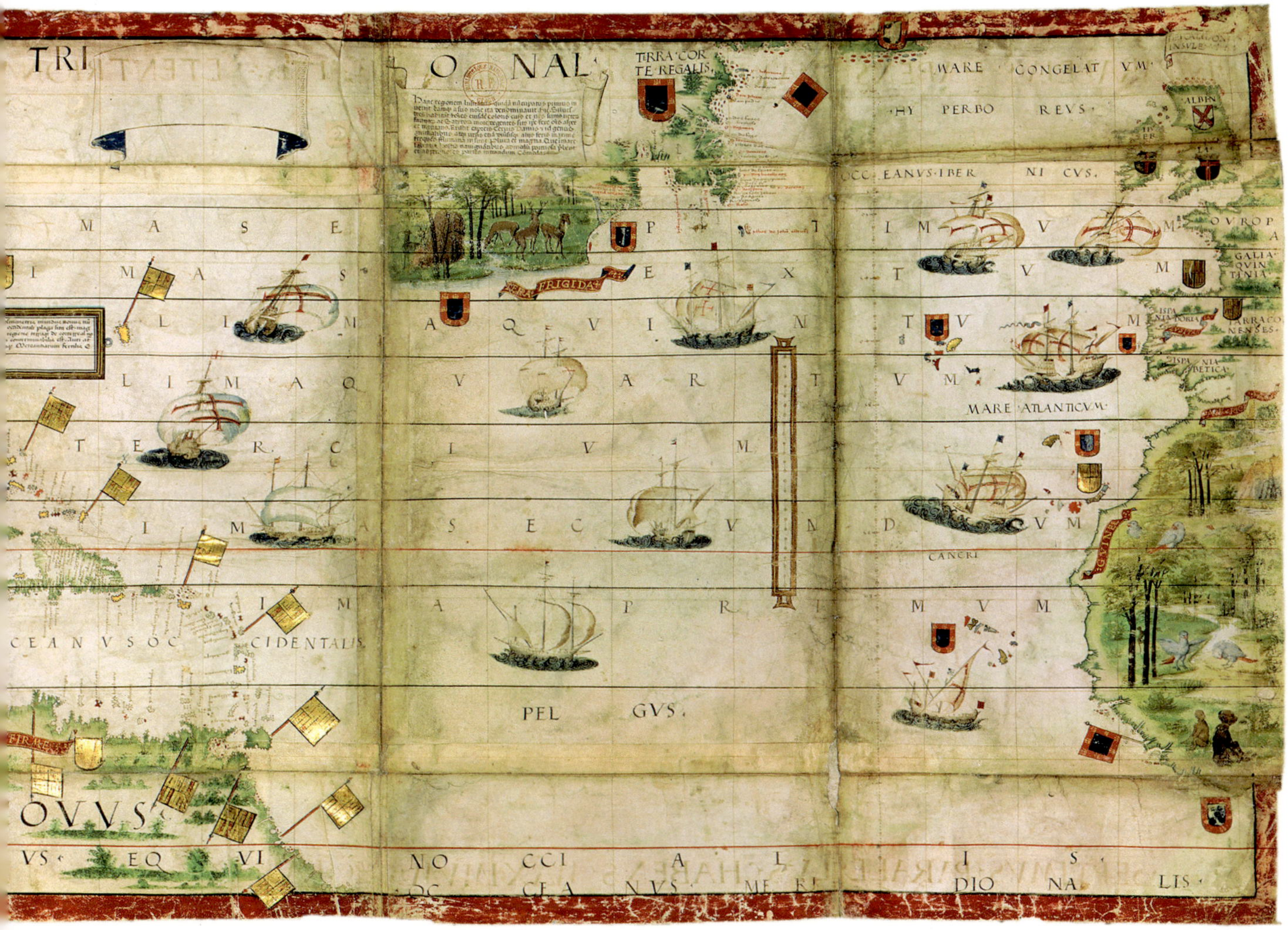

Carte marine de l'océan Atlantique Sud avec une partie des continents sud-américain et africain. Pedro Reinel et son fils Jorge sont des cartographes portugais très réputés qui, avec l'aide de Lopo Homen (autre cartographe) et António de Holanda (miniaturiste), ont produit des cartes uniques, d'une grande beauté et d'une très grande précision pour leur époque.

Pedro Reinel et Lopo Homen, c.1519, Photo : British Library, Akg Paris

de le concilier et de l'apaiser, d'autres succombent au fameux *aura sacra fames* de Virgile, cette « maudite soif de l'or » qui peut faire perdre la raison aux humains, corrompre leur âme, les éloigner les uns des autres et briser leurs communautés.

De l'Antiquité à la Renaissance, les Européens postulent que l'âme humaine souffre d'une propension à succomber à différents désirs – ce que saint Augustin et d'autres ont nommé les passions. Idéalement, les facultés supérieures de la raison et de l'esprit arrivent à contenir ces passions. Toutefois, peut-être en raison de ses vertus exceptionnelles, l'or s'avère capable d'exercer une emprise extraordinaire sur les désirs humains en les amplifiant au point où les passions prennent le contrôle de la raison, renversant ainsi l'ordre naturel des choses. Voilà ce que Thomas de Mercado avait en tête lorsqu'il a écrit sur les effets de l'avènement de l'or et des autres métaux précieux des Indes sur la société ibérique. « Par le passé, explique-t-il, l'appétit des hommes était modéré, mais aujourd'hui, il est exorbitant et hors de tout contrôle. » Ce désir sans borne pour la richesse, qui ne connaît « ni loi, ni mesure, ni fin », détourne les gens de leurs obligations familiales et sociales[13].

Ces théories ont déterminé aux XVIe et XVIIe siècles la façon dont on a décrit les motifs et les actions des premiers conquistadores et colonisateurs des Amériques. Le jésuite naturaliste José de Acosta, qui a beaucoup écrit sur les propriétés et les vertus de l'or, souligne son effet corrupteur : l'or a aveuglé

13. Thomas DE MERCADO, *Tratos y contratos de mercaderes y tratantes* (Salamanca : Matthias Gast, 1569), 3v., 9v.

Los Mulatos de Esmeraldas
Trois ambassadeurs afro-indiens de la république de Zambo dans la région d'Esmeraldas en Équateur, richement parés d'or, venant déclarer leur allégeance à la Couronne espagnole en échange de leur autonomie politique et sociale.
Andrès Sanchez Galque, peintre indien de l'École de peinture et de sculpture de Quito, 1599
Museo de América, Madrid, Inv. 93-142,
Photo : Museo de América

les Espagnols, les poussant à commettre des atrocités d'une cruauté irraisonnée[14]. Selon Bartolomé de las Casas, le précieux métal est la cause suprême des « tueries et destructions d'un nombre infini d'âmes [amérindiennes][15] ». Toute l'Europe a été subjuguée par le célèbre incident au cours duquel le peuple jivaro du piémont andin aurait trouvé un remède symbolique à la soif d'or pathologique du colonisateur. Après avoir capturé le gouverneur espagnol de Macas pour avoir ravagé leurs territoires, les Jivaros auraient ramassé le butin doré que ce dernier avait pillé, l'auraient fondu, puis lui auraient versé dans la gorge[16]. Alors que le gouverneur étouffait et se tordait de douleur, les Jivaros assemblés autour de lui l'auraient conspué : « Crache et vomis le métal qui a perturbé et envenimé ton âme et ton corps, entaché et infecté les désirs de ton esprit [...][17]. »

La découverte

La pensée moderne au sujet des vertus de l'or et des faiblesses morales de l'humanité fait de la quête de l'or une voie privilégiée vers une forme bien particulière de folie : transgressive, irrationnelle, violente. Cependant, ce n'est qu'après 1492 que cette fièvre de l'or prend des proportions épidémiques et devient partie intégrante de l'histoire de la découverte et de l'occupation européennes des Amériques.

Colomb n'a eu que peu de succès dans sa quête de l'Indien doré et des pays de l'or, mais sa correspondance avec l'Europe reste imprégnée de l'irrépressible conviction qu'il atteindra vraiment son but. Sa première lettre à Ferdinand et Isabelle d'Espagne a immédiatement été mise sous presse, réimprimée neuf fois durant la même année (1493), puis rééditée et traduite des douzaines de fois au cours des décennies suivantes[18]. En l'espace de quelques

14. ACOSTA, *op. cit.*, p. 207.
15. Bartolomé DE LAS CASAS, *The Devastation of the Indies : A Brief Account*. Translated by Herma Briffault (Baltimore : The John Hopkins University Press, 1992), p. 31.
16. Michael HARNER, *The Jivaro : People of the Sacred Waterfalls* (Berkeley : University of California Press, 1984), p. 21.
17. Préface du traducteur, Bartolomé DE LAS CASAS, *A Brief Account of the Destruction of the Indies* (London, 1689). [http://www.gutenberg.org/etext/20321].
18. John H. ELLIOTT, *The Old World and the New*, 1492-1650 (New York : Cambridge University Press, 1970), p. 9.

années, des centaines de colons font la traversée de l'Atlantique pour tenter leur chance et faire fortune aux Indes. Ils mettent le cap droit sur Hispaniola, l'île où se trouvent actuellement Haïti et la République Dominicaine, donnant ainsi naissance à la première ruée vers l'or des Amériques.

Cette ruée démarre d'abord par la saisie complète des objets d'or façonnés par les artisans autochtones à des fins décoratives et rituelles. Puis suit l'extraction de l'or dans les graviers aurifères des placers. Les communautés autochtones sont mises aux travaux forcés dans les rivières et les bancs de sable de l'île, où ils creusent et lavent l'or à la batée. La ruée vers l'or d'Hispaniola est de courte durée, à cause de l'épuisement des dépôts aurifères facilement exploitables et de l'effondrement simultané de la population locale. Cependant, cette première ruée instaure un cycle qui se répétera successivement sur les îles voisines de Porto Rico et de Cuba.

Le cycle de l'or des Caraïbes joue un rôle crucial dans l'histoire de la colonisation des Amériques par les Européens. Il crée un prototype, une suite de phases : l'exploration, la conquête, l'intégration forcée des populations locales dans la production des métaux précieux, la crise démographique, puis le déclin de la civilisation autochtone. La même séquence se répète dans tous les districts miniers du continent et prend une importance capitale en avivant l'intérêt européen pour le riche potentiel des territoires américains que l'on vient de découvrir. À l'époque, l'Europe est exceptionnellement pauvre en or et la faible quantité, qui arrive au compte-gouttes, provient de sources d'approvisionnement externes – en particulier celles de l'Afrique de l'Ouest subsaharienne. Entre 1502 et 1530, les placers d'Hispaniola et des autres îles fournissent chaque année quelque 760 kg d'or : plus du double de la quantité provenant d'Afrique[19]. L'expérience caribéenne tend à confirmer les vieux mythes médiévaux à propos de l'accumulation d'or dans la zone équatoriale. Le précieux métal étant généré par le Soleil, la théorie avait prédit que les dépôts aurifères seraient plus abondants et nombreux autour de l'équateur[20].

La combinaison de ces éléments est particulièrement puissante : une pénurie d'or, une science qui situe le précieux métal le long de la ceinture tropicale, ainsi qu'un afflux d'or caribéen en Espagne incitent de nouvelles vagues d'exploration. Au cours du XVIe siècle, on entreprend des douzaines d'expéditions vers le Mexique, l'Amérique centrale et le continent sud-américain. Convaincus que ces terres contiennent de grandes quantités de dépôts aurifères n'attendant que d'être découverts, les commandants de ces équipages armés interrogent les Amérindiens locaux sans relâche et avec violence pour connaître la source du précieux métal. Tout comme au temps de Colomb, les informateurs de la région transmettent un mélange de pistes réelles et fictives, le plus souvent dans le but d'éloigner les étrangers au plus vite en les dirigeant vers un endroit où ils ne pourront pas leur faire de mal. Leurs histoires s'intègrent à une masse croissante de documents européens où le nouveau continent est perçu comme une terre aux richesses fabuleuses, voire mythiques[21].

Le mythe d'El Dorado constitue l'exemple le plus célèbre d'une telle projection géographique du désir. Les Espagnols parcourent tour à tour les forêts de la Colombie, du Venezuela, du Guayas, du Pérou et du Paraguay à la recherche du roi doré et du lac sacré. À chaque expédition, El Dorado change d'emplacement, glissant le long du continent, toujours hors de portée, et pourtant si près – derrière la prochaine chaîne de montagnes ou plus loin, en haut de la rivière voisine[22]. Tandis que le royaume d'El Dorado se déplace sur la carte, il se transforme pour prendre la forme de nouvelles terres aux richesses mythiques – le royaume des Omaguas, la Terre du Soleil et la Terre de Meta –, attirant ainsi de nouvelles expéditions au cœur de l'Amérique du Sud[23]. L'attrait d'El Dorado engendre une longue série d'échecs notoires. L'expédition désastreuse de Lope de Aguirre et de Pedro de Ursua, par exemple, partie du Pérou en 1560

19. Earl J. HAMILTON, *American Treasure and the Price Revolution in Spain (1501-1650)* (Cambridge, MA : Harvard University Press, 1934), p. 42 ; Ward BARRETT, « World Bullion Flows, 1450-1800) », dans James Tracy (ed.), *The Rise of Merchant Empires. Long-Distance Trade in the Early Modern World, 1350-1750* (New York : Cambridge University Press, 1990), p. 247.
20. Beatriz PASTOR BODMER, *The Armature of Conquest. Spanish Accounts of the Discovery of America, 1492-1589*. Translated by Lydia Longstreth Hunt (Stanford : Stanford University Press, 1992), p. 154.
21. PASTOR, *op. cit.*, p. 50-51.
22. Juan GIL, *Mitos y utopías del descubrimiento. Tomo III, El Dorado* (Madrid : Alianza Editorial, 1989).
23. PASTOR, *op. cit.*, p. 161.

un processus de transformation grâce auquel on extrait du sol la matière première pour l'affiner par des manipulations, le mouvement, la chaleur et la recombinaison. Or, le colonialisme constitue lui aussi un processus de transformation, mais de nature totalement différente : il s'agit d'un travail biopolitique du facteur humain composé de peuples soumis et d'esclaves importés. Si les districts miniers coloniaux étaient l'un des moyens privilégiés par la société coloniale pour occuper les territoires des Amériques, leur création, leur mode d'exploitation et la vie sociale devraient pouvoir nous aider à définir la nature de cette occupation.

Cherchant à passer outre les légendes et les fables des pays de l'or, les auteurs espagnols en viennent à remarquer la particularité de la configuration naturelle du paysage américain. Selon Acosta, les Amériques auraient été ensemencées avec la plus grande part d'or et d'argent au monde. Il s'agirait, selon lui, de la dot que Dieu apportait au continent, une riche donation pour attirer des « prétendants » chrétiens qui importeront leur civilisation et leur foi chez les païens. Hormis la cosmologie impériale, l'intuition d'Acosta s'est avérée correcte, puisque les Amériques ont effectivement fourni la plus grande part de métaux précieux au monde moderne. Au XVIIIe siècle, à l'apogée de leur gloire, les mines de l'Amérique espagnole et portugaise représentent près des trois quarts de la production mondiale d'or[28].

Puisque les dépôts aurifères sont nombreux et largement répandus à travers les Amériques, les lieux de leur découverte et de leur exploitation deviennent autant de points d'ancrage contribuant à établir la société coloniale et lui permettant de connaître une expansion rapide sur l'ensemble du territoire. Après les rivières d'Hispaniola apparaissent les premières zones continentales d'exploitation aurifère : la ville paraguayenne de Veragua (1507), les bassins mexicains de Papaloapan et de Balsas (1522), les vallées fluviales de l'Audiencia de Quito et du Royaume de Nouvelle-Grenade (vers 1530), les rivières et déserts du Chili (1542), puis, un peu plus tard, les déserts du nord du Mexique (vers 1580)[29]. Vient ensuite la célèbre ruée vers l'or du Brésil des années 1690, durant laquelle marchands d'esclaves et prospecteurs envahissent la région de Minas Gerais, à l'ouest de São Paulo. À la fin de l'ère coloniale, les districts aurifères s'étendent donc depuis Sonora à la frontière nord du Mexique jusqu'au sud du Chili, et depuis la côte du Pacifique de la Colombie jusqu'au Brésil.

L'extraction d'or est perçue comme une accélération artificielle du processus naturel de production et d'affinage du métal. Cet artifice d'utiliser la force de travail des hommes associée à la technologie pour travailler la terre prend deux formes principales. La plus importante regroupe les techniques hydrauliques de lavage des dépôts alluvionnaires aurifères. La haute densité de l'or permet de dégager le métal de sa gangue – c'est-à-dire un mélange de sable et de gravier – en utilisant la force de l'eau et le mouvement. Il existe plusieurs variantes de ce processus. La façon la plus simple et la plus facile consiste à faire tournoyer l'eau et la terre aurifère dans un grand plat creux, appelé batée, jusqu'à ce qu'apparaissent de la poussière d'or ou des pépites. Les *sluices* utilisent une version plus élaborée du même principe. On construit un long tunnel muni de *riffles* – creusé à même le sol ou bâti en bois – dans lequel on dépose le gravier. L'eau est ensuite dirigée dans le *sluice*, où la gangue excédentaire est emportée, faisant ainsi apparaître l'or. Dans les mines de Carabaya dans le piémont andin, les mineurs autochtones construisent des systèmes de canaux complexes pour irriguer les *sluices* minutieusement creusés dans les parois de granite.

Une autre méthode consiste à extraire l'or contenu dans la roche dure en suivant les veines souterraines et à se frayer un chemin jusqu'à elles en creusant d'étroits tunnels inclinés en pente raide. Il existait à l'époque beaucoup de mines de roche dure dans les villages andins d'Aporoma et de Chuquiabo, avec de nombreux puits et tunnels s'enfonçant profondément dans la montagne[30]. On rapporte des opérations similaires en Colombie dans les bassins de la rivière Cauca et du fleuve Magdalena[31]. Les mineurs brisent et cassent la roche aurifère à l'aide de marteaux, de barres de fer et de pics, puis emplissent de grands sacs d'une soixantaine de kilogrammes qui sont transportés par des porteurs. Une fois hors du puits, le minerai est envoyé vers des moulins voisins pour y être broyé. L'or est ensuite séparé du gravier par la méthode hydraulique ou par amalgamation au mercure. Ces mines pouvaient être très grandes. Les

28. BARRETT, *op. cit.*, p. 225.
29. Robert C. WEST, *Colonial Placer Mining in Colombia* (Baton Rouge, LA : Louisiana State University Press, 1952), 3 ; LANE, 2002, *op. cit.*, 115-117 ; BERTHELOT, *op. cit.*, p. 948.
30. BERTHELOT, *op. cit.*, p. 955-957.
31. WEST, *op. cit.*, p. 54.

Carte des gisements aurifères du Pérou, de la région de Guastecan et de la Floride.

Carte du Pérou par Diego Méndez, carte du Guastecan par Abraham Ortello et carte de la Floride par Jerónimo Chavez, XVIe siècle.

Museo de América, Madrid, Inv. 00410
H : 43,8 cm La : 55,4 cm
Photo : Museo de América

galeries de la mine d'Espíritu Santo dans la péninsule de Darien s'étendaient sur cinq niveaux, et environ 200 mineurs y travaillaient, usant de systèmes mécaniques pour extraire le minerai[32].

L'affinement de la roche aurifère nécessite une très grande manipulation d'eau et de feu qui, à leur tour, entraînent des changements marquants de l'environnement aux alentours des districts aurifères. La construction de canaux pour rediriger l'eau vers les *sluices* et en contrôler la force hydraulique, la création de grands réservoirs destinés à accroître le potentiel hydraulique, même dans un environnement semi-aride, ainsi que le détournement de rivières entières (comme celui du Río Nechi dans l'ouest de la Colombie en 1629) constituent autant de façons dont les exploitations minières ont transformé radicalement l'hydrologie locale. Par ailleurs, la fonte de l'or est un processus à haute consommation de carburant. À une époque qui ne connaissait ni l'électricité ni le combustible fossile, cela exigeait beaucoup des réserves de bois locales. À Minas Gerais au Brésil, les observateurs ont constaté un grand déboisement de la forêt subtropicale qui s'étend sur une douzaine de lieues au-delà des mines. Au nord du Mexique, on a dû même mettre fin à certaines exploitations, comme celles de Real de Todos Santos, les réserves de bois étant épuisées[33]. Les forêts des districts miniers tendent à ne pas se reboiser, car, une fois les terres déboisées, elles sont utilisées pour l'agriculture et

32. Armando ESPINOSA BAQUERO, « Datos sobre la explotación y el beneficio de los metales preciosos en Nueva Granada en la época colonial », dans *Minería y metalurgia. Intercambio tecnológico y cultural entre América y Europa durante el período colonial español* (Sevilla-Bogotá : Muñoz Moya y Montraveta editores, 1994), p. 493.
33. Robert C. WEST, *The Mining Community in Northern New Spain : The Parral Mining District* (Berkeley : University of California Press, 1949), p. 44.

Indi, Qva Arte Avrvm Ex Montibvs Ervant
Gravure illustrant l'extraction de l'or par les Autochtones
dans *Americae nona & Postrema pars*.

Francof. : Apud Matth. Beckerum, 1602.
Musée de la civilisation, bibliothèque du Séminaire de Québec, SQ029087
Photo : Idra Labrie, Perspective, Musée de la civilisation

l'élevage, c'est-à-dire pour la production alimentaire des populations croissantes attirées par les mines. De nombreux camps miniers se sont établis dans des régions auparavant occupées par des nomades ou les peuples des forêts; l'expansion des champs et des pâturages due à l'extraction minière bouleverse le paysage de façon radicale.

Les transformations du sol causées par l'exploitation minière coloniale s'accompagnent de transformations sociales et culturelles dans les camps et les villages miniers qui se multiplient un peu partout dans les districts aurifères des Amériques. Même à l'apogée de la ruée vers l'or brésilienne, au début du XVIIIe siècle, les colonies de Minas Gerais étaient avant tout des constellations de petits camps miniers et de quelques villages comptant plus de 5 000 habitants[34]. Les camps, connus sous le nom de *minas*, *ranchos* ou *rancherías*, sont généralement petits et regroupent de un à trois *cuadrillas* (groupes de mineurs) et leurs contremaîtres, ce qui représente une quinzaine à une vingtaine d'hommes et de femmes. Les camps les plus gros comptent jusqu'à 150 habitants[35]. La petite taille des camps et des villages miniers est cependant compensée par leur grand nombre : des centaines

34. Charles BOXER, *The Golden Age of Brazil, 1695-1750 Growing Pains of a Colonial Society* (Berkeley : University of California Press, 1964), p. 51-53 ; Kathleen J. HIGGINS, « Licentious Liberty » dans *A Brazilian Gold-Mining Region. Slavery, Gender, and Social Control in Eighteenth-Century Sabará, Minas Gerais* (University Park, PA : The Pennsylvania State University Press, 1999), p. 19.

35. Il existait des camps miniers plus importants, mais même ces derniers ne dépassaient jamais 150 personnes. WEST, 1952, *op. cit.*, p. 102-103 ; HIGGINS, *op. cit.*, p. 47-50, p. 60, 61.

de camps, voire des milliers, voient le jour durant la période coloniale.

Durant le boom qui succède aux premières découvertes, ces communautés minières agissent comme des vortex, attirant les gens à un rythme effarant. En l'espace de quelques semaines ou quelques mois, des douzaines de camps sont dressés aux alentours des dépôts. À Cieneguilla, dans le désert de l'Altar de Sonora, 1 500 mineurs arrivent durant les quatre mois qui suivent la première découverte ; huit mois plus tard, on en compte 5 000[36]. De grandes quantités d'or sont extraites, entraînant une atmosphère fébrile et indisciplinée dans les camps. La fortune de toute une vie en une seule batée, les jeux d'argent, l'alcool, les vols, la violence font des camps des lieux extrêmement marginaux au sein de la société coloniale. Les Africains et indigènes recrutés contre leur gré pour exploiter les dépôts ressentent plus que quiconque cette marginalité. Durant le boom, le facteur le plus déterminant pour l'extraction de l'or est le travail. Cela donne lieu à une mêlée générale presque désespérée parmi les mineurs qui cherchent à se faire embaucher. Les Africains, que le système d'esclavage de l'Atlantique a transformés en commodités, peuvent être achetés et mis au travail. Les indigènes, en théorie, étaient protégés de l'esclavage par les Couronnes espagnole et portugaise, mais, sur la frontière aurifère, la ruée vers la main-d'œuvre ne laisse pas de place aux subtilités légales. Les razzias pour enlever les Indiens « rebelles » étaient devenues courantes au nord du Mexique. L'esclavage, le recrutement forcé, l'usage de la violence et de moyens de contrôle carcéraux pour discipliner les travailleurs, voilà différentes formes de transformation sociale qui ont fait de certains humains les outils des autres.

Cependant, la transformation sociale peut aussi être créative. À cet égard, les camps et les villes des districts aurifères sont cosmopolites et culturellement très complexes. Ces communautés attirent des gens de partout dans le monde atlantique. Une douzaine de nations africaines, amenées comme esclaves, dominent les districts de la Colombie et du Brésil. À Sabará, dans la région de Minas Gerais, on peut entendre une douzaine de langues dans les camps et les rivières, dont le portugais ainsi que plusieurs variétés de créole. Dans les camps miniers du Mexique, où prédominent les Amérindiens, on observe cette même structure générale basée sur la diversité culturelle. La main-d'œuvre des mines d'or de San Pedro, près de San Luis Potosí au Mexique, est composée d'au moins six ethnies indigènes distinctes, sans compter les mineurs et les contremaîtres d'origines africaine et afro-mexicaine, ainsi que des Européens occupant un grand éventail de postes, de simples mineurs à propriétaires, incluant les prêtres. La nature composite de ces colonies engendre plusieurs types de fusions et de recombinaisons culturelles caractéristiques d'un phénomène colonial plus élargi, mieux connu sous le nom de métissage.

À contre-courant, la dynamique culturelle du métissage contourne le programme colonial d'acculturation visant à transformer les peuples indigènes et africains en des sujets chrétiens. Il se passe plusieurs choses dans les districts miniers qui échappent au contrôle supposément total des autorités coloniales. À l'exception de quelques petits villages agissant à titre de centres administratifs dans un district donné, la plupart des camps aurifères sont éphémères et se déplacent vers de nouveaux sites aussitôt que les dépôts aurifères sont épuisés. Dans l'ensemble, l'image qui caractérise les districts aurifères à travers tout le continent est celle d'une population de mineurs changeante et dispersée. À la fin du XVIIIe siècle, le nouveau gouverneur attitré d'Antioquia en Nouvelle-Grenade était incapable de déterminer le nombre d'exploitations minières en cours sur son territoire. Lorsqu'il interrogea les fonctionnaires locaux à ce sujet, il se rendit compte qu'ils étaient incapables de fournir un chiffre précis, bien qu'ils aient vécu et travaillé là-bas toute leur vie. La mobilité constante des mineurs, qui plus est sur un territoire vaste et très accidenté, a résisté à toute tentative de surveillance de la part de l'État[37].

Il en va de même pour les efforts des autorités pour le contrôle de la circulation de l'or sur leurs territoires. Une économie informelle propre à l'or naît dès son extraction, à même les rivières, les *sluices* ou les puits. Des pépites et de la poudre d'or se volatilisent au contact des mineurs qui les font réapparaître dans de petites fonderies exploitées par des compagnons. En Colombie et au Brésil, ces fuites d'or secrètes servent à assurer l'affranchissement de milliers d'esclaves africains[38]. Tout comme les travailleurs africains et autochtones subtilisent de l'or à l'insu des propriétaires, les mineurs et les marchands

36. Robert C. WEST, *Sonora : Its Geographical Personality* (Austin, TX : University of Texas Press, 1993), p. 85.
37. Ann TWINAM, *Miners, Merchants, and Farmers in Colonial Colombia* (Austin : University of Texas Press, 1982), p. 18-19.
38. WEST, 1952, *op. cit.*, p. 88 ; HIGGINS, *op. cit.*, p. 39-40, p. 80-81, p. 151-159.

subtilisent eux aussi le précieux métal à l'insu de l'État colonial, lui-même désireux de s'approprier sa propre part des richesses qui coulent à flots dans les districts des Amériques. À l'instar des pierres précieuses et des perles, l'or est un grand favori des contrebandiers. D'énormes quantités d'or non déclarées voyagent depuis Minas Gerais jusqu'aux ports atlantiques du Brésil. En raison des forêts denses et des réseaux de pistes complexes et changeants dans les régions inexploitées, la contrebande devient un jeu d'enfant pour les anciens forestiers qui dirigent ce trafic[39]. Cependant, il n'y a pas que des professionnels qui font circuler l'or non déclaré. L'or passe subrepticement de Minas Gerais à l'économie atlantique aux mains de gens de toutes conditions, et par tous les moyens possibles : dans des barils et des coffres de sucre, ou même à l'intérieur des pièces de bois creuses de la membrure des navires traversant l'Atlantique[40]. Les prêtres profitent de leur immunité cléricale pour se faire passer pour des fonctionnaires de l'État, dissimulant souvent de la poussière d'or à l'intérieur d'images de saints gravées sur des bois creux[41].

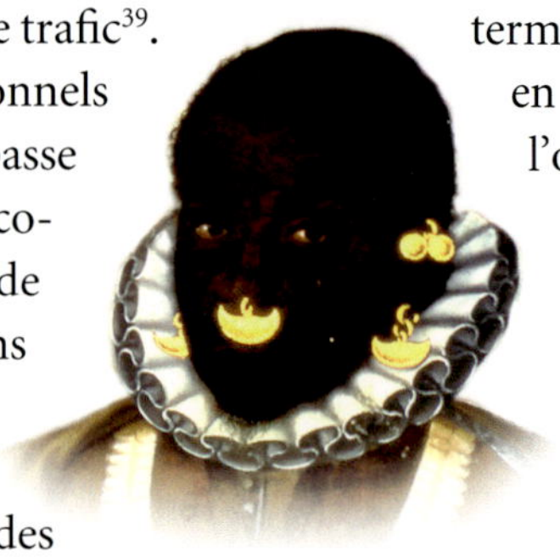

Une chaîne de relations

Une fois extrait, l'or s'est répandu en Europe et à travers toute l'économie mondiale. Les historiens estiment que les mines des Amériques ont produit entre 2 500 et 2 700 tonnes du précieux métal, dont presque 60 % sont allées à l'étranger. Au début de l'époque moderne, l'or américain a une influence considérable sur l'économie européenne. Les afflux croissants de métal ont pour effet de contribuer à monétiser l'économie. Ce processus commence au XVe siècle avec l'arrivée de l'or ouest-africain grâce au commerce portugais, mais s'accélère au cours des siècles, à mesure que s'établissent les exploitations minières aux Amériques. Au terme du XVIIe siècle, ce flot d'or finit par faire de l'Europe une des régions où les quantités d'or sont les plus élevées *per capita* au monde[42]. Cependant, la manière dont ces quantités croissantes de lingots font augmenter la vitesse de la circulation monétaire est peut-être plus importante que la somme totale d'or accumulé en Europe. L'or et l'argent fournissent le capital brut que les outils de crédit font fructifier et circuler par des échanges commerciaux. Cela aide, en retour, à accélérer le rythme de telles transactions, contribuant ainsi à accroître le montant total du capital réellement mis en circulation dans l'économie européenne[43].

Cet essai a commencé avec Colomb et il se terminera avec Bartolomé de las Casas, qui en a lui aussi écrit long au sujet du rôle de l'or aux premiers temps de la colonisation européenne – ou plutôt luso-ibérique – des Amériques. Dans *De Thesauris* (À propos des trésors), un traité qu'il rédige tout juste avant sa mort à l'âge de 82 ans, le dominicain élabore un genre de codicille à son œuvre sur les thèmes de l'or et du colonialisme, où il revient notamment sur les razzias que les conquérants en quête de trésors ont pratiquées sur les tombes. Selon lui, le pillage de tombes ne serait pas seulement une forme de vol : il enfreindrait des lois naturelles et morales plus profondes visant à empêcher que les cimetières et leur contenu ne soient violés[44]. Las Casas poursuit en amplifiant l'injonction morale et légale contre le pillage de tombes pour y inclure toutes les formes de richesses obtenues des terres indigènes. Comme le pillage de tombes, l'exploitation minière constituerait aussi une forme de vol, puisque ni les monarques espagnols ni leurs sujets en Amérique n'avaient de droits légitimes sur les peuples ou les territoires autochtones.

La discussion de las Casas l'amène à formuler une théorie large répartissant l'implication coloniale. À son avis, le vol colonial aurait été organisé par un système impliquant non seulement les conquistadores, mais aussi les marchands qui les ont équipés, les capitaines des bateaux qui les ont transportés et même les tailleurs qui les ont habillés[45]. La valeur de l'or, tout comme sa responsabilité pour les maux qu'il a causés, a empreint cette chaîne de relations.

---

39. BOXER, *op. cit.*, p. 43-44.
40. *Ibid.*, p. 201.
41. *Ibid.*, p. 54 ; A.J.R. RUSSELL-WOOD, « Clerical Participation in the Flow of Bullion from Brazil to Portugal during the Reign of Dom Jão IV (1706-1750) », Hispanic American Historical Review, 80 : 4 (2000), p. 815-837.
42. BARRETT, *op. cit.*, p. 253.
43. Harry A. MISKIMIN, *The Economy of Later Renaissance Europe* (New York : Cambridge University Press, 1977), p. 36-37.
44. Fray Bartolomé DE LAS CASAS, *Obras completas. Tomo 11.1, De Thesauris*. Translation and edition, Angel Losada (Madrid : Alianza Editorial, 1992), p. 47, 49.
45. *Ibid.*, p. 507, 509, 511 ; Henry R. WAGNER et Helen R. PARISH, *The Life and Writings of Bartolomé de Las Casas* (Albuquerque, NM : University of New Mexico Press, 1967), p. 234-235 ; Marcel BATAILLON, « Les "douze questions" péruviennes résolues par Las Casas », dans Marcel Bataillon, *Études sur Bartolomé de Las Casas* (Paris : Centre de recherches de l'Institut d'études hispaniques, 1965), p. 260.

Le mythe d'El Dorado : entre voyageurs, aventuriers et explorateurs

Clara-Isabel Botero
Directrice du Museo del Oro (Bogotá, Colombie)

Traduit de l'espagnol par Louis Jolicœur

Gravure illustrant la Légende de l'Indien doré.
Qvomodo Imperator Regni Gvianae, Nobiles Svds or dans *Americae pars VIII : continens primo, descriptionem trium itinerum nobilissimi et portissimi equitis Francisci Draken*. Francofurti : Impressae per Mattheaum Becker, 1599, pl. XV.

Musée de la civilisation, bibliothèque du Séminaire de Québec, SQ004263
Photo : Idra Labrie, Perspective, Musée de la civilisation

Le mythe d'El Dorado, source de légendes et d'histoires de tous genres en Amérique latine, tire son origine des récits des conquistadores et des chroniqueurs européens des xve, xvie et xviie siècles. L'idée de l'« Indien doré » apparaît très tôt dans les chroniques de Gonzalo Fernández de Oviedo, dans son *Historia General y Natural de las Indias,* où il fait référence à l'existence « d'un homme ou d'un prince qui, à l'aide d'une gomme ou d'une liqueur très odorante, se

Vue aérienne du lac Guatavita
Le lac Guatavita est l'endroit où se déroulait le rituel de l'Indien doré. Selon la légende, l'Indien, le corps couvert de poudre d'or, se jetait à l'eau avec plusieurs objets en or offerts au dieu Soleil. Sachant ce que recèle le fond du lac, plusieurs aventuriers téméraires et, plus tard, des compagnies ont essayé, au fil des siècles, d'assécher le lac ou d'abaisser le niveau des eaux pour récupérer ces objets fabuleux.
Photo : Hans-Jürgen Burkhard, Bilderberg Archiv fotografen

couvre d'or moulu des pieds à la tête, son corps tout entier resplendissant comme une pièce d'or travaillée à la main par quelque maître artisan[1] ». La construction de ce mythe par les chroniqueurs européens est à l'origine des multiples expéditions effectuées du XVIe au XXe siècle par des voyageurs, aventuriers et explorateurs. En quête d'El Dorado caché dans les lagunes secrètes où avaient lieu les cérémonies d'offrande, ils ont fouillé la cordillère orientale de la Colombie.

La légende réapparaît avec encore plus de détails dans les *Noticias Historiales de las Conquistas* de Fray Pedro Simón, écrites en 1621 et 1623, où la version du chroniqueur Juan de Castellanos est reprise, laquelle fait référence à un Indien de Quito et à son chef, qui auraient évoqué la coutume d'offrir des sacrifices dans les lagunes[2]. Simón mentionne la lagune de Guatavita, qu'il décrit comme le « temple le plus célèbre et le plus fréquenté[3] ». Cette légende mythique s'est convertie en un récit de la consécration du futur cacique, comme en témoigne le chroniqueur Juan Rodríguez Freile en 1636 :

> « Dans cette lagune fut construit un grand radeau en joncs, orné de la façon la plus ostentatoire… L'héritier était mis à nu, on l'enduisait d'une substance poisseuse et on le recouvrait d'or en poudre, de sorte qu'il fût entièrement couvert de ce métal. L'Indien doré faisait offrande de tout l'or qu'il portait, en se jetant au milieu de la lagune […] et dès que le radeau revenait à terre, la fête commençait avec moult danses et célébrations. La cérémonie se concluait par la reconnaissance de l'Indien comme nouveau prince. C'est de cette cérémonie qu'est venu le nom tant vanté d'El Dorado, qui aura coûté tant de vies et de fortunes[4]. »

Voilà qui incitera de nombreux Européens à s'intéresser à l'or de la lagune de Guatavita. Si l'on en croit les registres du premier explorateur, Lázaro Fonte, capitaine de Gonzalo Jiménez de Quesada, ce dernier ne serait pas reparti les mains vides. Quant à Hernán Pérez de Quesada, il aurait réduit le niveau des eaux de trois mètres, pour récupérer entre 3 000 et 4 000 *castellanos* d'or (de 13,8 à 18,4 kilogrammes)[5]. La première tentative de récupération d'objets précieux de la lagune de Guatavita, autorisée par la Couronne, aurait été effectuée par Antonio de Sepúlveda en 1562. Nanti d'une ordonnance royale stipulant qu'il devrait effectuer ces explorations à ses frais et à ses risques et périls, il entreprit les travaux[6].

Un voile de silence va recouvrir les vestiges préhispaniques jusqu'au XIXe siècle. En 1820, une fois l'indépendance obtenue, la nouvelle République de Colombie fera de la lagune de Guatavita un lieu très fréquenté par les visiteurs et les scientifiques étrangers.

Ainsi les visiteurs effectuent un parcours en radeau, pendant qu'un expert relate les récits mythiques et poétiques tirés des textes des chroniqueurs de l'époque décrivant la cérémonie de la consécration du cacique muisca[7]. Les scientifiques ne sont pas les seuls à s'intéresser à la lagune. L'idée coloniale des trésors

1. Gonzalo FERNÁNDEZ DE OVIEDO, *Historia General y Natural de las Indias*, 4 vol., vol. Iv, Cap II, Madrid, 1855, p. 383.
2. Pedro SIMÓN, *Noticias Historiales de las Conquistas de Tierra Firme en las Indias Occidentales*, tome III, Tercera Noticia Historial, Bogotá, 1981 p. 320-321.
3. *Ibid.*, p. 323.
4. Juan RODRÍGUEZ FREILE, *El Carnero* (1636), Bogotá, 1994, p. 80-81.
5. Roberto LLERAS « Las Ofrendas Muiscas en la Laguna de Guatavita », dans *El Mar, Eterno Retorno* Bogotá, 1998, p. 23.
6. « Capitulación que se tomó con Antonio de Sepúlveda sobre la Laguna de Guatavita y del montecillo della Año de 1562 », dans Antonio Basilio CUERVO, *Colección de Documentos Inéditos sobre la Geografía y la Historia de Colombia*, 4 vol., vol. IV, Bogotá, 1894, p. 135-136.
7. Charles Stuart COCHRANE, *Journal of a Residence and Travels in Colombia during the years 1823 and 1824*, London, 1825, p. 199, 205 ; John POTTER HAMILTON, *Travels by the Interior Provinces of Colombia*, p. 128.

cachés dans les sépultures et autres lieux d'offrande des peuples précolombiens est toujours vive. Un capitaine anglais et le vice-président de la République, partenaires d'une société commerciale, vont tenter d'assécher la lagune de Guatavita une nouvelle fois entre 1823 et 1824. Heureusement sans succès.

Vers 1850, l'intérêt se déplace vers une autre lagune sacrée : la lagune de Siecha. En 1856, une société privée colombienne réussit à l'assécher et y découvre quelques émeraudes et des objets en or[8]. Parmi ces objets se trouve une pièce absolument exceptionnelle : un radeau en or représentant la cérémonie religieuse de consécration d'un cacique muisca entouré de son cortège[9]. Cet extraordinaire radeau a d'abord été acquis par un collectionneur privé de Bogotá, Gonzalo Ramos Ruiz. Le Musée ethnographique de Berlin, intéressé par cet objet hors du commun, demande alors à l'ambassadeur allemand à Bogotá d'acheter le radeau[10]. Ramos refuse cependant de le vendre au musée et l'offre plutôt à l'épouse de Salomón Koppel, un banquier allemand habitant Bogotá. Le directeur du Musée de Berlin, l'ethnologue Adolf Bastian, écrit à Koppel pour l'aviser que cet « objet fabuleux » serait un cadeau fort approprié pour l'empereur, et qu'il serait bien davantage mis à profit pour la science dans la collection royale et publique de Berlin que dans une maison privée de Bogotá.

En 1883, le radeau de Siecha, « une des antiquités en or les plus importantes et intéressantes des Chibchas » selon Edouard Seler, conservateur des collections américaines du Musée de Berlin, arrive finalement en Allemagne. Il aura fallu de nombreuses lettres entre Bastian et Koppel avant que ce dernier accepte que le radeau chibcha soit expédié au Musée de Berlin. Peu après son arrivée au port de Bremen, un immense incendie embrase les entrepôts du port et le radeau est brûlé[11]. Une lithographie du radeau est publiée en 1889 dans le *Kultur und Industrie Südamerikanischer Völker*.

Selon les auteurs, la lithographie correspond à une reproduction en argent plaqué or, faite à partir de « l'original en or provenant de la lagune de Siecha, qui pesait 162 grammes et appartenait à Salomon Koppe, et qui s'était perdu lors de son transport vers le Musée royal de Berlin[12] ».

En 1897, l'idée d'assécher la lagune de Guatavita renaît. Une petite société de Bogotá s'engage dans une nouvelle tentative, mais elle échoue dans son entreprise. La société anglaise Contractors Limited, créée en 1900, obtient les droits de la société colombienne. En 1904, la lagune est finalement asséchée[13]. La société décrit ainsi ce qu'elle trouve :

Lithographie du bateau de *Siecha*
Cet objet magnifique a péri dans un incendie à son arrivée au port de Bremen en 1889.

Image parue dans Max Uhle, Alphons Stübel,
Wilhem reiss y Bendix Koppel, *Kultur und Industrie Südamerikanischer Völker*, 2 vol., Leipzig, 1889, vol. 1, Ilustracion 21.
Photo : Biblioteca Luis Angel Arango, Bogotá, Colombia

8. Joaquin y Bernardino de TOVAR, « Reflexiones sobre el Dorado y su Descubrimiento », dans *La América*, n° 76, Bogotá, 9 Abril 1873, p. 303.
9. Liborio ZERDA, « Antiguedades Indígenas », dans *Anales de la Universidad*, n° 61, Bogotá, 1874, p. 186.
10. Harassowitz, secrétaire de l'ambassade d'Allemagne à Bogotá à Adolf Bastian, Bogotá, 7 nov. 1876, dans *Acta de los Viajes del Director Profesor Dr. Bastian*, 1875-1880, Pars IB 10, Archives du Musée ethnographique de Berlin.
11. Eduard SELER a Carl FLUHR, Berlin, 3 janvier 1899, *Acta America*, vol. 19, mai 1898-juillet 1899, 1369/98. AMVB et Eduard SELER « Ueber Goldfunde aus Kolumbien », dans *Congrès international des Américanistes, compte rendu de la Dixième Session*, Stockholm, 1894, Stockholm, 1897, p. 65.
12. Max Uhle, Alphons Stübel, Wilhem Reiss et Bendix Koppel, *Kultur und Industrie Südamerikanischer Völker*, 2 vol., Leipzig, 1889, vol. 1, il. 21.
13. *Description and details of articles recovered from the Sacred Lake of Guatavita, Republic of Colombia, South America, through the operations of Contractors, Ltd.*, London, 1912, p. 5.

Bateau muisca en or

Museo del Oro, Inv. M.O.11.373
Photo : Juan Mayr, Museo del Oro

« Nous avons découvert plusieurs objets décoratifs en or, tous d'une grande beauté, particulièrement au cours des deux derniers mois, ainsi qu'une collection impressionnante d'émeraudes, de chaînes, de colliers et de pièces de poterie fort particulières[14]. »

Des années plus tard, dans la localité de Pasca, située dans le département de Cundinamarca, dans la cordillère orientale de la Colombie, des paysans font la découverte d'un reposoir en céramique entouré de divers objets, parmi lesquels se trouve une extraordinaire figure votive : un radeau en or, sur lequel apparaît un personnage central entouré d'un cortège.

Cet objet confirme en quelque sorte les récits des chroniqueurs sur l'« Indien doré ». Depuis ce jour, il compte parmi les objets principaux du Museo del Oro del Banco de la República et est l'un des symboles de la nation colombienne.

Bibliographie

BOTERO, Clara Isabel, *The Construction of the Pre-hispanic Past of Colombia : Collections, Museums and early archaeology, 1823-1941*, PHD Thesis, University of Oxford, 2001.

BOTERO, Clara Isabel, *El Redescubrimiento del pasado prehispánico de Colombia : Viajeros, arqueólogos y coleccionistas 1820-1945*, Instituto Colombiano de Antropología e Historia, Universidad de los Andes, Bogotá, 2006.

14. *Ibid.*, p. 5.

L'Afrique, les Africains et l'exploitation minière à l'époque coloniale

Daviken Studnicki-Gizbert
Professeur d'histoire mondiale
Département d'histoire, Université McGill (Montréal)

Traduit de l'anglais par Madeleine Stratford avec la collaboration d'Hélène Dionne

À la fin du Moyen Âge, l'Europe souffre d'un mauvais approvisionnement en métaux précieux. Il y a bien quelques modestes mines d'argent en Allemagne et en Europe centrale, mais l'or provient surtout de l'étranger. Les pièces d'or sont fabriquées à partir d'un alliage de métaux – une forme de dévaluation causée par la pénurie d'or – et de nombreux royaumes n'ont tout simplement pas assez d'or pour frapper leur propre monnaie[1]. En revanche, la Méditerranée islamique se trouve dans la situation inverse, les marchands musulmans profitant d'un accès direct aux mines de l'Afrique de l'Est, du Soudan, du Ghana et du Mali[2].

Par ailleurs, la distance qui sépare l'Europe de l'Afrique subsaharienne va contribuer au développement de représentations qui préfigurent fortement le mythe américain d'El Dorado. Selon un texte italien du début du xve siècle, le hall royal de Prester John, légendaire allié chrétien de l'Europe en Éthiopie, aurait été construit en or massif[3]. Ces images mythiques de l'or, comme la plupart de celles qui vont naître dans les Amériques, reposent sur de solides assises factuelles. Les gisements d'or d'Afrique sont très étendus et exploités à fond par de nombreux États et royaumes; cette notion fondamentale circule dans la conscience collective européenne, encore une fois, grâce aux rapports et aux textes des marchands musulmans et des voyageurs. Le cas le plus célèbre est peut-être celui de Mansa Musa, roi du riche royaume aurifère du Mali. Fidèle musulman, Musa aurait fait un pèlerinage à La Mecque en 1324-1325, à la tête d'une longue caravane, dont plus d'une centaine de chameaux auraient été chargés d'or. Cet afflux d'or malien dans les villes d'Égypte et d'Arabie aurait été assez important pour causer une montée de l'inflation à travers toute la Méditerranée islamique[4]. L'épisode a été rapporté en bonne et due forme par les marchands italiens d'Alexandrie et commémoré dans le célèbre *Atlas* d'Abraham Cresques en 1375. Dominant la partie inférieure de l'*Atlas*, on voit Musa assis sur son trône en or, sceptre à la main et coiffé d'une couronne, ainsi que la courbe de la route de l'or qui s'étend du Ghana à l'Égypte; des attributs particulièrement évocateurs de l'incroyable richesse de la lointaine Afrique[5].

Au xve siècle, le Portugal réussit enfin à établir un lien direct avec l'or du sud du Sahara. Ces nouveaux liens entraînent un certain nombre de conséquences importantes, la première étant un afflux d'or soudain et croissant dans l'économie européenne. Ce flot de lingots résout peu à peu les problèmes causés par la pénurie d'or, et contribuent ainsi à l'expansion commerciale du continent[6]. La Couronne portugaise commence donc à frapper sa propre monnaie d'or – le cruzado – à partir de 1457[7]. C'est dans ce contexte que débute la carrière de Colomb, figure centrale de

1. Pierre VILLAR, *A History of Gold and Money*, London, Verso, p. 30-31.
2. Maurice LOMBARD, « L'or musulman du Ve au XIe siècle », *Annales. E.S.C.* (1947), p. 145-146; Anne MCDOUGALL, « The View from Awadaghost: War, Trade, and Social Change in Southwestern Sahara from the Eighth to the Fifteenth Century », *Journal of African History*, p. 1-26 (1985); Jean DEVISSE, « Trade and trade routes in West Africa », dans *UNESCO General History of Africa*, III, London, 1988.
3. Richard C. TREXLER, *The Journey of the Magi. Meanings in History of a Christian Story* (Princeton: Princeton University Press, 1997), p. 128.
4. Erik GILBERT et Jonathan T. REYNOLDS, *Africa in World History. From Prehistory to the Present* (Upper Saddle River, NJ: Pearson-Prentice Hall, 2004), p. 92.
5. Jean Michel MASSING, « Observations and Beliefs: The World of the Catalan Atlas », dans *Circa 1492: art in the age of exploration*, edited by Jay A. Levenson (New Haven: Yale University Press, 1991); Helen WALLIS, « Cartographic Knowledge of the World in 1492 », *Mariner's Mirror* 78: 4 (1992), p. 407-418.
6. Janet L. ABU-LUGHOD, *Before European Hegemony. The Word System A.D. 1250-1350*, Oxford University Press, 1991, 464 p.
7. Carlo M. CIPOLLA, *Before the Industrial Revolution. European Society and Economy*, 1000-1700 (New York: W.W. Norton & Company, 1993), p. 174-175.

Embarquement d'esclaves sur un négrier
Les conjoints des esclaves sont en proie au désespoir au moment de la séparation (déportation).
Photo : © Fototeca, Leemage

l'expansion ibérique de l'autre côté de l'Atlantique. En 1481, l'explorateur entreprend le premier d'une série de voyages vers São João de Mina (Saint-Jean-des-Mines) sur la côte guinéenne. Il faisait le commerce d'objets assez variés – alcool, textiles, esclaves et épices –, mais l'or constitue la marchandise la plus précieuse[8]. Le voyage de Colomb aux Amériques peut être interprété comme une tentative pour reproduire en Asie l'expérience portugaise en Afrique grâce à une nouvelle route océane qui passerait par l'Ouest. L'expérience commerciale de Colomb en Afrique de l'Ouest, combinée au tourbillon d'idées, d'images et de mythes entourant l'or africain, va profondément conditionner ses perceptions et ses actions aux Caraïbes.

En Amérique, le groupe le plus important de mineurs de l'industrie aurifère coloniale est composé d'un mélange de différentes nations africaines que l'on a amenées comme esclaves depuis l'Afrique de l'Ouest. Dans les deux principales régions minières, la Nouvelle-Grenade et le Brésil, les Africains forment la majeure partie de la force de travail. Dans d'autres régions, comme le Mexique, l'Amérique centrale, le Pérou et le Chili, les mineurs africains ou de descendance africaine jouent aussi un rôle de premier plan comme contremaîtres ou patrons de *cuadrillas*.

Cette prépondérance des Africains dans l'industrie aurifère peut être expliquée en partie par la disparition des populations autochtones locales. C'est clairement le cas du Minas Gerais, où les Africains ont été amenés pour pallier le manque de main-d'œuvre, et ce, au détriment des grandes régions productrices de sucre et de tabac du Brésil[9]. Toutefois, l'important

8. Samuel Eliot MORISON, *Admiral of the Ocean Sea. A Life of Christopher Colombus* (Boston : Little, Brown and Company, 1942), p. 35-42.
9. HIGGINS, *Licentious Liberty*, p. 30, 33.

recrutement d'Africains est également dû à l'expérience et à l'ensemble des compétences que ces derniers avaient acquises chez eux, dans les districts aurifères de l'Afrique[10]. Ces compétences dans l'art de la prospection reposent notamment sur la capacité de « lire » le paysage : les modifications subtiles de la topographie, l'évaluation (souvent par l'odorat) des gradations des caractéristiques du sous-sol et les changements révélateurs de la couverture végétale[11]. Même le savoir matériel relié à l'exploitation des placers aurifères, avec ses outils spécialisés – dont le *barreton*, une lame de fer spatulée et l'*almocafre*, un outil à main en forme de pince destiné à sarcler – est fortement teinté d'influences africaines[12]. Dans le Minas Gerais, les femmes de la Côte d'Or sont des esclaves très en demande en raison de leur habileté « magique » à détecter les riches filons enfouis sous le gravier et la boue. Le gouverneur de Rio de Janeiro écrit en juillet 1726 : « Voilà pourquoi aucun *Mineiro* ne peut vivre sans sa Négresse de Mina, car tous affirment que sans elles, ils n'ont aucune chance[13]. » La haute estime accordée à ces femmes, dans les gisements d'or des Amériques, a d'intéressantes résonances outre-Atlantique. Au XVIIIe siècle, dans les sociétés *mandées* de la Guinée, du Mali et de la Sierra Leone, l'exploitation des placers est confiée exclusivement aux femmes et l'or y est généralement associé à la féminité, à la fertilité, ainsi qu'au monde féminin[14].

10. Kris LANE, *Quito 1599. City and Colony in Transition* (Albuquerque, NM : University of New Mexico Press, 2002), p. 74, 123.
11. Robert C. WEST, *Colonial Placer Mining in Colombia* (Baton Rouge, LA : Louisiana State University Press, 1952).
12. Entretien privé avec Kris Lane, Department of History, College of William and Mary.
13. Charles BOXER, *The Golden Age of Brazil, 1695-1750 Growing Pains of a Colonial Society* (Berkeley : University of California Press, 1964), p. 165.
14. B. Marie PERINBAM, « The Salt-Gold Alchemy in the Eighteenth and Nineteenth Century Mande World : If Men are its Salt, Women are its Gold », *History of Africa* 23 (1996), p. 259, 265.

Détail de la carte marine de l'océan Atlantique de Pierre de Vaux, 1613

Photo : AKG-images

Muki, maître des mines des Andes

Daviken Studnicki-Gizbert
Professeur d'histoire mondiale
Département d'histoire, Université McGill (Montréal)

Traduit de l'anglais par Madeleine Stratford avec la collaboration d'Hélène Dionne

« Qui es-tu ? demandai-je.

Et une voix rauque et puissante répondit :

— Je suis Tayta Muki, le maître du filon.

À ce moment, je vis apparaître un tout petit homme au corps scintillant comme de l'or, avec deux cornes qui dépassaient de son chapeau et des yeux rouge feu.

— Rêves-tu de richesses et de métal précieux ? demanda Tayta Muki. Je peux te montrer les veines. Je peux les exploiter pour toi et te les laisser toutes prêtes. En retour, je ne demande que la vie d'un homme au cours des deux prochaines années, que tu me rendes visite et que tu m'apportes mes plaisirs : des feuilles de coca, des cigarettes et de l'alcool. »

Voilà ce que racontait un mineur bolivien à l'anthropologue française Carmen Salazar Sola au sujet des mukis, les maîtres des mines des Andes. Selon la légende, les mukis seraient des êtres gnomiques de la taille d'un enfant, au teint doré et aux yeux rouges brillants, possédant un pénis d'une longueur disproportionnée qu'ils portent à la taille enroulé comme une ceinture ou qui s'étend le long de riches veines métalliques sur des kilomètres. Ce sont eux qui fertiliseraient les veines et prendraient soin de la Terre Mère, Pacha Mama. Protecteurs des mines, les mukis sont des personnages puissants : ils peuvent causer des effondrements, ou même déplacer les gisements à des centaines de kilomètres en se servant d'un réseau de tunnels souterrains reliant les centres miniers des Andes. En outre, à titre de patrons des mineurs, ils les guident vers de riches veines ou les avertissent d'un danger imminent. Ainsi, il n'est pas surprenant que lorsque les mineurs, de l'époque coloniale aussi bien que d'aujourd'hui, entrent dans les mines, ils prennent grand soin d'apaiser les mukis par des cérémonies et des offrandes régulières déposées aux pieds des effigies à leur image[1].

De nos jours, le personnage du muki est encore présent dans la culture minière des Andes[2]. Transformé par le passage du temps, on le connaît maintenant sous le nom de *Tío* ou Oncle, son image se confond à celles de figures chrétiennes telles que le diable ou plus récemment à celle de l'emblématique *Gringo* propriétaire de mines, l'ingénieur ou l'administrateur. Partout en Bolivie, on peut trouver à l'entrée des puits des représentations du *Tío* sculptées dans du minerai avec des ampoules ou des morceaux d'étain clair et brillant en guise d'yeux, qui attendent qu'on leur offre de l'alcool, des cigarettes et des feuilles de coca pour s'attirer leurs bonnes grâces.

◂ Mineur bolivien faisant une offrande au Muki, dieu protecteur des mines et des mineurs.

Photo : ©Loren McIntyre

1. B. Marie PERINBAM, « The Salt-Gold Alchemy in the Eighteenth and Nineteenth Century Mande World : If Men are its Salt, Women are its Gold », *History in Africa* 23 (1996), p. 239-251, 325.
2. Voir June NASH, *We Eat the Mines and the Mines Eat Us: Dependency and Exploitation in Bolivian Tin Mines* (New York : Colombia University Press, 1979) ; Michael T. TAUSSIG, *The Devil and Commodity Fetishism in South America* (Chapel Hill : University of North Carolina Press, 1980).

CHAPITRE 3

LES CONQUÉRANTS

Entra CORTES con su Exercito en Mexico, y es recibido por
Motezuma con muestras de grande amistad

Les conquistadores

Paz Cabello-Carro*
Directrice du Museo de América de Madrid

*Avec la collaboration d'Hélène Dionne

Les conquistadores

Les conquistadores étaient des hommes d'armes, des explorateurs et des aventuriers qui se sont emparés d'immenses territoires du Nouveau Monde, au nom de la Couronne espagnole. Bon nombre de conquistadores étaient des hidalgos (des nobles peu fortunés) provenant surtout de la région d'Extremadura. Même si, dans l'imaginaire occidental, l'adjectif conquistador s'applique de façon indiscriminée à l'ensemble des soldats et des aventuriers espagnols, seulement les chefs des expéditions avaient droit à cette épithète[1].

Il y avait toujours, au sein d'une expédition, un lettré qui, sachant lire et écrire, était chargé d'enregistrer les faits et d'en rendre compte. C'est ainsi que nombre de récits nous sont parvenus. Les expéditions de découverte, de conquête et d'installation étaient en majorité des entreprises privées. Les chefs d'expéditions devaient réunir les fonds et les permissions royales nécessaires et assumer tous les risques. Le recrutement pour ces expéditions était souvent basé sur des relations de parenté et de voisinage. Une fois le territoire conquis, les colons invités à s'installer étaient aussi choisis à travers des cercles de relations familiales et de voisinage, facilitant ainsi leur établissement en Amérique grâce à leurs racines communes.

« À propos de l'obsession des conquistadores, on parle souvent d'une "folie de l'or". En réalité, ils étaient moins obnubilés par le métal précieux que par leur statut social. [...] Afin de s'assurer de ces faveurs royales, les chefs d'expéditions devaient rapporter quelque chose au souverain. Étant donné la difficulté et le coût du transport, les métaux précieux – "non périssables, divisibles et compacts", pour citer l'historien Matthew Restall – étaient à peu près les seules denrées qu'ils pouvaient acheminer jusqu'en Europe. Les Espagnols voyaient dans l'or et l'argent incas une perspective grisante d'ascension sociale[2]. »

Parmi tous les chefs militaires espagnols, deux conquistadores ont marqué davantage l'imaginaire occidental. Il s'agit d'Hernán Cortés, conquérant du royaume aztèque, et de Francisco Pizarro, conquérant de l'empire inca. Voici donc un court résumé de leurs exploits.

◂ Cortès entre en grande pompe à Mexico et est reçu en toute amitié par Motecuhzoma.

Huile sur cuivre
1776-1800
Museo de América, Madrid, Inv. 00209
Photo : Museo de América

Hernán Cortés

Fernando Cortés Monroy Pizarro Altamirano ou Hernán Cortés est né à Medellin en Espagne en 1485. Adolescent, il entend raconter les exploits de Colomb et des autres navigateurs et conquistadores qui reviennent des Indes avec des récits fabuleux. Fils d'un hidalgo, il ne peut en tant que noble choisir un métier manuel. On l'envoie donc à Salamanque pour étudier et devenir juriste. Après deux années d'études, il abandonne sa formation et s'engage à Séville auprès de Nicolás de Ovando qui prépare une expédition pour aller découvrir le Nouveau Monde.

En 1504, il est à Hispaniola et se voit offrir par don Diego de Velasquez, conquistador et gouverneur de l'île, de l'accompagner dans sa prochaine expédition en Haïti, puis à Cuba. Plusieurs années durant, aux ordres de ce conquistador, il navigue, guerroie et soumet les populations indigènes des Caraïbes. Velasquez décide ensuite d'organiser des expéditions vers le Nord et l'Ouest sur le continent. Éventuellement, il confie à Cortés le commandement d'une armée pour aller libérer Grijalva, un

1. Conquistador n'est ni un grade militaire ni un titre de noblesse, mais une figure symbolique largement utilisée dans la littérature, la narration historique, la critique culturelle et la fiction occidentale.
2. Charles C. MANN, *1491. Nouvelles révélations sur les Amériques avant Christophe Colomb*, Paris, Albin Michel, 2006, p. 100.

Portrait de Francisco Pizarro

Anonyme, XVIe siècle,
Museo de América, Madrid, Inv. 00185
H : 44 cm La : 39 cm
Photo : Museo de América

enfin ses efforts couronnés de succès. La richesse des Incas est à portée de main. Mais, pour conquérir ce royaume et s'en approprier les trésors, il doit obtenir des *capitulaciones* ou ordonnances royales. En 1529, Pizarro part donc pour l'Espagne où il obtient une audience auprès de Charles Quint.

En 1530, Pizarro rentre à Panamá accompagné de ses frères Hernando, Gonzalo et Juan Pizarro et de son demi-frère, Francisco Martin de Alcántara. À la fin de janvier 1531, trois navires armés transportant 180 hommes et 37 chevaux font route vers le Pérou. Pizarro et ses hommes débarquent en plein conflit de succession impériale.

Deux des fils du grand inca Huayna Capac, Huascar Capac et Atahualpa, se disputent le trône impérial. Après des combats sanglants, Huascar, qui sent la victoire lui échapper, décide de quitter Qosqo (Cuzco) avec son armée. Atahualpa envoie ses troupes à sa rencontre et celles-ci le font prisonnier. Ramené à Cuzco, Huascar voit sa famille exécutée sous ses yeux. Vainqueur, Atahualpa décide de retourner en grande pompe vers son palais du Nord, en Équateur. Chemin faisant, il fait escale dans la petite ville de Cajamarca où il apprend que des hommes pâles et poilus viennent de débarquer sur la côte, montés sur d'énormes bêtes. Curieux, Atahualpa décide d'attendre l'arrivée de ces étrangers. Pizarro lui envoie des émissaires et demande à rencontrer le futur empereur. Quand Atahualpa arrive sur la grande place de Cajamarca dans sa litière dorée, entouré de cinq mille hommes en costumes et armes d'apparat, il ne peut se douter que Pizarro a embusqué ses cavaliers et ses canons. Un prêtre de la suite espagnole remet à l'Inca un bréviaire souillé par les affres du voyage. Atahualpa l'Indien pur est offensé par ce manque de respect à son égard et jette le livre sacré. Il n'en faut pas plus pour que les Espagnols crient au sacrilège et ouvrent le feu. Dans la panique et la confusion générale, Atahualpa est projeté hors de sa litière et capturé par Pizarro.

Après moult palabres, Atahualpa comprend que les Espagnols sont obnubilés par l'or et offre de troquer sa liberté contre une « rançon » fabuleuse. Il demande à ses gens d'aller chercher le trésor que renferme le palais de Cuzco. Le territoire est vaste et il faut de nombreuses semaines avant que l'or, tant attendu, ne revienne à Cajamarca. Le trésor remis aux Espagnols par les Incas dépasse toutes leurs espérances.

« Les conquistadores pratiquaient aussi, avec science et raffinement, les techniques de la trahison et de l'intrigue. Ils surent [...] exploiter à leur avantage la division de l'Empire inca entre Huascar et Atahualpa, les frères ennemis. Ils se firent des complices parmi les castes dominantes intermédiaires, prêtres, fonctionnaires, militaires, une fois que le crime eut renversé les dignitaires indigènes[5]. » Craignant qu'Atahualpa, une fois libéré, ne se retourne contre eux, Pizarro le fait exécuter à l'issue d'un procès expéditif et se dépêche de placer un prince allié sur le trône. Le 29 août 1533, à la mort d'Atahualpa, l'empire inca est vaincu.

Comment cent trente-huit conquistadores et trois douzaines de chevaux ont-ils pu anéantir un si grand empire et mettre fin à une civilisation magnifique ? N'eût été des chevaux et des canons, le génie de l'intrigue et l'ambition dévorante de Pizarro ne seraient

5. Eduardo GALEANO, *op. cit.*, p. 29.

pas venus à bout de l'armée inca, bien supérieure en nombre. Le fait que l'empire avait été ravagé par des guerres intestines pour la succession au trône impérial avait mis en place un échiquier où Pizarro et ses hommes, profitant de la controverse politique, n'ont eu qu'à se déplacer pour prendre le contrôle de la joute et mater les opposants.

Portrait d'Atahualpa, XIIIe et dernier roi des Incas

Anonyme, XVIe siècle
Ethnologisches Museum, Staatliche Museen zu Berlin, Inv. V A 66707
Photo : Dietrich Graf, Bildarchiv Preussischer Kulturbesitz, Art Resource, NY

Sur le chemin du retour, Pizarro fonde Ciudad de los Reyes (la cité des rois) aujourd'hui Lima, le 5 janvier 1535. Son frère Hernando rentre en Espagne pour rendre compte au roi des exploits de la conquête du Pérou et lui remettre sa part du fabuleux trésor. Le roi accorde à Francisco Pizarro le titre de marquis et lui offre le gouvernement du Pérou. Son règne de gouverneur ne va pas sans heurts. De nombreuses révoltes éclatent et Pizarro meurt assassiné le 26 juin 1541.

Circulus articus:
Terra del Rey de portugall
del Rey de castella:
Este he o marco dantre castella e portugall
Linha equinocialis:
Mare oceanus:
Pollus antarticus:

Fray Bartolomé de las Casas (1484-1566) ou le débat entourant la légitimité de la conquête espagnole

Miguel Luque Talaván
Professeur au Département d'histoire de l'Amérique, Universidad Complutense de Madrid

Traduit de l'espagnol par Louis Jolicœur

Toute réflexion portant sur Fray Bartolomé de las Casas met en scène les principaux thèmes reliés à la conquête et à la colonisation du continent américain et, en particulier, la polémique entourant la légitimité de la conquête elle-même.

Dès le XVIe siècle, la Couronne de Castille rassemble les plus importants auteurs scolastiques depuis saint Thomas d'Aquin[1]. S'il fallait fixer un moment historique marquant le début de la littérature juridique autour de la question de la « guerre juste », on choisirait, sans doute, la célèbre réaction de la reine Isabelle de Castille à l'arrivée des premiers Indiens d'Amérique en Espagne, en avril 1495 : « Ont-ils été capturés dans une guerre juste[2] ? »

À partir de ce moment, et jusqu'en 1573, juristes et théologiens vont aiguiller le débat médiéval sur la situation créée par la découverte de l'Amérique, donnant à leurs théories un contenu nettement moralisateur. Il faut se souvenir que les découvertes du Portugal et de l'Espagne sont menées en vertu

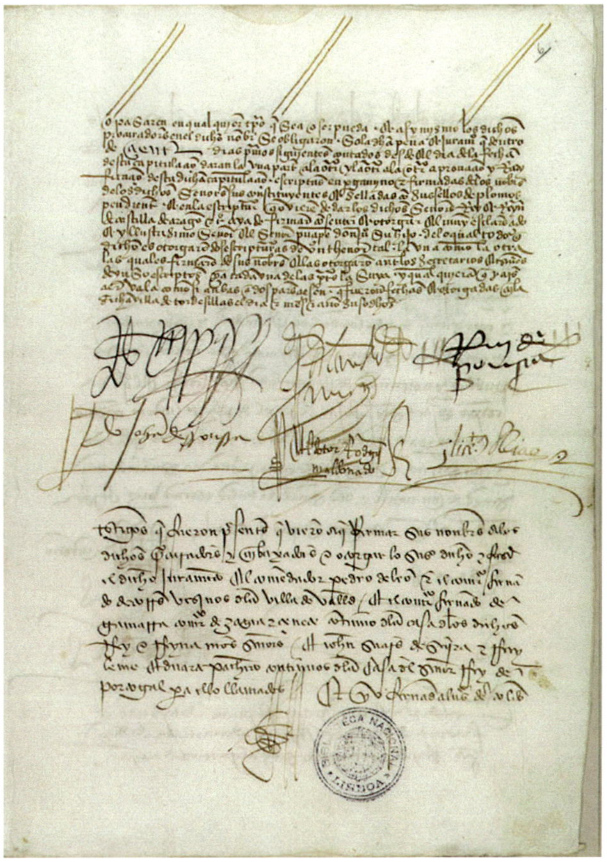

Le traité international de Tordesillas
Signé le 7 juin 1494, établissant le partage du Nouveau Monde entre l'Espagne et le Portugal, il a été rédigé sous l'égide du pape Alexandre VI.

Photo : Bibliothèque nationale de Lisbonne

◂ Carte géographique de Sebastiano Cantino de 1502
Représentant la ligne de démarcation imposée par le traité de Tordesillas (1494) entre l'Amérique portugaise et l'Amérique espagnole. Il impose pour ligne de démarcation un méridien nord-sud situé à 370 lieues (1770 km) à l'ouest des îles du Cap-Vert, situé aujourd'hui à 46° 37' Ouest. De ce fait, le Brésil revient au Portugal.

Biblioteca Estense, Modena
Photo : © Costa, Leemage

1. Lewis HANKE, *Cuerpo de documentos del siglo XVI. Sobre los derechos de España en las Indias y las Filipinas*. Découverts et annotés par Lewis HANKE. Réunis par Agustín MILLARES CARLO. Mexico : Fondo de Cultura Económica, 1977, p. XIV.
2. *Ibid.*, p. XV. Antonio MURO, « Normas de justicia en las guerras contra los indios », *Actas del I Simposio sobre « La ética en la conquista de América (1492-1573) » (Salamanca, 2-5 nov. 1983)*. Salamanca : Excmo. Ayuntamiento y Excma. Diputación Provincial de Salamanca, 1984, p. 550. Joaquín F. PACHECO, Francisco DE CÁRDENAS, Luis TORRES DE MENDOZA (directores). *Colección de documentos inéditos relativos al descubrimiento, conquista y colonización de las posesiones españolas en América y Oceanía, sacados, en su mayor parte, del Real Archivo de Indias bajo la dirección de los Sres. D. Joaquín F. Pacheco y D. Francisco de Cárdenas… y D. Luis Torres de Mendoza.* Madrid : Imprenta de Manuel Bernaldo de Quirós-Manuel G. Hernández, 1864-1889, tome XXXVIII, p. 342.

des normes dérivées du droit romain et du droit canonique. Les titres de souveraineté de la Couronne espagnole sont essentiellement de trois types : la découverte et la prise de possession (1492), les bulles pontificales ou alexandrines (1493), le traité de Tordesillas (1494).

Ces titres font l'objet des plus intenses controverses, comme en témoigne amplement la littérature juridique. D'une part, se trouvent les auteurs qui appuient les titres accordés par la Couronne. D'autre part, des théologiens surtout, comme Fray Francisco de Vitoria ou las Casas, critiquent non seulement les titres, mais, à travers cette critique, le droit même de l'Espagne de s'installer en Amérique. Les théologiens espagnols de l'époque recourent aux thèses de la scolastique médiévale, et en particulier à saint Thomas d'Aquin, pour définir les principes du comportement des Espagnols dans leurs contacts avec les habitants de l'Amérique. Selon ces auteurs, on ne peut déposséder les indigènes de leur autorité ni de leurs biens, et même les bulles alexandrines doivent être remises en question. Ainsi, ce sont les théologiens qui vont d'abord critiquer les deux premiers titres de souveraineté des Indes occidentales. Dans le cas du troisième titre, la critique vient surtout des Français, des Anglais et des Hollandais, pour lesquels le traité de Tordesillas n'a aucune valeur. Les théologiens scolastiques en viennent même à proposer d'autres titres de souveraineté, mais sans succès, si bien que la Couronne maintient ses titres initiaux durant toute la présence espagnole sur le continent américain. La controverse est tranchée en 1573 : dans les ordonnances de cette année-là, le mot « conquête » est remplacé par « pacification ». Cette mesure va donner une nouvelle direction non seulement à la pénétration espagnole dans les Indes occidentales, mais également à la façon dont les auteurs d'œuvres de littérature juridique traitent la thématique.

Rappelons qu'à l'époque l'Espagne a été la seule nation à s'interroger sur la légitimité juridique du processus de conquête et de colonisation. Cette position est interprétée sous divers angles selon les époques et les courants historiographiques. Ainsi, les uns utilisent l'analyse de l'œuvre d'auteurs comme Vitoria pour « [...] contrer la légende noire de la domination espagnole en Amérique, pour démentir la décadence de la scolastique au cours du XVIe siècle, voire pour valoriser les qualités de l'époque impériale hispanique[3] ». En revanche, d'autres historiens sont d'avis que ces débats ont été encouragés par la Couronne dans le seul but de chercher des fondements juridico-théologiques à l'action de la monarchie espagnole dans le royaume des Indes[4].

Morion-cabasset

Italie, 1570-1590, Inv. 12
H : 31,7 cm Lo : 36,2 cm La : 25,4 cm
Photo : Courtesy of Higgins Armory Museum, Worcester, Massachusetts

Dans cette polémique, quelques rares auteurs, comme Luis Vives, Vitoria, las Casas ou Fray Domingo de Soto, affirment que les guerres sont toutes *illégales, inhumaines et absurdes*. Les autres, notamment Alfonso Álvarez Guerrero, Fray Juan Ginés de Sepúlveda et Bernardino de Arévalo, croient plutôt que la guerre peut être juste si certaines conditions sont réunies. Mentionnons enfin le cas de Diego de Covarrubias y Leyva, qui, sans aborder directement les questions reliées à la conquête, soutient que les individus ne peuvent être réduits légalement à l'esclavage qu'au moyen d'une « guerre juste[5] ».

3. José MIRANDA, *Vitoria y los intereses de la conquista de América*. Mexico : El Colegio de México (Jornadas ; 57), 1947, p. 5.
4. « Les nouveaux développements de la théologie en Espagne tendent surtout à justifier ou à légitimer des réalités. Les réadaptations forcées des vieux concepts visent à les adapter aux exigences de ces justifications ou légitimations théoriques. » (*Ibid.*, p. 5, note n° 2.)
5. HANKE, 1977, p. XV. Pour une brève analyse des principales œuvres espagnoles portant sur la « guerre juste », voir *ibid.*, p. XVII-LXVI. Venancio DIEGO CARRO, *La Teología y los teólogos-juristas españoles ante la conquista de América*. Madrid : Tall. Marsiega, 1944, 2 vol.

Breuissima relacion de la destruycion de las Indias: colegida por el Obispo dō fray Bartolome de las Casas/o Casaus de la orden de Sācto Domingo.
Año. 1552.

La Brevísima relación de la destrucción de las Indias
Page titre d'un livre de las Casas.
Bibliothèque et Archives nationales du Québec, Direction générale de la conservation
Photo : Bibliothèque et Archives nationales du Québec

Fray Bartolomé de las Casas est né à Séville en 1484, fils d'un explorateur ayant accompagné Christophe Colomb au cours de ses deuxième (1493) et troisième (1500) voyages en Amérique. Après des études de grammaire dans sa ville natale, il se rend à Saint-Domingue en 1502. En guise de récompense pour avoir guerroyé contre les indigènes, il obtient une *encomienda*[6]. Quelques années plus tard, en 1506, il accompagne Barthélemy Colomb, frère de l'amiral, dans son voyage au Vatican. À Séville, il reçoit les ordres mineurs, puis se fait ordonner à Rome en 1507. Il ne chantera cependant la messe qu'à partir de 1510, une fois de retour dans l'île d'Hispaniola. En 1512, il se rend à Cuba pour occuper le poste d'aumônier militaire, tout en conservant son *encomienda*. C'est en 1514 qu'il commence à défendre les droits des indigènes américains. Après avoir renoncé à son *encomienda*, il entreprend un voyage en Espagne en compagnie de Fray Antonio de Montesinos O.P.[7]

Avant que ne surgisse la question des *justes titres*, les méthodes employées pour occuper et conquérir les Indes soulevaient déjà une polémique[8]. Le débat prend naissance le quatrième dimanche de l'avent 1511, avec le célèbre sermon prononcé par le père Montesinos devant Diego Colomb et tous les autres représentants de l'autorité espagnole sur l'île d'Hispaniola, mais soutenu par toute sa communauté. « Je suis la voix du Christ dans le désert de cette île », commence le dominicain, interpellant les fidèles sur l'âme rationnelle des indigènes et leur demandant de quel droit ils leur font la guerre et les obligent à travailler. Le dimanche suivant, le père Montesinos prononce un autre sermon dans la même veine[9].

La controverse [sur la légitimité de l'action espagnole] génère de nombreuses dispositions légales dictées par la Couronne ainsi que par diverses institutions subordonnées, dont les conciles provinciaux

6. NDT : l'institution de l'*encomienda* consistait à diviser les Indiens en plusieurs groupes mis au service d'un *encomendero*. Les Indiens devaient payer un impôt et travailler pour l'*encomendero*, qui était chargé de les protéger et de les évangéliser.
7. José ALCINA FRANCH, *Bartolomé de las Casas*. Madrid : Historia 16 : ed. Quórum : Sociedad Estatal para la Ejecución Programas del Quinto Centenario, 1986.
8. Zavala et Hanke proposent une analyse détaillée de l'évolution de la doctrine de la « guerre juste » et de son application au contexte de la conquête espagnole. Voir Lewis HANKE, *La lucha española por la justicia en la conquista de América*. Madrid : Aguilar, 1967, p. 230-251. Silvio A[rturo] ZAVALA, *Las instituciones jurídicas en la conquista de América*. [Deuxième édition révisée et augmentée.] Mexico, D.F. : ed. Porrúa (Biblioteca Porrúa ; 50), 1971, p. 435-486. Il est intéressant de noter par ailleurs que Juan de Solórzano Pereyra, dans son livre *Política Indiana*, est le premier auteur à traiter de la question des « justes titres », en particulier dans les chapitres IX à XII, du premier livre *Política Indiana compuesta por el Señor Don Juan de Solórzano y Pereyra, Cavallero del Orden de Santiago, del Consejo de su Majestad en los Supremos de Castilla e Indias Corregida, é Ilustrada con Notas por el Licenciado Don Francisco Ramiro de Valenzuela, Relator del Supremo Consejo, y Cámara de Indias, y Oidor Honorario de la Real Audiencia, y Casa de la Contratación de Cadiz*, Madrid, 1736. Estudio Preliminar por Miguel Ángel OCHOA BRUN. Madrid : Biblioteca de Autores Españoles desde la Formación del Leguaje hasta nuestros días (volumen CCLII), 1972.
9. Francisco MORALES PADRÓN, *Teoría y leyes de la conquista*. Madrid : ed. Cultura Hispánica del Centro Iberoamericano de Cooperación, 1979, p. 306-307.

Étriers en argent

1695-1800, Musée des beaux-arts de Montréal, Inv.1962.Ds.14 et 1962.Ds.15
Lo : 24,9 cm La : 10,8 cm
Photo : Christine Guest,
Musée des beaux-arts de Montréal

et diocésains, dans le but de réglementer la découverte, l'occupation et le peuplement des territoires encore inconnus ou non assujettis[10]. Las Casas est un des témoins les plus importants de ces faits[11]. Sans doute en raison de la grande influence morale qu'ont exercée sur lui le père Montesinos et les Dominicains en général, le père las Casas entre en septembre 1522 dans l'ordre des Dominicains, auquel appartiennent les plus grands juristes de l'école de Salamanque.

À partir de ce jour, tant dans sa vie engagée que dans sa grande œuvre, caractérisée par un style scolastique et humaniste, las Casas va se consacrer à une seule cause : la protection des droits des indigènes[12], cela sans oublier sa participation à ce que Beuchot appelle les « expériences sociales de colonisation », comme l'établissement de Cumaná qui fut un échec, ou la pacification des indigènes de Vera Paz.

Las Casas refuse le poste d'évêque de Cuzco (Pérou), puis il est pressenti pour devenir évêque du Chiapas, poste auquel il renonce également en 1550. Depuis son siège diocésain, las Casas se heurte fréquemment aux *encomenderos* de la région, qui refusent d'appliquer les « nouvelles lois » (1542-1543), lesquelles nuisent grandement à leurs intérêts mais améliorent la situation des indigènes. C'est à cette période qu'il rédige une de ses œuvres les plus connues : *Brevísima relación de la destrucción de Las Indias.* D'abord publié à Séville en 1552, le livre connaît une grande diffusion en Europe. Traduit en hollandais, en français, en latin, en allemand, en anglais et en italien, il est utilisé comme arme politique par toutes les nations qui remettent en question la présence hispanique sur le continent américain.

En 1547, las Casas s'installe définitivement en Espagne où il continue sans relâche d'écrire en faveur des indigènes. Cette courageuse prise de position fait contraste avec sa proposition de faire venir des esclaves africains sur le continent américain (proposition fondée sur les doctrines aristotélicienne et thomiste) pour mieux défendre les indigènes. Il rejettera finalement cette suggestion lorsqu'il dénoncera devant le roi Philippe II les violations commises contre les esclaves africains.

Contrairement à ce qu'affirment d'autres théoriciens de son époque, las Casas soutient que les indigènes « possèdent un haut niveau de rationalité, dont témoigne leur grande richesse culturelle, qui indique clairement qu'ils sont capables de se gouverner[13] ». Voilà sur quoi se fonde la célèbre défense qu'il fait de sa position devant les arguments contraires de

10. Alberto de la HERA [PÉREZ-CUESTA], « La "Guerra Justa" y la polémica sobre los métodos », dans Ismael SÁNCHEZ BELLA, Alberto de la HERA [PÉREZ-CUESTA], Carlos DÍAZ REMENTERÍA, *Historia del Derecho Indiano*. Madrid : Fundación MAPFRE AMÉRICA, ed. MAPFRE (Colecciones MAPFRE 1492), 1992, p. 145-146.
11. Bartolomé de las CASAS, *Brevísima relación de la destrucción de Las Indias*. Ed. d'André SAINT-LU. Madrid : Cátedra (Letras Hispánicas), 1989.
12. Pour une brève analyse de son œuvre, voir Francisco ESTEVE BARBA, *Historiografía indiana*. [2e éd.]. Madrid : ed. Gredos, 1992, p. 83-102.
13. Mauricio BEUCHOT, *La querella de la conquista. Una polémica del siglo XVI*. Mexico, D.F. : Siglo Veintiuno ed. (América nuestra ; 38), 2004, p. 59.

Cuirasse
Probablement d'Italie, 1500-1510, Inv. 2002.01.1
H : 41,9 cm La : 34,3 cm Ep : 12,7 cm
Photo : Courtesy of Higgins Armory Museum, Worcester, Massachusetts

Sepúlveda, à la Junte de Valladolid de 1550, convoquée par Charles Quint pour discuter de la légitimité de la conquête. Las Casas y expose de manière ferme sa vision de l'être humain, s'opposant ainsi à Sepúlveda qui soutient que les indigènes sont des barbares et qu'il est légitime de leur faire la guerre. Dans son exposé, las Casas fait référence à Vitoria et à Soto, ce qui nous permet de l'inclure parmi les disciples de l'école de Salamanque[14].

Par ailleurs, il est intéressant de relever l'intervention de las Casas au sujet de la reconnaissance des droits des *sujets naturels* et de leurs descendants, un des aspects les plus polémiques et les plus débattus depuis le début de la domination espagnole[15]. À cet égard, las Casas soutient même que les nobles indigènes sont « de sang aussi royal que les princes de Castille[16] ». Malgré le nombre d'arguments proposés contre ces droits, il est remarquable de voir que les opinions exprimées par Fray Bartolomé de las Casas, ainsi que par de nombreux auteurs tout au long du XVIe siècle, en particulier des Franciscains, vont finalement l'emporter. La Couronne reconnaît en effet les droits des indigènes en 1557. Il faut cependant concéder que le désir de justice n'est pas le seul élément à l'origine de cette décision, car des motifs politiques et économiques ont également joué un rôle dans la décision royale en faveur des *sujets naturels*[17]. La Couronne doit compter sur la collaboration des indigènes au sein du gouvernement de la République des Indiens.

Finalement, si les positions de las Casas rejoignent celles de tout un courant de pensée en faveur du monde indigène, le dominicain reste néanmoins identifié plus que quiconque à la défense des droits de la population amérindienne face à une société, celle des conquistadores-*encomenderos*, qui approuvait son exploitation[18].

Le père las Casas est mort à Madrid le 18 juillet 1566. Sa vie et son œuvre s'inscrivent dans un cadre, celui de la conquête de l'espace américain, où coexistaient trois réalités souvent opposées : les intérêts de la Couronne, ceux de l'Église et ceux des conquistadores-*encomenderos*[19]. Au-delà de l'importance de l'école de Salamanque en général et de Fray Bartolomé de las Casas en particulier, le travail effectué à l'époque en faveur des droits de la personne se perpétue jusqu'à nos jours, puisqu'une grande partie de la population autochtone d'Amérique latine est toujours privée des droits les plus fondamentaux.

---

14. *Ibid.*, p. 59-68. De la même manière, ce débat doit être relié à la question de la perception qu'a eue l'homme européen du XVIe siècle de la réalité américaine ainsi qu'à la question de l'intégration du Nouveau Monde dans « l'horizon mental de l'Europe », comme le disait Sir John Elliott. À ce propos, voir Sir John H. ELLIOTT, *El viejo mundo y el nuevo (1492-1650)*. Madrid : Alianza ed., 1990, « 2. El proceso de asimilación », p. 41-70. Sir John H. ELLIOTT, *Imperios del mundo atlántico. España y Gran Bretaña en América (1492-1830)*. Madrid : Taurus, 2006, « Capítulo 3. Frente a los pueblos americanos », p. 103-146.
15. À propos de la question du « sujet naturel », voir l'excellente analyse de Carlos J. Díaz Rementería : Carlos J. DÍAZ REMENTERÍA, *El cacique en el Virreinato del Perú. Estudio histórico-jurídico*. Sevilla : Publicaciones del Seminario de Antropología Americana, Departamento de Antropología y Etnología de América, Facultad de Filosofía y Letras, Universidad de Sevilla, 1977, « La problemática del señorío natural », p. 53-57.
16. Antonio DOUGNAC RODRÍGUEZ, *Manual de Historia del Derecho Indiano*. Mexico, D.F. : Universidad Nacional Autónoma de México, Instituto de Investigaciones Jurídicas (Serie C : Estudios históricos ; 47), 1994, p. 325. « Carta de las Casas a Miranda », dans A. M. FABIÉ, *Vida y escritos de Don Fray Bartolomé de las Casas*. Madrid : [s.n.], 1879, tomo II, p. 602. Juan BELDA PLANS, *La Escuela de Salamanca y la renovación de la teología en el siglo XVI*. Madrid : Biblioteca de Autores Cristianos (BAC *maior* ; 63), 2000. Luciano PEREÑA, *La Escuela de Salamanca*. Salamanca : ed. de la Caja de Ahorros y Monte de Piedad de Salamanca (Ensayo de Filosofía Política), 1986.
17. Delfina Esmeralda LÓPEZ SARRELANGUE, *La nobleza indígena de Patzcuaró en la época virreinal*. Mexico : [s.n.], 1965, p. 83-87.
18. BEUCHOT, 2004, p. 56.
19. Sur cette question, outre l'étude déjà mentionnée de José Miranda, voir l'ouvrage classique de Silvio A. Zavala : *Los intereses particulares de la Conquista de la Nueva España*. Mexico, D.F. : El Colegio Nacional, 1991.

L’or de la *Girona*

Winifred Glover
Conservatrice, section d’ethnographie et d’antiquités non irlandaises,
The Ulster Museum, Belfast

Traduit de l’anglais par Madeleine Stratford avec la collaboration d’Hélène Dionne

En 1588, il semble que l’Espagne contrôlait la moitié du monde. Grâce à ses propres conquêtes en Amérique, à sa mainmise sur le Portugal et l’ensemble de ses colonies en 1580 et en raison de la maîtrise qu’elle exerçait de plus sur une grande partie de la Hollande, l’Espagne se retrouve en charge de tous leurs postes de traite.

En revanche, l’Angleterre a toujours été une source d’irritation pour les Espagnols, attaquant sans cesse leurs galions remplis de trésors. Les navires faisant route vers la mère patrie depuis les colonies sud-américaines étaient chargés de lingots d’or et d’argent, ainsi que de riches ornements fabriqués par les artisans autochtones. Philippe II, roi d’Espagne, avait conclu une première alliance avec l’Angleterre en épousant Marie Tudor, la très dévote reine catholique. Après sa mort, le roi demanda même la main de la reine Élisabeth Ire, une protestante convaincue. Cependant, les manœuvres dilatoires de la reine, combinées aux constants assauts menés par Sir Francis Drake et d’autres corsaires anglais contre les navires et les villages espagnols, ont fini par avoir raison de la patience du roi. Le sobre et dévot Philippe décide alors d’envahir l’Angleterre et de la faire passer sous domination espagnole.

Au moment où le roi s’est lancé dans cette entreprise, il n’aurait jamais pu deviner le destin tragique qui attendait les plus nobles membres de son aristocratie ; ceux-ci allaient périr sur les mornes rochers de la côte nord de l’Irlande. Sans le vouloir, Philippe, empreint d’une ambition religieuse et politique idéaliste faisant peu de cas des contraintes militaires, venait de condamner son invincible Armada à l’échec.

Même selon les critères militaires d’aujourd’hui, il serait extrêmement risqué de tenter d’écraser l’Angleterre comme le prévoyait Philippe II, avec sa grande Armada d’une part, et sa puissante armée basée en Flandres qui avait traversé toute l’Europe pour rejoindre la flotte. Les difficultés et les délais de communication entre les commandements des forces navales et terrestres espagnoles allaient inévitablement donner l’avantage au défenseur anglais, scellant l’issue de la funeste tentative du roi.

L’invincible Armada

En 1588, cent trente navires quittent Lisbonne sous le commandement de don Alonso Pérez de Guzmán, duc de Medina Sidonia. L’Armada est composée de quatre énormes galéasses – de grandes galères possédant le double avantage de naviguer à voile ou à rames, mais qui, en réalité, sont difficiles à manœuvrer –, accompagnées de rapides *petaches* à voile et de plusieurs bateaux de dimensions variées. Les navires transportent tous des canons, l’artillerie nécessaire à une invasion, sans compter les vivres qu’il faut

▴ **Escudo espagnol en or**
arborant une croix potencée dite de Jérusalem sur son revers
Cette croix représente les armes des Chevaliers hospitaliers de Saint-Jean de Jérusalem et rappelle qu’aux quatre coins du monde, symbolisés chacun par une croix en miniature, tout dérive de l’unité et tout y retourne.

Fin du XVIe siècle
Photo : Michael McKeown, The Ulster Museum

◂ **Bates Littlehales**
Le photographe du *National Geographic* a participé pendant quelques semaines à l’expédition archéologique sous-marine belge en 1969.

Photo : Marc Jasinski

L'historien naval et archéologue Robert Sténuit faisant surface avec une des lourdes chaînes en or, retrouvées dans l'épave de la Girona. Ces chaînes sont constituées de maillons non soudés qui servent de monnaie d'échange.

Photo : Marc Jasinski

pour sustenter l'équipage. En plus des marins, des soldats et des armements, des membres du clergé les accompagnent, car Philippe conçoit le projet d'invasion de son Armada comme une véritable entreprise religieuse. Avant de mettre les voiles, la « bienheureuse » Armada a été bénie et tous ceux qui étaient à bord ont reçu des médailles religieuses.

Après un premier combat dans les eaux de la Manche le 31 juillet 1588, suivi par deux autres attaques, le 2 août au large de Portland Bill et le 3 août près de l'île de Wight, le commandant de l'Armada décide de jeter l'ancre à Calais et d'attendre des nouvelles de l'armée du duc de Parme. Les Anglais profitent de l'occasion pour envoyer des brûlots (navires incendiaires) qui forcent les navires de l'Armada à larguer les amarres et à se disperser, détruisant ainsi leur habituelle et efficace formation de combat en forme de croissant. Le 8 août, l'Armada subit une autre attaque très dommageable au large de Gravelines. Constatant que la flotte est en déroute et incapable de se rabattre à cause des vents, Medina Sidonia élabore un plan pour rapatrier vers l'Espagne les navires restants. Il décide de les faire passer au nord de l'Écosse et de longer la côte atlantique de l'Irlande. Il exhorte ses commandants à « faire très attention de ne pas approcher de l'île de l'Irlande, de peur du mal qu'on pourrait vous affliger sur cette côte ». Cependant, l'automne 1588 est l'un des pires que l'on n'ait jamais vus et les navires, déjà endommagés par les combats, dévient de leur trajectoire, déportés par les violentes tempêtes. Une vingtaine d'entre eux coulent le long des côtes nord et ouest de l'Irlande.

Quatre siècles plus tard, le célèbre archéologue sous-marin belge Robert Sténuit, en combinant les recherches universitaires et l'exploration du lieu physiquement exigeante, découvre [avec son équipe] le site du naufrage de la *Girona*, qui n'a pas survécu au pénible voyage de retour. En 1972, la collection de la *Girona* est acquise par l'Ulster Museum. C'est la première fois qu'une collection complète provenant de fouilles sous-marines est achetée par une seule institution et conservée pour la postérité.

La *Girona*

La *Girona*, une des quatre galéasses de l'escadrille de Naples, était sous le commandement de Fabricio Spinola de Gênes. Au matin du 26 octobre 1588, lorsqu'elle sombre au large de Lacada Point, près de Giant's Causeway dans le comté d'Antrim, c'est plutôt don Alonso Martínez de Leiva qui la commandait. Ce dernier appartenait à l'une des plus nobles familles d'Espagne et était un des chefs militaires les plus jeunes et les plus admirés. Favori de Philippe II, il a été nommé commandant désigné de l'Armada advenant le décès de Medina Sidonia. Après avoir survécu au naufrage de deux autres navires, la *Sancta María Encoronada* et la *Duquesa Santa Ana*, de Leiva apprend que la *Girona* a cherché refuge dans le port de Killybegs dans le comté de Donegal, dans l'espoir d'y effectuer quelques réparations. Le commandant met péniblement le cap vers le nord avec ce qui reste des équipages et de l'infanterie des deux navires échoués. Jetant par-dessus bord presque tous les lourds canons de la *Girona*, le navire, conçu pour accueillir 550 personnes, se remplit à craquer avec les 1 300 survivants. Lorsque la *Girona*, complètement éventrée, sombre dans les eaux de Lacada Point, seulement cinq hommes survivent au naufrage, mais le brave de Leiva n'est pas du nombre.

Le premier objet que Robert Sténuit et son équipe trouvent à bord de l'épave est un lourd lingot de plomb en forme de bateau que les navires de l'Armada transportaient pour fabriquer des munitions pour les mousquets et les arquebuses. Puis, des objets beaucoup plus luxueux et prestigieux sont dégagés du fond marin.

Sur fond de chaînes d'or de 1800 grammes, la bague d'un jésuite et deux éléments de colliers en or

Bijoux ciselés, et ornés d'un rubis et de deux perles (à droite) et probablement d'un camée aujourd'hui perdu (à gauche).

Photo : Marc Jasinski

L'or de la Renaissance

Parmi les somptueux bijoux en or, on trouve des médailles d'ordres de chevalerie, d'ordres religieux ainsi que des parures personnelles purement décoratives, telles que des chaînes et des boutons en or. Des centaines de pièces de monnaie d'or et d'argent, des chandeliers d'argent, quelques pièces d'un service de vaisselle argenté destiné à orner la table des nobles officiers du navire ont été remontés à la surface. Philippe était un homme austère et dévot, sobre dans sa tenue et ses ornements, mais les membres de sa cour n'affichaient pas la même simplicité, ni dans leur habillement ni dans leurs bijoux. À bord de la *Girona*, les officiers espagnols se paraient avec la même luxueuse splendeur que s'ils avaient été à la cour, ne négligeant aucun détail : boutons, chaînes et bagues en or, médailles d'ordres de chevalerie et diamants sertis dans de scintillantes bagues. S'il y avait autant de richesse à bord de la *Girona*, c'est parce que le navire transportait, outre les équipages et les officiers rescapés des deux autres bateaux, les commandants de l'Armada, recrutés parmi les maisons les plus nobles et les plus riches d'Espagne.

Les chevaliers

Plusieurs de ces bijoux révèlent des aspects de l'histoire espagnole du XVIe siècle. Les ordres de chevalerie de Compostelle et d'Alcantara, fondés au cours des XIIe et XIIIe siècles, sont des ordres religieux militaires ayant pour mission de protéger les pèlerins en terres saintes et de reprendre les lieux saints aux musulmans (ou aux Maures, comme on les appelait à l'époque). Chaque chevalier porte une croix à l'effigie du saint associé à son ordre, et s'engage à expulser les Maures du territoire espagnol. Au cours des siècles suivants, les médailles des ordres sont attribuées aux membres de la noblesse à titre d'insignes de fonction, pour souligner davantage leur importance sociale que leur courage ou leur mérite militaire. Une croix en or de l'ordre de chevalerie de Saint-Jean-de-Jérusalem

retrouvée dans l'épave appartenait probablement au capitaine de la *Girona*. On ignore cependant à qui appartenait la croix ovale à double face de l'ordre de chevalerie d'Alcantara, arborant l'effigie de saint Julien du Poirier d'un côté et, de l'autre, une croix en or à motifs ajourés. Une autre croix en or de l'ordre de chevalerie de Saint-Jacques-de-Compostelle, d'une exquise simplicité, incrustée d'émail rouge, appartenait à de Leiva. Au Moyen Âge, la ville sainte de Compostelle était un important lieu de pèlerinage pour toute la chrétienté.

La religion

Philippe II considérait le voyage entrepris par son Armada comme une croisade religieuse et quarante ecclésiastiques étaient présents à bord. Tous les membres de l'équipage avaient reçu une médaille religieuse de cuivre ou d'étain. On a trouvé une bague en or avec les initiales « IHS » gravées sur la facette. Ces lettres représentent l'abréviation du nom de Jésus en grec, monogramme sacré de l'ordre des Jésuites. Un autre splendide bijou religieux est un reliquaire *Agnus Dei* en forme de petit livre en or avec l'image de saint Jean-Baptiste en page couverture. Il contenait de petites boules de cire faites d'un mélange de chandelles pascales et de saint chrême. On attribuait à ces boules, qui avaient été bénies par le pape avant le grand départ, un pouvoir de protection miraculeux.

Les bijoux

On a récupéré douze bagues en or des entrailles de la *Girona*. La plupart avaient perdu les pierres précieuses qui les ornaient, mais l'une d'elles était encore montée de deux diamants taillés. Le caractère personnel et sentimental de ces bagues se trouve exprimé de manière particulière par deux d'entre elles, celle de « Madame de Champagney » et celle que l'on surnomme *no tengo* [je n'ai rien]. La première est un objet de famille porté par le petit-fils de Madame de Champagney, don Tomás Perrenoto, qui était âgé d'à peine 21 ans lorsqu'il périt à bord de la *Girona*. On ignore à qui appartenait la petite bague en or représentant une main qui tient un cœur où sont gravés les mots *No tengo más que dar te*, qui signifient « Je n'ai rien d'autre à te donner ».

Deux segments d'une chaîne en or composite sont d'un style beaucoup plus élaboré, avec une monture centrale comprenant un rubis flanqué d'une perle de chaque côté. Ces longues chaînes incrustées de pierres précieuses sont souvent représentées sur les portraits des grands d'Espagne de cette époque.

Une série de douze camées représentant des empereurs byzantins, faits de lapis-lazuli, d'or, d'émail, de perles et assemblés en une chaîne spectaculairement ouvragée aurait appartenu, croit-on, à l'un des officiers de la *Girona*. Deux des camées les mieux conservés portent encore une couche d'émail vert et quatre perles de chaque côté. Les perles proviennent des bancs d'huîtres du Venezuela, où des pêcheurs de perles autochtones les auraient échangées aux conquistadores espagnols. Onze des camées ont été découverts lors des premières fouilles, mais Robert Sténuit avait la conviction qu'il devait en exister un douzième pour compléter l'ensemble. En 1997, près de 30 ans plus tard, un plongeur fait une remarquable trouvaille : le douzième camée !

Deux autres bijoux, une salamandre en or incrustée de rubis et une bague en or ornée d'une salamandre sur sa facette, reflètent aussi la splendeur de l'empire espagnol. L'or et l'argent issus des conquêtes espagnoles en Amérique étaient parmi les principales sources de revenu de l'empire. Même si plusieurs des magnifiques ornements en or des Autochtones ont été fondus en lingots, les idées des artisans sud-américains ont été

◂ **Pendentif en or en forme de salamandre incrusté de rubis**
Selon la légende, la salamandre a le pouvoir magique d'éteindre le feu et d'y survivre, ce qui en fait un puissant talisman à bord des navires de combat en bois, pour lesquels le feu représente le pire danger.

XVIe siècle
The Ulster Museum, Belfast, inv. BGR1
Photo : Michael McKeown, The Ulster Museum

▴ **Escudo espagnol en or arborant les armoiries de Philippe II sur son avers**
Le haut du blason représente les armoiries de ses parents, Charles Quint et Isabelle du Portugal, alors qu'en pointe s'inscrivent les armes du Portugal affirmant son règne.

Fin du XVIe siècle
Photo : Michael McKeown, The Ulster Museum

Oceanica Classis

hispaniques, en vertu desquels elle est soumise aux lois générales ainsi qu'à certaines lois spéciales (Loi des Indes), sous l'autorité de deux vice-rois régnant chacun sur son territoire propre : la Nouvelle-Espagne au Nord et le Pérou au Sud. (Le terme « colonie » appliqué à l'Amérique par les auteurs des traités historiques n'apparaît qu'au XVIIIe siècle.) Placés sous le contrôle administratif espagnol, les représentants des vice-royautés évitent les sévères châtiments qu'entraînent les abus quand, au XVIIe siècle, la corruption administrative commence à se propager depuis la métropole.

On réunit des flottes imposantes en raison des attaques par des navires étrangers. Il s'agit, en fait, d'expéditions protégées par des navires armés, où l'on regroupe les navires officiels et ceux des commerçants. Depuis le XVIe siècle, ces derniers se consacrent essentiellement à l'exportation de marchandises européennes nécessaires à l'édification d'une nouvelle société. En Amérique, ces marchandises sont payées soit en argent comptant, soit sous forme d'échanges contre d'autres nouveautés : des plantes tinctoriales et médicinales, des bois exotiques, des matières premières diverses et des produits manufacturés.

Il faut donc faire la distinction entre le commerce et l'extraction officielle des métaux précieux. L'or est rapidement déclassé par l'argent, issu d'importants gisements comme ceux du coteau de Potosí au Pérou, ou ceux de la ville de Guanajuato au Mexique. L'extraction en est si abondante qu'elle affectera à la baisse le prix mondial et l'argent deviendra le signe distinctif des classes nobles et des *Indianos* (les émigrants revenus en Europe après s'être enrichis en Amérique). Bien qu'il y ait des divergences d'opinions au sujet de la destination finale d'une telle quantité d'argent, la théorie dominante veut qu'il ait servi à frapper de la monnaie pour les marchés asiatiques ; des pays comme la Chine exigeaient le paiement de leurs produits en monnaie d'argent, tandis que l'or aurait servi de garantie bancaire en Europe. Une partie de l'argent était aussi destinée à orner le mobilier des maisons privées et des églises, et à faire des dons considérés comme un symbole de prestige dans la société espagnole. En dépit des pillages et des destructions importantes survenues lors des guerres de succession de 1702 à 1713, de l'invasion napoléonienne et de la guerre civile de 1936-1939, on trouve encore aujourd'hui dans les églises espagnoles de nombreux objets en argent ouvragés de l'Amérique des vice-rois espagnols.

Avec le temps, les armateurs et les propriétaires ont tendance à choisir des produits de luxe, de petite taille et de grande valeur, en raison des coûts très élevés des voyages maritimes et de leur durée (entre un et six ans), tout en répondant à la demande des marchés européens et américains. Les déclarations frauduleuses sur la valeur des produits sont cependant fort nombreuses, de sorte qu'il est impossible de connaître le volume réel du trafic commercial, lequel concerne non seulement les articles de luxe manufacturés en Espagne, mais également les nombreux produits étrangers introduits en Espagne de différentes manières. Tissus précieux, rubans, broderies, articles de mercerie, vêtements de confection, bijoux, chaussures, chapeaux et autres produits de luxe vont atteindre des prix exorbitants dans les deux vice-royautés. Bon nombre de ces articles provenant de France, plusieurs commerçants espagnols se font passer pour Français afin de vendre à meilleur prix. Les linges de maison, les matelas, la literie et les tissus domestiques sont également fort prisés, même si l'ouverture du marché asiatique, grâce aux galions qui relient les Philippines au Mexique (de Manille à Acapulco), donne désormais accès à des tissus fins, en soie et en coton, provenant essentiellement d'Inde et de Chine.

Les livres, dont bon nombre sont imprimés aux Pays-Bas, sont l'objet d'une forte censure. C'est aussi le cas des gravures, qui servent de modèles aux artistes, ainsi que des sculptures, des peintures de maîtres espagnols et de quelques étrangers, qui, tel Zurbarán, disposent d'ateliers spécialisés pour l'exportation.

Les produits alimentaires, les vins et eaux de vie, les outils en fer, la machinerie et autres instruments sont également nombreux dans les chargements. Certaines personnes fortunées se font expédier d'imposantes cargaisons des meubles pour leur usage et leur bien-être.

L'Amérique importe des matières premières nouvellement en demande, comme le cacao, des produits d'Asie tels que la porcelaine, des tissus de soie, de l'ivoire sculpté au goût européen, ainsi que de l'or et de l'argent ouvragé selon des techniques et

◂ *Oceanica Classis*

Représentation de la caravelle *Santa Maria* de Christophe Colomb (1451-1506). Gravure tirée de *De Insulis in mare indico super inventis*, Bale 1493-1494 (traduction latine du rapport de Colomb au roi d'Espagne).

Photo : © Costa, Leemage

Castellanos f. te. mex.
año. de 17

des motifs divers. Les galions espagnols vont transporter vers l'Europe des merveilles comme la « Pèlerine », la plus grosse perle connue, et une série de grosses émeraudes provenant de Chivor et Muzo dans l'actuelle Colombie, dont celle de la Chambre impériale de Vienne, pesant 2 680 carats. Quant aux bijoux en or, leurs styles respectent strictement les modèles espagnols, si bien qu'il est difficile de distinguer la production américaine. Les pièces récupérées des épaves n'aident guère à clarifier la question, car il peut s'agir d'objets personnels provenant d'époques et de lieux divers.

L'argent et l'or de la Couronne, les impôts douaniers comme le célèbre Quinto Real (20 % de la valeur de la marchandise), les amendes et les dons divers servaient également à la construction de routes, de fortifications et de bâtiments de tous types dans les villes américaines, ainsi qu'au paiement des soldes des fonctionnaires et des soldats ; les coûts étaient à l'occasion plus élevés que les gains.

Pour en revenir au commerce privé, on a commencé dès le XVIe siècle à expédier quelques curiosités tels des mosaïques de plumes du Mexique illustrant des thèmes religieux, des spécimens de sciences naturelles destinés aux cabinets de curiosité, ainsi que bon nombre d'objets de collections, datant parfois de l'époque préhispanique. Parmi les produits de luxe, outre les articles provenant d'Asie, le petit mobilier est particulièrement prisé, ainsi que des objets fabriqués en Amérique à partir de matières premières, comme les coffrets en écailles, les sculptures en ivoire, en albâtre ou en argent ouvragés selon des techniques particulières souvent préhispaniques.

Les Espagnols appréciant tout particulièrement les objets religieux comme symboles identitaires publics ou privés, des artisans commencent à peindre de nombreuses effigies de vierges célèbres comme la Vierge de Guadalupe, des images du Christ et de saints vénérés en Amérique et à sculpter des statuettes votives.

La peinture compte également quelques excentricités, comme des séries de tableaux dits « du terroir » peints expressément pour l'exportation, évoquant le métissage avec une touche d'ironie et d'exotisme, aussi très en vogue dans les cabinets de curiosités.

D'autres produits manufacturés expédiés par navires correspondent également à l'engouement pour les articles exotiques : surtout des boîtes, des coffres et des coffrets de différentes formes et de divers matériaux, des figurines populaires ou des objets incrustés de nacre.

Certaines villes situées au cœur des routes commerciales reliant l'Orient et l'Occident, comme Puebla de los Angeles au Mexique, vont devenir plus riches que la métropole elle-même. Elles vont cependant décliner peu à peu, minées par les guerres et les mouvements indépendantistes. Ce qu'il faut surtout retenir de cette aventure, c'est que, du XVIe au XIXe siècle, les navires espagnols ont transporté et échangé dans leurs cales des trésors issus de trois continents.

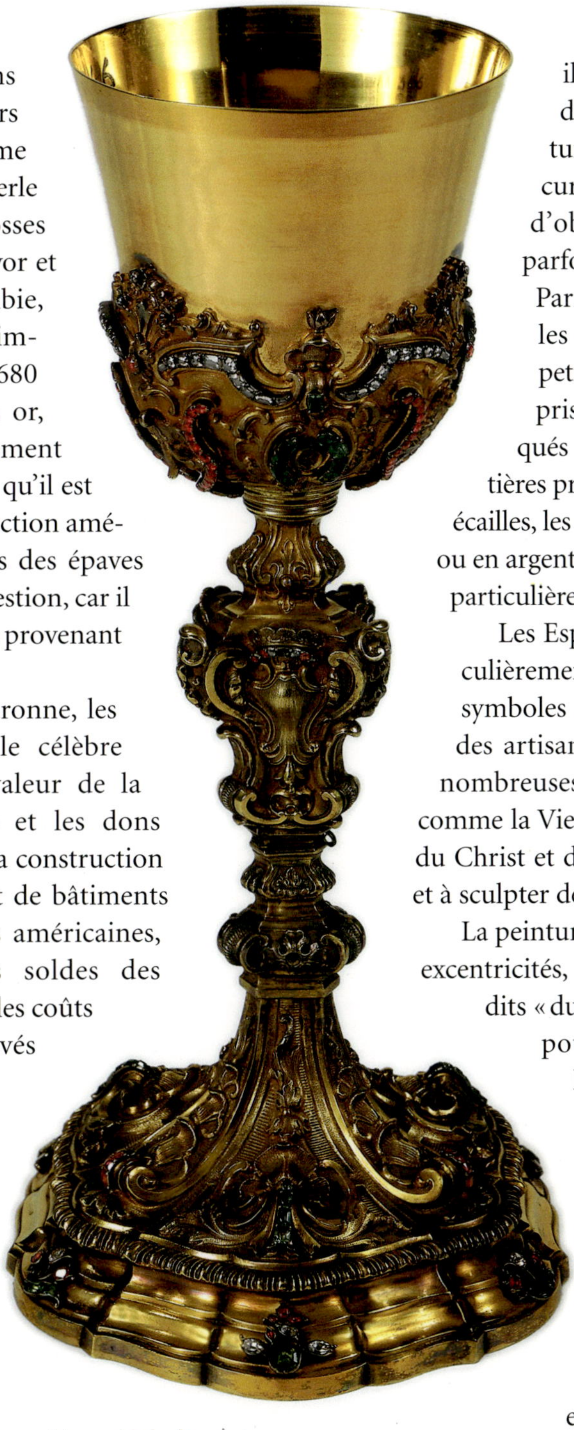

Calice fait d'or et d'argent incrusté de diamants, de rubis et d'émeraudes provenant d'Amérique du Sud, 1768

Museo nacional de Arte Antiga, Inv. 346 OUR, H : 28,5 cm
Photo : © Josée Pessoa, Museo nacional de Arte Antiga, Divisão de Documentsção Fotográfica – Instituto dos museus e da concervação, I.P.

◂ **Vierge de Guadalupe**
Très vénérée en Amérique du Sud, la Vierge de Guadalupe est apparue à un Indien en 1531 et l'aurait miraculeusement exaucé, ce qui lui a valu un culte presque immédiat. On dit que la Vierge de Guadalupe protège les Indiens contre les hécatombes diverses : les massacres, les maladies et les désastres naturels.

Tissu brodé d'or et d'argent, papier et bois polychrome, Juan Castellanos, XVIIe siècle, H : 61,5 cm La : 46,5 cm, Museo de América, Madrid, Inv. 1987/01/01. Photo : Museo de América

CHAPITRE **4**

LES ARTISANS DE L'OR

Origine de la métallurgie en Amérique du Nord

Claude Chapdelaine
Archéologue, professeur au Département d'anthropologie, Université de Montréal

Ceux qui s'intéressent à l'origine de la métallurgie en Amérique se tournent régulièrement vers l'Amérique du Sud ou le Mexique pour y chercher les premiers indices, là où se sont développées les plus impressionnantes civilisations précolombiennes. Même si l'on peut toujours souscrire à l'idée de plusieurs foyers d'origine indépendants et distincts pour le début de la métallurgie à l'échelle américaine, le plus ancien se situe toutefois en Amérique du Nord. Une métallurgie nord-américaine indépendante et autonome des grandes civilisations s'est développée autour des Grands Lacs, il y a plus de 6 000 ans. Le cuivre, qui abonde en surface, à la différence de l'or, est au centre de cette innovation.

Les premiers métallurgistes nord-américains étaient des chasseurs-pêcheurs-cueilleurs qui se déplaçaient régulièrement au rythme des saisons. Leur technologie était dominée par des outils utilitaires taillés et polis. Ils taillaient des pointes de lance, des couteaux, des grattoirs et des forets, en plus de polir divers matériaux pour en tirer des haches, des herminettes, des gouges, quelques pendentifs et même des pointes. À cette panoplie d'outils lithiques s'ajoutent des instruments en os tels que des hameçons, des harpons, des poinçons, des pointes et des aiguilles. Les objets produits en cuivre imiteront d'abord divers objets du quotidien, qu'ils soient taillés, polis ou façonnés dans l'os ou l'andouiller. L'ajout d'outils en cuivre se veut donc complémentaire au coffre à outils de ces nomades. On peut même avancer l'idée que le cuivre a été testé pour son efficacité et sa durabilité face aux autres outils à fonction similaire faits de matériaux souvent moins dispendieux, plus accessibles et moins lourds. Cette fonction utilitaire du cuivre se maintiendra pendant plus de 3 000 ans et les populations ayant un accès direct aux régions cuprifères développeront une expertise qui se manifeste par la grande diversité des outils produits, les principaux types étant les pointes, les poinçons et alènes, les hameçons et de rares outils de gros calibre tels que des haches et des gouges. La grande majorité des outils en cuivre sont petits et façonnés à partir de feuilles et de tiges, sauf pour les pointes, haches et gouges de grand format. On peut donc parler d'une industrie du cuivre économe.

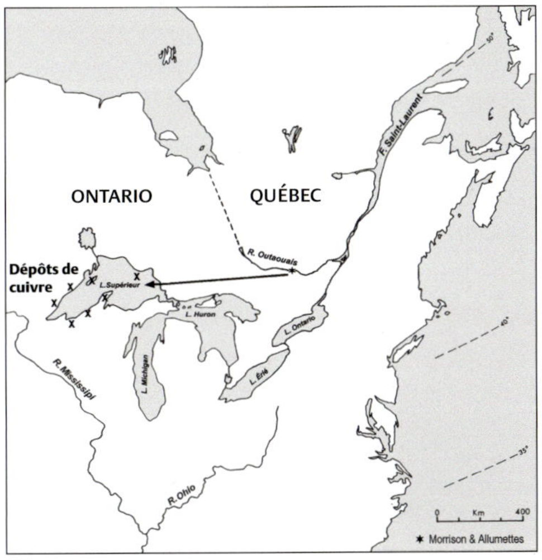

Emplacement des dépôts de cuivre du lac Supérieur et des sites archéologiques de l'Outaouais sur les îles aux Allumettes et Morrison
Photo : Claude Chapdelaine

À la suite de la découverte en surface de pépites de cuivre de différentes tailles réparties dans plusieurs régions autour du lac Supérieur, il est possible d'imaginer un scénario selon lequel des individus curieux, attirés par la couleur rougeâtre de ce métal, auraient ramassé des fragments pour ensuite les transformer par martelage à froid. En admettant que ce métal ait pu, par son poids, servir de briquet, et que le réchauffement de sa surface produit par le contact répété avec une pierre de silex, ait fait germer l'idée de le transformer. La première étape semble être un martelage répété pour aplatir la masse. Le but était d'obtenir une feuille. Cette dernière peut ensuite être doublée et roulée pour confectionner une tige. Plusieurs outils sont faits à partir de tiges. À ce jour, le martelage à froid demeure la technique dominante pour transformer le cuivre, mais plusieurs indices indiquent que le cuivre était régulièrement chauffé pour en faciliter le travail. La

◂ **Glaciers, 1990**
Photo : Pierre L'Heureux

Grandes pointes de flèches en cuivre trouvées en Outaouais
Photo : Claude Chapdelaine

chauffe du cuivre pour le rendre liquide n'a cependant jamais été pratiquée dans la région des Grands Lacs. Les prouesses techniques des premiers métallurgistes se sont arrêtées au travail à froid et au trempage.

Très tôt après la découverte et la transformation du cuivre en objets du quotidien, la convoitise s'installe chez les voisins des premiers métallurgistes. Les objets en cuivre deviennent rapidement des biens d'échange de grande valeur. Pourquoi cet engouement ? Plusieurs raisons peuvent être invoquées. D'abord sa couleur rouge attrayante et, ensuite, sa rareté. Sa distribution géographique limitée est remarquée par Jacques Cartier lors de ses voyages car il attribue le cuivre rouge au mythique royaume du Saguenay. Dans les faits, en se fiant aux dires de ses interlocuteurs amérindiens, Cartier ne fait que pointer vers la source du métal sise à l'ouest dans la région du lac Supérieur et non pas vers la région actuelle du Saguenay–Lac-Saint-Jean. On ne sait pas si la demande pour les objets en cuivre a augmenté pour des raisons d'efficacité mais, sauf pour deux sites dans la moyenne vallée de l'Outaouais, les outils de métal rouge demeurent toujours très rares dans les assemblages. Leur circulation se maintiendra toutefois jusqu'à l'époque historique.

L'Outaouais a vraisemblablement constitué la route du cuivre reliant l'ouest du continent à la vallée du Saint-Laurent. Deux sites exceptionnels fouillés au début des années 1960, dont les collections, analysées et publiées récemment, lèvent le voile sur la circulation du cuivre (Chapdelaine et Clermont, 2006 ; Clermont, Chapdelaine et Cinq-Mars, 2003 ; Clermont et Chapdelaine, 1998). Ces deux sites occupent les îles Morrison et aux Allumettes et les objets en cuivre qui y ont été trouvés se comptent par centaines et sont très variés. De nouvelles datations au radiocarbone obtenues sur des restes osseux de ces deux sites confirment, d'une part, la position plus ancienne du site de l'île aux Allumettes et, d'autre part, la participation hâtive des groupes de l'Outaouais dans les échanges avec les groupes des Grands Lacs. En effet, les dates obtenues sont aussi anciennes que celles des Grands Lacs, indiquant l'intégration rapide des biens en cuivre à un vaste réseau d'interactions, et ce, presque immédiatement après les débuts du travail métallurgique.

En plus de reconnaître des liens culturels indéniables avec les métallurgistes des environs du lac Supérieur, la grande quantité de déchets métalliques sur les sites des îles aux Allumettes et Morrison indique sans conteste la présence d'ateliers. Si la majorité des outils en cuivre circulaient sous une forme finie, les occupants des sites de l'Outaouais savaient travailler ce métal. Il y avait une volonté d'utiliser et de maximiser ce matériau rare. C'est ainsi que les tiges de métal ont été régulièrement modifiées pour produire des hameçons typiques avec crochet, des hameçons composites, des poinçons, des alènes et des aiguilles. La popularité du cuivre est indéniable, mais les collections de l'Outaouais soutiennent l'idée de la circulation de petits objets, facilement transportables, mais aussi économes en matière, et les objets massifs demeurent rarissimes.

Après un âge d'or du cuivre qui s'étire sur plusieurs millénaires, il y a environ 3 000 ans, les outils utilitaires en cuivre deviennent moins abondants. La production d'objets en cuivre sera maintenue, quoique limitée, et les objets non utilitaires tels que les bracelets et les colliers seront plus recherchés. L'objet en cuivre ne sera plus en compétition avec des outils en pierre aux fonctions similaires. Il accède plutôt à une fonction symbolique forte, comme offrande funéraire ou simplement cadeau apprécié pour sceller une alliance.

Bibliographie

CHAPDELAINE, C., et N. CLERMONT (2006), « Adaptation, Continuity and Change in the Middle Ottawa Valley : A View from the Morrison and Allumettes Island Late Archaic Sites », dans *Archaic of the Far Northeast,* David SANGER et Priscilla RENOUF (ed.), University of Maine Press, Orono, p. 191-219.

CLERMONT, N., C. CHAPDELAINE et J. CINQ-MARS (2003), *L'île aux Allumettes et l'Archaïque supérieur dans l'Outaouais.* Publication conjointe, coll. « Paléo-Québec », n° 30, Recherches amérindiennes au Québec, Montréal et Musée canadien des civilisations, Hull.

CLERMONT, N., et C. CHAPDELAINE (1998), *Le site archaïque de l'île Morrison,* coll. « Paléo-Québec », n° 28, Recherches amérindiennes au Québec, Montréal.

La métallurgie pratiquée au site Huacas de Moche

Claude Chapdelaine
Archéologue, professeur au Département d'anthropologie, Université de Montréal

Couronne
Chef-d'œuvre de l'orfèvrerie chavín, cette couronne est ornée d'une représentation en relief du dieu aux bâtons portant une ceinture de serpent, avec ses traditionnelles canines de félin, ses mains et ses pieds griffus. Il est flanqué de chaque côté de personnages de profil à serres d'oiseaux, de la bouche desquels sort un être ailé.
Chavín, Sierra Norte, Valle del Mosna, Chavín de Huantar, Pérou
900-200 av. J.-C.
Or martelé
H : 18,1 cm La : 44 cm Ep : 0,1 cm
Museo Arqueológico Rafael Larco Herrera, Inv. ML100541
Photo : Museo Arqueológico Rafael Larco Herrera, Lima, Pérou

Il y a plusieurs critères pour définir une société complexe. Mis à part l'architecture monumentale, la reconnaissance d'une classe d'artisans spécialistes, et plus particulièrement de ceux qui travaillent les métaux, constitue un argument de taille. La pratique de la métallurgie se développe lentement en Amérique du Sud, ses origines remontant au début du deuxième millénaire avant notre ère. Une expérimentation plus soutenue se développe durant le premier millénaire avant notre ère pour aboutir à la naissance des premiers chefs-d'œuvre martelés sur des feuilles d'or de la culture chavín. Durant le règne des Moche, entre 100 et 800 ans après Jésus-Christ, des artisans spécialistes produisent à temps plein de nombreux objets en or, en argent et en cuivre. Ces métallurgistes, travaillant essentiellement pour les élites, inventent une nouvelle méthode pour répondre à la demande croissante des riches ; ils recouvrent des objets en cuivre d'une mince pellicule dorée, donnant ainsi l'impression de façonner des objets en or véritable. C'est probablement le poids de ces objets nommés *tumbagas* qui a trahi leur véritable nature. Cette méthode voulait satisfaire une demande à la hausse alors que la réalité était caractérisée par une présence relativement pauvre en gisements aurifères facilement accessibles et visibles à la surface. Cet alliage du cuivre et de l'or, et plus rarement avec de l'argent, devient la marque de commerce de la production métallurgique de l'aire andine jusqu'à l'arrivée des Espagnols. La production des nombreux *tumbagas* n'empêche pas la réalisation d'objets en or massif, mais ces derniers sont plus rares et certainement porteurs d'une symbolique encore plus forte. Sans parler d'un âge d'or de la production de pièces de cuivre trouvé à proximité, ainsi qu'à une concentration significative d'objets en cuivre dans le secteur, nous avons pensé que le four à la base de la cheminée était destiné à la fonte du métal. Nous avons donc échantillonné l'enduit d'argile à l'intérieur de la cheminée et, à l'aide de l'activation neutronique, on a pu déterminer sa composition chimique. Le résultat indique une contamination non équivoque de l'argile par une concentration d'or seize fois plus grande que dans les autres argiles étudiées sur le site Huacas de Moche (Chapdelaine et autres, 2001 : 388). Il ne fait aucun doute que l'installation dans cet atelier a servi à la fonte de métal et que ce dernier contenait de l'or.

L'étude de plusieurs objets en cuivre de la zone urbaine, à l'aide de l'activation neutronique, a également démontré la présence significative d'or parmi les éléments chimiques retracés. La dégradation de la mince pellicule d'or empêchait les archéologues d'y reconnaître des objets autrefois dorés. Ces résultats confirment l'importance des *tumbagas* dans la métallurgie Moche. En outre, sur une note plus technologique, les résultats de cette analyse par activation neutronique ont également confirmé la rareté de l'alliage volontaire du cuivre et de l'arsenic pour produire un premier bronze (Chapdelaine et autres, 2001 : 389). Ce développement deviendra quelques siècles plus tard l'apanage des métallurgistes de la culture sicán, située plus au Nord dans la région de Lambayeque (Lechtman, 1996 ; Shimada et Merkel, 1991).

Vase illustrant une scène de pratique de la métallurgie
Photo : Christopher B. Donnan

En guise de conclusion

La découverte de cette cheminée a contribué à donner une nouvelle perspective au site Huacas de Moche, désormais considéré comme un lieu de production d'objets précieux en or et en cuivre doré. Elle permet aussi de relancer l'étude de la tradition métallurgique Moche. La cheminée est unique et sa forme contraste avec une représentation du travail des métallurgistes sur un vase en céramique Moche (Donnan 1978 : 12). La scène décrit trois personnages soufflant dans de longs tubes introduits dans un four en forme de fosse. Notre cheminée rappelle plutôt une forme recensée au début du XVIIe siècle et identifiée à la fonte du métal (Ravines, 1978 : 479). Les analyses spécialisées d'échantillons d'argile prélevés à l'intérieur de la cheminée ont permis d'étayer l'hypothèse que de l'or était fondu dans ce four et que la fonte d'autres métaux déjà nettoyés tels que le cuivre y était aussi pratiquée. Il en résulte une nouvelle façon de voir la métallurgie au site Huacas de Moche, tout en confirmant l'importance de la mise en or d'objets en cuivre, les *tumbagas* qui deviennent la norme plutôt que l'exception pour la grande classe urbaine. Les rares objets en or massif étaient plutôt réservés aux dirigeants suprêmes.

Bibliographie

CHAPDELAINE, C. (2002), « Out in the Streets of Moche : Urbanism and Socio-political Organization at a Moche IV Urban Center », dans *Advances in Andean Archaeology and Ethnohistory,* W. Isbell y H. Silverman (ed.), Plenum Press, New York, p. 53-88.

CHAPDELAINE, C. (1997), « Le tissu urbain du site Moche, une cité péruvienne précolombienne », dans *À l'ombre du Cerro Blanco. Nouvelles découvertes sur le site Moche, Côte nord du Pérou,* C. Chapdelaine (dir.), Les Cahiers d'anthropologie, n° 1, Université de Montréal, p. 11-81.

CHAPDELAINE, C., G. KENNEDY et S. UCEDA (2001), « Neutron Activation Analysis of Metal Artifacts from the Moche Site, North Coast of Peru », *Archaeometry,* 43 (3) : 373-391.

DONNAN, C. B. (1978), *Moche Art of Peru,* Fowler Museum of Cultural History, UCLA, Los Angeles.

LECHTMAN, H. (1996), « Arsenic bronze : dirty copper or chosen alloy ? A view from the Americas », *Journal of Field Archaeology,* 18 : 43-76.

RAVINES, R. (1978), *Tecnologia andina,* Instituto de Estudios Peruanos, Lima.

SHIMADA, I., et J. F. MERKEL (1991), « Copper-Alloy metallurgy in ancient Peru », *Scientific American,* 265 : 80-86.

UCEDA, S. (2001), « Investigations at Huaca de la Luna, Moche Valley : An example of Moche Religious Architecture », dans *Moche : Art and Political Representation in Ancient Peru,* Joanne Pillsbury (ed.), National Gallery of Art, Washington DC, p. 47-68.

L'or des Andes, des parures aux pouvoirs divins

Claude Chapdelaine
Archéologue, professeur au Département d'anthropologie, Université de Montréal

Ornement frontal décoré d'une tête humaine portant un couvre-chef en forme de demi-lune et de deux personnages zoomorphes représentant des dragons à têtes de félins et au corps dentelé.
Mochica, Costa Norte, Pérou, 200 av. J.-C.-600 apr. J.-C.
Museo Arqueológico Rafael Larco Herrera, Inv. ML100769
H : 26,6 cm La : 29,5 cm
Photo : Museo Arqueológico Rafael Larco Herrera, Lima, Pérou

Les trésors de la préhistoire suscitent un intérêt fascinant et la découverte d'objets en or, qu'ils proviennent des steppes de la Sibérie, des berges du Nil ou encore de la côte nord du Pérou, nous renvoie sans détours à la valeur que nous accordons à ce précieux métal, synonyme universel de richesses. Il est faux de croire que toutes les civilisations du passé

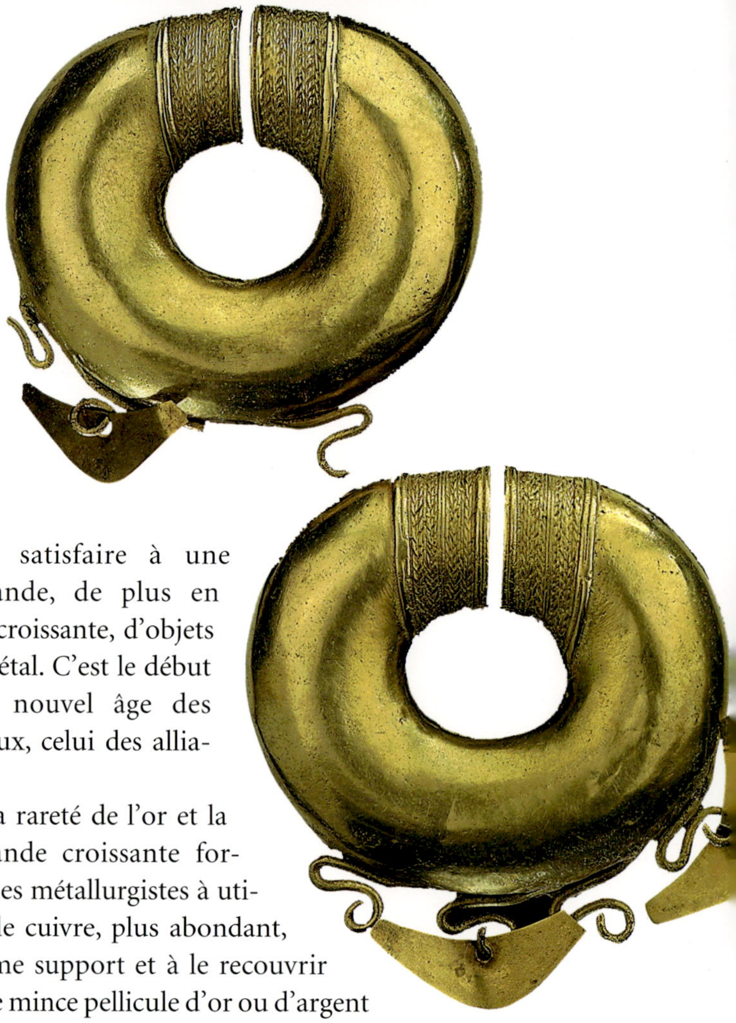

Paire de boucles d'oreilles
Quimbaya, Colombie, 400 av. J.-C.-1600 apr. J.-C.
Museo del Oro, Inv. O 06475, O 06476, Diam : 7,7 cm
Photo : Clark Manuel Rodriguez,
Museo del Oro, Bogotá, Colombie

avaient la même conception de l'or. Il y a plus de 3000 ans, le continent sud-américain a vu se développer un intérêt soutenu pour les métaux à partir des premiers martelages de l'or pour le transformer en feuilles. L'importance des métaux deviendra un facteur de différenciation sociale et, contrairement à l'idée que l'on se fait de la richesse démesurée en or et en argent du Pérou, les métaux n'y étaient pas si abondants et leur rareté a été déterminante. Les sources étaient souvent situées à haute altitude, dans des endroits éloignés des grands centres urbains. Si l'or et l'argent peuvent déjà être considérés comme des métaux précieux à cette époque lointaine, comme c'est encore le cas aujourd'hui, on peut toutefois distinguer le présent du passé en incluant le cuivre dans la catégorie des métaux semi-précieux. Sa rareté relative et sa distribution limitée en surface ou dans les affleurements rocheux soutiennent cette catégorisation. La production continue d'objets non utilitaires réservés aux élites s'explique probablement par cette rareté, surtout en ce qui concerne le cuivre dont la transformation n'est que peu utilisée pour créer des outils destinés aux tâches quotidiennes. Les objets en métal et, en particulier, ceux en or constitueront toujours des objets de luxe.

Une petite histoire de la métallurgie

La métallurgie a une longue histoire en Amérique du Sud. Elle débute vers 1500 av. J.-C. dans les Andes péruviennes. Les indices sont peu nombreux, mais le martelage à froid de l'or puis du cuivre semble constituer la première étape au cours de la période Initiale de 2000 à 1000 av. J.-C. Dans la période de l'Horizon ancien (1000 à 200 av. J.-C.), les objets façonnés en or deviennent plus courants dans les Andes et sur la côte du Pacifique. Ils sont décorés et portent les messages stylisés de la culture chavín (Onuki, 2001 ; Burger, 1992). On peut donc inférer que des artisans spécialisés travaillent les métaux.

Il faut attendre la période Intermédiaire ancienne (200 av. J.-C. à 600 apr. J.-C.) pour voir une progression spectaculaire de la métallurgie sur la côte nord du Pérou. Les cultures vicús et moche développent de nouvelles techniques de production et de décoration pour satisfaire à une demande, de plus en plus croissante, d'objets en métal. C'est le début d'un nouvel âge des métaux, celui des alliages.

La rareté de l'or et la demande croissante forcent les métallurgistes à utiliser le cuivre, plus abondant, comme support et à le recouvrir d'une mince pellicule d'or ou d'argent en de rares occasions. Ces objets de cuivre doré sont nommés *tumbagas* et ils ne cesseront de pallier les besoins exorbitants des élites toujours plus friandes de biens précieux pour se distinguer socialement et aussi pour les accompagner dans leurs voyages vers l'au-delà. La consolidation du pouvoir centralisateur des dirigeants moche, qui gouvernent probablement le premier État du territoire péruvien, semble être associée à une forte croissance de ce médium pour faire passer ses messages idéologiques. Une variété de techniques décoratives sera déployée pour permettre aux objets de métal de se comparer à l'extraordinaire créativité des céramistes moche qui produisent des chefs-d'œuvre en terre cuite.

La productivité dans le domaine des métaux atteint son apogée entre 900 et 1300 apr. J.-C. dans la région de Lambayeque sur la côte nord du Pérou. La culture sicán est à l'origine de ce développement. Les métallurgistes de la région utilisent de façon régulière un nouvel alliage pour améliorer et renforcer le cuivre. Ils ajouteront de l'arsenic en quantité suffisante pour créer un véritable bronze. Plus tard, les Incas ajouteront de l'étain au cuivre pour en faire un deuxième type de bronze. Les spécialistes sicán produisent une quantité impressionnante d'objets en cuivre doré. Les objets en or pur sont de plus en plus rares et le *tumbaga* est omniprésent dans cette tradition métallurgique. Un style particulier se développe dans la région de Batán Grande, la première capitale sicán. On retrouve de ces objets sur une grande partie du territoire péruvien. La culture sicán est conquise par les Chimú vers 1350 apr. J.-C. et les conquérants intègrent aussitôt les artisans spécialistes sicán dans leurs propres ateliers. Les Incas réservent le même sort aux métallurgistes chimú et aux descendants des Sicán lors de leur conquête de ce même territoire vers 1470 apr. J.-C. Les textes historiques mentionnent souvent que les orfèvres de Cuzco à l'époque de la conquête espagnole étaient des artisans originaires de la côte nord du Pérou.

Si la métallurgie péruvienne semble se développer d'abord dans les Andes (Bruhns, 1994 : 174), c'est définitivement sur la côte nord du Pérou qu'elle prendra son envol et qu'elle atteindra des sommets sur les plans techniques et artistiques. Toutes les grandes civilisations équatoriennes, boliviennes, péruviennes, colombiennes et chiliennes ont développé un goût prononcé pour les objets en or. Les civilisations Nasca (côte sud du Pérou), Tiwanaku (autour du lac Titicaca) et Wari (Andes centrales) maintiennent aussi ce goût de l'or, mais les témoignages archéologiques sont moins nombreux. Il est difficile de statuer sur l'importance véritable de la métallurgie car les capitales de ces civilisations ont été systématiquement pillées et en particulier les tombes des élites. C'est le cas du site Huari (Wari)où des tombes royales, découvertes dans les années 1960 et 1970, ont été complètement vidées de leur contenu.

Les Incas héritent de cette tradition métallurgique vieille de 3 000 ans. Malheureusement, la splendeur de cette production n'est plus accessible aujourd'hui, à cause de la fonte faite par les conquistadores de centaines de tonnes d'objets en or, en argent et en *tumbagas*. Ils procédaient ainsi pour faciliter le transport vers l'Europe et l'Espagne (Ramirez, 1996 : 121). Le pillage des sites archéologiques depuis l'époque coloniale, avec un nouvel engouement au cours du XXe siècle, a aussi soustrait un grand nombre d'œuvres métalliques.

À la lumière des découvertes des vingt dernières années au Pérou, il est possible de faire ressortir trois grands moments de la métallurgie andine. Il y a d'abord la production des premiers objets à forte teneur symbolique de la culture chavín. Vient ensuite l'âge d'or de la production artistique avec les Moche, en se fiant aux tombes royales de Sipán (Alva et Donnan, 1993), aux découvertes à Huacas de Moche (Uceda, 2001), El Brujo (Galvez et Briceño, 2001) et les tombes des seigneurs de Dos Cabezas (Donnan, 2003). Le troisième moment est celui de la culture sicán. La découverte d'une tombe royale à Huaca Loro, une imposante plateforme située dans le complexe archéologique de Bátan Grande, est venue confirmer l'exceptionnelle qualité des métallurgistes de la culture sicán (Shimada, 1995). La quantité d'objets récupérés dans cette tombe est impressionnante, témoignant de la grande capacité de production des artisans de cette culture.

Ailleurs en Équateur et en Colombie, des traditions métallurgiques émergent aussi à différents moments au cours du premier millénaire de notre ère (Townsend, 1992). La métallurgie, une fois implantée en Colombie, s'étendra vers le nord où elle aura des répercussions sur l'Amérique centrale et la côte ouest mexicaine. Ces régions instaurent un vaste réseau d'interactions qui facilite la circulation des objets, des idées et de certains individus (Quilter et Hoopes, 2003).

Esthétique et symbolisme de l'or

L'or est d'abord un petit caillou, une pépite ou un reflet dans une masse minérale. À l'état brut, la pépite ou le minerai n'a pas de valeur esthétique. Par contre, l'or peut avoir une valeur économique intrinsèque car ce métal est distribué de façon très inégale et souvent dans des endroits reculés. L'esthétique et le symbolisme de l'or sont donc deux notions élaborées par différents groupes humains. L'or peut prendre la forme de multiples produits finis complètement

Pectoral avec figures anthropomorphiques et zoomorphiques

Tairona, Colombie, 100-1700 apr. J.-C.
Museo del Oro, Inv. O 14618
Photo : Clark Manuel Rodriguez, Museo del Oro, Bogotá, Colombie

transformés et où la pépite a disparu sous le marteau de l'artisan. Les premiers chefs-d'œuvre intacts exhumés de contextes archéologiques, des couronnes et des pectoraux, proviennent de tombes. Ces premiers objets en or sont associés au culte chavín, leur conférant une signification symbolique indéniable. L'or, comme support, revêt une importance incontestable et sa décoration, une sorte de plus-value, permet de mieux comprendre son rôle comme médium dans l'expression d'un système de croyances. L'or participe dès le début de la première grande civilisation péruvienne à un système complexe de représentations.

L'iconographie des objets en or est rarement propre à ce médium. Il ne semble pas y avoir de représentations ou messages liés uniquement à l'or et à son utilisation. On reproduit sur la surface des objets en or les mêmes messages symboliques et artistiques retrouvés régulièrement sur la céramique, le textile, le bois ou l'os. Plusieurs objets en or, tels les pectoraux, pouvaient être portés quotidiennement, ce qui leur confère une importance accrue de même qu'à ceux qui les portent.

C'est sur la côte nord que la production d'objets en or prend toute son ampleur au cours du premier millénaire de notre ère. Durant cet « âge d'or », les principales cultures sont les Moche et les Sicán. Les différentes civilisations de l'Équateur, en particulier La Tolita, et de Colombie, les Quimbayas, Taironas et Muiscas, connaissent aussi un fort développement métallurgique. Pour comprendre les multiples fonctions de l'or dans les sociétés andines, on doit d'abord examiner les qualités de ce métal qui, contrairement à notre conception actuelle, n'a aucune valeur monétaire.

Les qualités de l'or

Pour comprendre l'importance de l'or, on doit obligatoirement insister sur la rareté ou, mieux, sur la disponibilité réduite de l'or et sur sa distribution limitée et très inégale dans l'aire andine. Sa rareté en fait un bien précieux. Très malléable, on peut aussi l'allier à l'argent, au cuivre et au bronze. Avec une infime quantité d'or, la technique de la mise en couleur permet de dorer la surface d'un objet en cuivre à l'aide d'un acide tel que l'urine pour enlever les oxydes de cuivre, et ensuite de la chauffer à répétition pour obtenir la couleur désirée.

Une vertu indéniable et primordiale de l'or est sa couleur. Le jaune vif avait une signification particulière. Chez les Incas, l'or est associé au disque solaire et l'argent à la Lune. Dans l'imaginaire andin, l'or est un agent du Soleil qui transmet sa lumière, sa chaleur et la vie. Le métal jaune se conjugue avec les dieux et véhicule à sa façon la fertilité associée au Soleil.

Le lustre de la surface lisse de l'or est une autre qualité associée à la pureté et à l'esthétique. Sur le plan technique, la qualité première de l'or est sa malléabilité, sans sous-estimer pour autant ses autres qualités exploitées judicieusement par les métallurgistes, à savoir sa grande ductilité pour faire du fil d'or et son extensibilité pour produire de grandes feuilles par martelage. Cette extensibilité explique la propension des artisans moche et sicán à produire des masques, des couronnes et des protecteurs coxaux de grandes dimensions. La production de grandes feuilles s'appuie sur cette propriété de l'or et cette technique caractérise la tradition métallurgique andine.

L'or n'a pas uniquement des qualités. Fragile, il ne sera jamais en compétition avec le cuivre et les autres matériaux durs tels que le bois et l'os, pour confectionner des outils utilitaires. Les objets en or sont incapables de rendre d'autres services que ceux qui sont liés spécifiquement à l'apparat.

Dualité et fonction politique

L'emploi de l'or est populaire et semble généralisé. Cependant, dans un monde où la demande dépasse largement l'offre, il est facile de comprendre que les couches inférieures des sociétés andines n'ont pas accès aux objets précieux en or, en argent ou en coquillages marins provenant de l'Équateur.

Les objets en or sont toujours associés à la catégorie des biens de luxe et ils s'opposent ainsi aux objets utilitaires. La distribution des pièces en or est tributaire du nombre de biens confectionnés avec ce métal. En conséquence, l'objet en or confère davantage de prestige à celui qui le possède. Sur les plans social, économique, politique et idéologique, les objets en or sont empreints d'une forte charge symbolique. Ils servent à définir une position sociale, à préciser une identité, une appartenance culturelle, à clarifier un rôle politique, à indiquer un statut économique, tout en révélant des allégeances religieuses. La multiplicité des rôles joués par un seul objet en or rend son décodage complexe, particulièrement quand l'artefact n'a pas été trouvé dans un contexte intact où les interprétations des archéologues peuvent contribuer à lever un peu le voile du mystère. Cette notion des nombreux rôles

Anneau de nez, or et argent
L'or est associé au Soleil, au jour et au masculin.
L'argent est associé à la Lune, à la nuit et au féminin.
Mochica, Costa Norte, Pérou, 200 av. J.-C.-600 apr. J.-C.
Museo Arqueológico Rafael Larco Herrera, Inv. ML100866
Diam : 3,1 cm
Photo : Museo Arqueológico Rafael Larco Herrera, Lima, Pérou

imputés aux objets en or relève de leurs décodages et interprétations.

Le métal jaune est associé au travail d'artisans spécialisés dont la chaîne opératoire est fort complexe, nécessitant de nombreux intervenants depuis l'extraction jusqu'aux techniques d'orfèvrerie. Son symbolisme le plus évident se trouve dans la forme que prend l'objet et, dans un deuxième temps, dans la décoration qui embellit sa surface. Les motifs qui ornent l'objet varient énormément et renvoient presque toujours à l'iconographie présente sur la céramique, les textiles, le bois, l'os et les coquillages. Il faut donc comprendre que la charge symbolique des objets en or est complexe et que ses ramifications touchent toutes les facettes des sociétés précolombiennes. Les objets en or sont des biens de prestige, de pouvoir, réservés aux membres de l'élite et leurs pouvoirs magico-religieux sont indiscutables. Cette notion était bien ancrée dans l'idéologie des Incas et fort probablement chez leurs prédécesseurs : « The link between metallurgy and magical transformation has been observed cross-culturally and, in the Andes, the use of metals to represent supernatural forces is a feature not only of the Incas, but of many of their predecessors for over two millennia. And, in addition to this ideological dimension, metallurgy played a special role in the political economy of the Inca court » (Salazar, 2004 : 46). Il faut aussi souligner la suprématie de l'or dans la relation entre la métallurgie et les croyances religieuses des civilisations andines.

À un autre niveau, la dualité semble être une notion fondamentale de l'organisation sociale des groupes andins. Le système idéologique est profondément marqué par cette opposition omniprésente dans la nature. Les exemples les plus communs sont le jour et la nuit, le Soleil et la Lune, le feu et l'eau, etc. Plusieurs objets en or à forte saveur iconographique se réclament de cette interprétation dualiste. Les découvertes des tombes royales Moche de Sipán ont confirmé de façon assez convaincante cette dualité entre l'or et l'argent. Certains objets sont fabriqués en combinant les deux métaux, deux parties s'unissant pour créer un objet unique ou des ensembles composites. Le fameux collier constitué de dix arachides en or et de dix arachides en argent est un bel exemple. La partie en or du collier repose sur l'épaule droite du défunt et celle en argent couvre l'épaule gauche. Des protecteurs coxaux et des tumi (des couteaux cérémoniels) ont aussi été produits moitié or et moitié argent (Alva et Donnan, 1993 : 221-222). Il est intéressant de souligner qu'on plaçait un lingot en or dans la main droite du défunt et un en argent dans la main gauche. L'association de l'or avec le côté droit et de l'argent avec le côté gauche est confirmée par les découvertes faites dans les tombes intactes de Sipán. En se fiant aux données historiques, il est aussi possible d'associer l'or au Soleil et l'argent à la Lune. À cet égard, les Incas qualifiaient l'or de sueur du Soleil et l'argent de larmes de la Lune (Bray, 1991 : 77). Plusieurs sources historiques mentionnent les liens entre l'or et le genre masculin, l'argent étant associé au genre féminin.

Argent	Or
Lune	Soleil
Féminin	Masculin
Côté gauche	Côté droit

L'or est ainsi opposé à l'argent, mais, comme l'argent est un métal beaucoup plus rare, il est sous-représenté dans les offrandes funéraires. L'or et le Soleil assurent ainsi leur prépondérance dans cette dualité andine.

Avec la centralisation du pouvoir entre les mains d'élites puissantes, il est généralement admis en Amérique du Sud que les objets en or prennent une valeur inestimable et que la symbolique les entourant est indéniablement liée au pouvoir politique, au prestige social et à un système idéologique. L'or sert à construire et à confirmer des identités culturelles et probablement celles des groupes ethniques. Il est possible que certains objets en or aient été associés aux genres des individus. La valeur de l'or joue aussi un rôle déterminant dans les réseaux d'échanges entre les groupes et les cultures.

La distribution de l'or était très souvent limitée à la classe dirigeante. Les objets découverts dans les tombes royales Moche de Sipán (Alva et Donnan, 1993), tout comme la tombe Sicán de Huaca Loro (Shimada, 1995), confirment que les souverains emportent avec eux, dans leurs tombes, des quantités énormes d'objets précieux. Leurs successeurs doivent s'assurer que des artisans continueront à produire des biens en or qui pourront les accompagner eux aussi dans l'au-delà.

Dans les pratiques funéraires des Moche, l'importance de l'or ne fait pas de doute. La qualité et la quantité d'objets en or indiquent le statut du défunt. Des individus de classes sociales diverses se font souvent enterrer avec des pièces de métal dans la bouche ou les mains. Les gens des classes supérieures auront des pièces en or et ceux qui sont moins nantis, des pièces en cuivre. Les métaux sont différents, mais il s'agit de la même pratique et de la même croyance. D'ailleurs des analyses par activation neutronique faites sur des objets en cuivre moche ont révélé que plusieurs d'entre eux étaient en fait des *tumbagas*; l'or n'était plus visible à la surface mais le contenu chimique des pièces indiquait la présence significative d'or (Chapdelaine et autres, 2001).

Une créativité pour plaire aux dieux

La concentration des objets en or entre les mains d'un petit groupe accorde une puissance « économique » et politique aux propriétaires. La notion de richesse ne doit jamais être négligée, même si elle n'avait pas la même signification chez tous les groupes andins. Ces insignes de haut statut sont décorés et leur valeur esthétique est incontestable. La décoration de certains objets nous porte à croire que l'or est un médium souvent utilisé pour véhiculer d'autres messages que celui de la préciosité du métal. Les objets en or aux motifs complexes jouent un rôle symbolique dans les liens entre les dirigeants et les forces de la nature déifiées. L'esthétique apparaît alors comme secondaire face au sens sacré de ces œuvres.

La diversité de la production d'objets en or s'étend à toute l'aire andine. Fabriqués par des artisans spécialistes stimulés par des motivations sociopolitiques et spirituelles, de fort nombreux objets sortent des ateliers colombiens, équatoriens, péruviens, boliviens et chiliens. Cette richesse artistique est d'un dynamisme époustouflant et elle illustre parfaitement la créativité de ces artisans au service des grands seigneurs. Ces derniers se considéraient comme les représentants des dieux sur la terre et n'hésitaient pas à se parer de la sueur de l'astre solaire.

La forme des objets façonnés en or répond à des caractéristiques esthétiques et leur beauté réside souvent dans le réalisme des sujets. Les masques tridimensionnels sont peut-être le plus bel exemple chez les Moche, les Sicán et les Chimú. Plusieurs types d'objets servent à embellir l'apparence des individus. Les nombreux bracelets, colliers, pendentifs d'oreille, pectoraux, diadèmes, couronnes, plaques et les fameuses narigueras ou ornement nasal, ainsi que les coupes à boire ou keros en font foi. De grandes feuilles en or sont utilisées pour décorer les édifices publics. L'exemple le plus fameux est certes le temple du Soleil, le corikancha, situé au cœur de la capitale de l'empire inca, Cuzco. Ce temple a été vandalisé par les Espagnols et il ne reste plus rien de sa grandeur. Cet édifice désigné comme le temple du Soleil par les Espagnols signifie, en quechua, la langue des Incas, la maison ou le temple de l'or. Les témoins de l'époque ont tous rapporté la beauté exceptionnelle des murs couverts d'or et la splendeur de l'énorme jardin constitué de plantes en or grandeur nature (Bauer, 2004 : 143-152).

Un coquillage qui valait de l'or !

Si les métaux sont considérés comme des objets précieux, des biens de prestige et de pouvoir, il serait faux de croire qu'ils trônaient seuls parmi les biens de luxe des élites. Selon les données archéologiques et les documents historiques, deux catégories d'objets leur faisaient concurrence. D'abord, les tissus de laine de camélidés, plus particulièrement en laine de vigogne et, dans une moindre mesure, d'alpaga, et un coquillage marin, le *Spondylus princeps*, provenant des eaux chaudes de l'Équateur (Cordy-Collins et autres, 1999).

Spondylus princeps
Coquillage dit l'or rouge des Andes, un élément décoratif très prisé.
Photo : Claude Chapdelaine

Pourquoi ce coquillage était-il si important chez les peuples andins ? Son histoire est surprenante. Ce bien d'échange a une valeur symbolique aussi forte que celle de l'or. Le *Spondylus princeps* est considéré comme la nourriture des divinités de la mer. On lui accorde une signification profonde et souvent liée à l'explication du mythe d'origine des peuples. Les efforts déployés pour assurer son approvisionnement sont démesurés. On le trouve à plus de 15 mètres de profondeur et seuls des plongeurs très expérimentés, des collecteurs spécialisés, peuvent s'adonner à sa récolte. L'engouement qu'on lui voue se développe au premier millénaire avant J.-C. et ne s'estompera jamais. La place du *Spondylus princeps* s'est maintenue à travers les âges. On en parle comme de l'or rouge car c'est la partie rouge du coquillage qui est transformée en colliers et en bijoux. Il faut souligner que, même à l'état naturel, ce bivalve a une importance primordiale, et qu'il est un bien d'échanges de grande valeur avant même d'être transformé en produits de luxe. Les Sicán (Shimada, 1995) et ensuite les Chimú (Pillsbury, 1996), bien avant les Incas, en ont fait une quête soutenue. Ce coquillage des eaux chaudes du Pacifique, pêché à la hauteur de l'Équateur, se retrouve aussi souvent dans les Andes que sur la côte. Il est présent dans les divers contextes élitiques des centres cérémoniels ou urbains. Son intégration à un mythe fondateur, aussi bien andin que côtier, reste un mystère mais sa seule présence confirme que, dès le début du culte Chavín, il était un objet de prestige très populaire. Le *Spondylus princeps* occupe une place de prédilection dans l'imaginaire andin et il était convoité par les élites religieuses depuis plusieurs millénaires avant l'arrivée des Espagnols en terre sud-américaine.

Conclusion

Pendant plus de 2 000 ans, les civilisations andines ont accordé une grande importance aux métaux, et en particulier à l'or. Les objets produits étaient prisés dans toutes les ramifications de la société bien qu'ils étaient sans grande utilité dans les activités domestiques quotidiennes. La production d'objets en or et en argent, et dans une moindre mesure en cuivre et en bronze, était réservée aux élites et à leurs partisans immédiats. La décoration ajoutera à la symbolique et à l'esthétique des pièces tout en renforçant leur caractère prestigieux et magique.

L'or est au cœur de l'économie politique des principales civilisations sud-américaines. Ce métal doré a été un bien à la fois de prestige, de pouvoir, d'idéologie et d'esthétique. Il a eu de multiples fonctions dans le monde des vivants tout comme dans celui des morts. Au quotidien, les bijoux en or portés par certains individus leur conféraient une identité, un statut et un rang. Pour le défunt, il importe d'avoir à ses côtés les parures en or qui lui assureront dans l'au-delà la même position que de son vivant. Dans les deux mondes, les objets en or projettent les mêmes messages liés au prestige, au pouvoir et comportent une puissance magique et spirituelle.

Sur le plan économique, l'acquisition de l'or, sous toutes ses formes, était une priorité pour les élites. À toutes les époques, l'or est sous le contrôle des riches et son accumulation assure la puissance. Depuis les débuts de la métallurgie andine, c'est le métal à l'état brut ou plus ou moins nettoyé de ses impuretés qui constitue le bien d'échange. Les artisans spécialisés façonnent alors l'identité et l'originalité de chaque civilisation par la forme et la décoration qu'ils donnent aux objets en or. C'est pourquoi la richesse iconographique des objets en or est si diversifiée et que les multiples fonctions qui s'en dégagent renvoient à un tissu complexe de motivations sociales, économiques et religieuses. Ce métal dédié aux dieux, et convoité par leurs représentants divins sur terre, constitue encore aujourd'hui une matière qui ne laisse personne indifférent.

Couronne carrée en cuivre doré
Ornement de prestige servant à distinguer la personne qui le porte, traduisant son rang ou sa fonction.
Viscús, Costa Norte, Pérou, 900-200 av. J.-C.
Museo Arqueológico Rafael Larco Herrera, Inv. ML100841
H : 12 cm Lo : 21,5 cm La : 15 cm
Photo : Museo Arqueológico Rafael Larco Herrera, Lima, Pérou

Bibliographie

ALVA, W., et C. B. DONNAN (1993), *Royal Tombs of Sipan*, Fowler Museum, UCLA, Los Angeles, p. 219-227.

BAUER, B. S. (2004), *Ancient Cuzco, Hearthland of the Inca*, University of Texas Press, Austin.

BRAY, W. (1991), « La Metalurgía en el Peru Prehispánico », dans S. Purin (ed.), *Los Incas y el Antiguo Peru. 3000 años de Historia*, Centro cultural de la Villa de Madrid, p. 58-81.

BRUHNS, Karen O. (1994), *Ancient South America*, Cambridge University Press, London.

BURGER, R. L. (1992), *Chavín and the Origins of Andean Civilization*, Thames and Hudson, Londres.

CHAPDELAINE, C., G. KENNEDY et S. UCEDA (2001), « Neutron Activation Analysis of Metal Artifacts from the Moche Site, North Coast of Peru », *Archaeometry*, 43 (3) : 373-391.

CORDY-COLLINS, A. et autres (1999), *Spondylus : Ofranda sagrada y simbolo de paz,* Catálogo de una exposición del Museo Arqueológico Rafel Larco Herrera, Lima.

DONNAN, C. B. (2003), « Tumbas con entierros en miniaturas : un nuevo tipo funerario Moche. In *Moche* », dans *Hacia el final del milenio*. Actas del Segundo Colloquio sobre la Cultura Moche, S. Uceda et E. Mujica (ed.), Universidad Nacional de Trujillo and Pontificia Universidad Católica del Perú, Perú, t. 1, p. 43-78.

GALVEZ, C., et J. BRICEÑO (2001), « The Moche in the Chicama Valley », dans *Moche : Art and Political Representation in Ancient Peru,* Joanne Pillsbury (ed.), National Gallery of Art, Washington DC, p. 141-157.

ONUKI, Yoshio (2001), *Una perspectiva del periodo formativo en la sierra norte del Perú*, Historia de la cultura peruana I. Fondo editorial del congreso del Perú, Lima, p. 103-126.

PILLSBURY, Joanne (1996), « The Thorny Oyster and the Origins of Empire : Implications of Recently Uncovered Spondylus Imagery from Chan », *Latin American Antiquity*, 7 (4) : 313-349.

QUILTER, J., et J. W. HOOPES, ed. (2003), *Gold and Power in Ancient Costa Rica, Panamá, and Colombia,* Dumbarton Oaks Publications, Washington D.C.

RAMIREZ, Susan (1996), *The World upside down. Cross-Cultural Contact and Conflict in Sixteenth-Century Peru*, Stanford University Press.

SALAZAR, L. (2004), « Machu Picchu : Mysterious Royal Estate in the Cloud Forest », dans *Machu Picchu, Unveiling the Mystery of the Incas,* R. L. Burger et L. Salazar (ed.), Yale University Press, New Haven, p. 21-47.

SHIMADA, Izumi (1995), *Cultura Sicán*, Fundación del Banco Continental, Lima, Pérou.

TOWNSEND, R. F. (1992), *The Ancient Americas. Art from Sacred Landscapes,* The Art Institute of Chicago.

UCEDA, S. (2001), « Investigations at Huaca de la Luna, Moche Valley : An example of Moche Religious Architecture », dans *Moche : Art and Political Representation in Ancient Peru,* Joanne Pillsbury (ed.), National Gallery of Art, Washington DC, p. 47-68.

Cóstic Teocuitlatl, l'or des Aztèques

LOUISE-ISEULT PARADIS
Archéologue, professeure au Département d'anthropologie, Université de Montréal

La grande cité de Tenochtitlán, **aujourd'hui Mexico**
Fresque du mur ouest du palais présidentiel de Mexico.

Diego Rivera (1866-1957), 1945,

SI CHRISTOPHE COLOMB ET les premiers explorateurs européens étaient à la recherche de la route des Indes, ils étaient également animés par le rêve de découvrir les contrées de l'El Dorado. Ils ont cru les rencontrer quand ils ont pénétré et conquis ce qui est aujourd'hui le Mexique, la Colombie et l'Équateur, le Panamá et le Costa Rica et finalement le Pérou et la Bolivie. Ces régions avaient développé une technologie et un art de travailler les métaux, en particulier l'or, au moins aussi sophistiqués que ceux de leur pays d'origine. La Mésoamérique[1] retiendra notre attention ici. L'or y fait son apparition relativement tard par rapport aux régions plus au sud, vers 1300 de notre ère. Il atteindra cependant un degré de sophistication qui éblouira Cortés: «Comment est-il possible qu'un seigneur barbare comme Motecuhzoma possède des ornements d'or, d'argent et de plumes, toutes ces choses qui existent dans votre royaume, qu'il n'y ait un orfèvre dans le monde qui les fasse mieux[2].» Nous connaissons ces ornements surtout grâce aux écrits des conquérants ou des chroniqueurs qui décrivent les artisans orfèvres et leurs techniques, les fonctions et les contextes auxquels sont destinés les ornements en or. Les Espagnols les ont, en effet, pillés, fait fondre, ou encore les ont offerts à leur souverain. Les chroniques parlent essentiellement de l'or des Aztèques, les derniers arrivés dans le bassin de Mexico et les maîtres d'un immense territoire à l'arrivée des Espagnols. Il reste tout de même quelques exemples d'orfèvrerie en or; ainsi, la découverte de la tombe mixtèque 7 à Monte Alban par l'archéologue Alfonso Caso a permis de faire passer le nombre d'objets en or trouvés en contexte archéologique de 32 à 121[3].

L'or chez les Aztèques était sacré. En náhuatl, pour parler d'or, on utilisait le terme *teocuitlatl* qui signifie excrément des dieux; l'adjectif *cóztic* (jaune) précise qu'il s'agit d'or et qu'il est associé au dieu du soleil. Le qualificatif *iztac* (blanc) désigne l'argent qui est associé à la déesse de la lune. Cette valeur sacrée est confirmée par les contextes où on le trouve et les personnes qui ont l'insigne privilège d'en faire usage.

Origine et histoire du travail de l'or

On se souviendra qu'à part quelques armes et outils de cuivre et de bronze les cultures du Nouveau Monde étaient encore à l'âge de pierre à l'arrivée des Espagnols. La métallurgie se développe relativement tard en Mésoamérique, à partir de 600 de notre ère. L'Occident mexicain livre les premières traces de métallurgie et son développement semble associé aux relations d'échange entre ces régions côtières du Pacifique et la côte nord de l'Amérique du Sud où la métallurgie était déjà florissante depuis de nombreux siècles. Le premier métal travaillé est le cuivre. Il faudra attendre après 1300 pour voir apparaître les premiers ornements en or et on les retrouve plutôt dans le Mexique central et dans les hauts plateaux du sud du Mexique.

Les acteurs et leur technologie

Fray Bernardino de Sahagún, véritable ethnographe des Aztèques, nous introduit dans le monde des orfèvres et décrit leur art et leur technologie[4].

Les orfèvres font partie de la classe des artisans et, tout comme les artisans lapidaires et les plumassiers, ils jouissent d'un statut élevé dans la société aztèque. Ils habitent dans le quartier de Yopico de la capitale Tenochtitlán où ils adorent Xipe Totec, le dieu de la fertilité et du renouveau. Leur technologie est semblable à celle de l'Ancien Monde, sauf qu'elle est beaucoup plus récente dans les Amériques. Les Aztèques et les Mixtèques utilisent principalement deux techniques pour travailler l'or: le martelage à l'état froid ou chaud d'une feuille de métal qui est ensuite décorée par la technique du repoussé. La seconde technique, décrite en détail par Sahagún, est celle de la cire perdue. Après avoir façonné l'objet désiré sur une préforme faite d'argile mêlée à de la cendre et cuite au soleil, on la recouvre d'une couche de cire à laquelle on ajoute de la résine de copal. Une fois que cette couche est solidifiée, on la recouvre d'une fine couche d'argile mêlée à de la cendre qu'on laisse sécher pendant deux jours pour éviter qu'elle craquelle. Le moule est alors chauffé pour faire fondre la cire et l'on y coule l'or préalablement chauffé. Une fois l'or solidifié, on brise délicatement le premier moule, puis on polit l'objet recouvert d'or et on le chauffe à nouveau pour lui donner son aspect définitif.

1. Une aire culturelle située géographiquement dans le sud du Mexique, le Guatemala, le Belize, le Salvador et les portions occidentales du Honduras, du Nicaragua et du Costa Rica. Elle se compose d'entités culturelles apparentées qui ont développé des civilisations complexes à partir de 1200 avant notre ère.
2. Conquistadors, *Hernán Cortés*, Paris, Hachette, 1963 : 76. Lettre au roi d'Espagne.
3. Saville, 1920 ; Caso, 1965 : 924.
4. Sahagún, 1950-1982, livre IX : 69-77.

Xipe Totec
Il est le dieu du renouveau de la nature, de l'agriculture et de la pluie nocturne bienfaisante. Puissante divinité que l'on vénère par des sacrifices humains, il est aussi le patron des orfèvres.

Codex Borgia
Photo : Akademische Druck – u. Verlagsanstalt [Adeva] Autriche

Quetzacoatl ou le dieu serpent à plumes
Il est considéré comme le dieu de l'étoile du matin, l'inventeur des livres et du calendrier et celui qui aurait offert le maïs à l'humanité.

Codex Borbonicus
Photo : Akademische Druck – u. Verlagsanstalt [Adeva] Autriche

Contextes et fonctions

L'or, sous ses diverses formes, se retrouve dans deux contextes principaux, l'économique et le rituel. L'or est au nombre des tributs que demandait l'État aztèque aux provinces conquises. Ainsi, le *Codex Mendoza* liste six provinces qui devaient payer des tributs en or. Parmi les formes que prenaient ces tributs, il y avait de la poudre d'or, des barres d'or solide, des disques, un collier de perles d'or, un collier de perles et de clochettes d'or, un diadème, un bandeau frontal et un bouclier. Ces provinces étaient situées au sud du bassin de Mexico, dans l'État du Guerrero (Tlapan et Quiauhteopan), dans l'État d'Oaxaca (Coayxtlahuaca, Tlachquiauco, Coyolapan) et au Veracruz (Tochtepec). On obtenait le précieux métal dans les rivières et les ruisseaux, un peu comme les chercheurs d'or dans le Klondike, en séparant les grains d'or du sable après les avoir recueillis dans un tamis ou dans leurs mains.

Les tributs nous renseignent sur une des manières dont l'État aztèque obtenait des objets en or. Il y avait probablement d'autres formes d'acquisition, par le commerce à longue distance, pour se procurer l'or que les artisans orfèvres de Tenochtitlán transformaient en ornements et parures dont on parle dans les nombreuses fêtes et que l'on retrouve comme offrandes en contexte funéraire. La tombe 7 de Monte Alban permet d'illustrer la richesse et la beauté du mobilier funéraire en or des Mixtèques. Les orfèvres mixtèques sont de grands artistes et il est fort possible que ce soit à leur contact que les Aztèques aient appris l'art de travailler les métaux. Cette tombe abritait sûrement les restes d'un haut dignitaire mixtèque : on y a, entre autres, récupéré 121 objets en or, pour un total de 3 598 kilogrammes[5]. Il s'agit surtout d'ornements : des pectoraux représentant des déités, des bagues, des colliers de perles en forme de dents de jaguar, d'écailles de tortue ou de clochettes, des

5. Caso, 1965 : 923-927.

Grelot

Mixtèque, ca 1500
Museo de las Culturas de Oaxaca, Oaxaca, Mexico, Conaculta-INAH
Inv. 10-105430, 5,5 cm x 4,5 cm,
Photo : Michel Zabé

Instituto Nacional de Antropología e Historia — Consejo Nacional para la Cultura y las Artes

insi, les dieux Huitzilopochtli, Quetzalcoatl et Xipe Totec et les déesses Cihuacoatl, Chicomecoatl et Xochiquetzal, ou leurs incarnations, portent tous des parures en or : pectoral, boucles d'oreilles, labret, ornement de tête bordé d'un bijou en or, mitre d'or et de pierres précieuses, collier d'épis de maïs en or, vêtement brodé de plaques d'or. Des ornements en or sont également offerts dans les rites d'enterrement de hauts dignitaires ou lors de fêtes en l'honneur d'une divinité. Évidemment, les membres de l'élite, le dirigeant suprême en tête, ont également droit aux ornements en or et ceux-ci les suivent dans la mort.

Tout comme le cacao, l'or a, chez les Aztèques, une fonction économique, rituelle et médicinale. Ainsi les personnes atteintes de pustules cutanées ou d'hémorroïdes ingéraient de la poudre ou limaille d'or. Cecelia Klein associe la cause de l'ingestion de la poudre d'or – les pustules, en náhuatl *nanaoatl* – au dieu Nanahuatzin « notre cher Pustule » qui s'est immolé lors de la cinquième création de l'univers et qui est devenu le Soleil[7].

pinces à épiler, etc. On a également trouvé un morceau de feuille d'or qui recouvrait une calebasse qui servait à contenir du tabac ainsi que d'autres pièces plus délicates.

Mon ornement favori est un pectoral à l'image de l'univers : quatre sections représentant tour à tour le ciel, le Soleil, la Lune et la Terre sont unies par des anneaux et se terminent par quatre clochettes suspendues à des plumes. L'ensemble est mobile et devait produire un ravissant tintement.

Pour documenter l'usage des parures en or dans les rituels et les fêtes, la lecture des chroniqueurs, et plus particulièrement de Sahagún et Duran[6], confirme la nature divine de l'or chez les Aztèques. Dans les fêtes et les rituels, seules les divinités qu'on honore ou les personnes, captives ou esclaves le plus souvent, qui en sont l'incarnation ont droit aux parures d'or.

Pectoral représentant le dieu Xochipilli

Mixtèque, 1325-1521
Museo de las Culturas de Oaxaca, Oaxaca, Mexico
Conaculta-INAH, Inv. 10-106163
4,2 cm x 7,3 cm x 1 cm, Photo : Michel Zabé

Instituto Nacional de Antropología e Historia — Consejo Nacional para la Cultura y las Artes

6. Sahagun, 1950-1982, Livre 2 ; Duran, 1971.
7. Klein, 2007 : 4.

Pendentif en forme de bouclier

Mixtèque-Aztèque, ca 1500
Baluarte de Santiago, Veracruz, Mexico
Conaculta-INAH
Inv. 10-213084, 10,5 cm x 8,5 cm
Photo : Michel Zabé

Instituto Nacional de Antropología e Historia — Consejo Nacional para la Cultura y las Artes

Bibliographie

BERDAN, Frances F., et Patricia R. ANAWALT (1992), *The Codex Mendoza*, University of California Press, Los Angeles, 4 vol.

CASO, Alfonso (1965), « Lapidary work, Goldwork, copperwork : Oaxaca », *Handbook of Middle American Indians*, vol. 3 (2), dirigé par G.V. Willey : 896-930, University of Texas Press, Austin.

DURAN, Fray Diego (1971), *Book of the Gods and Rites and the Ancient Calendar*, University of Oklahoma Press, Norman, Oklahoma.

GALINDO VILLASANA, Ramón (1997), *Matrícula de tributos*, Secretaria de Hacienda y Credito Público, México D.F.

HOSLER, Dorothy (1994), *The Sounds and Colors of Power*, The MIT Press, Cambridge, Mass.

KLEIN, Cecelia (2007), Teotecuitlatl « Divine Excrement » : the significance of « holy shit », dans Ancient Mexico, Art Journal. [http://findarticles.com/p/articles/mi_m0425/is_n3_v52/ai_14538980/print].

SAHAGÚN, Fray Bernardino de (1950-1982), *Florentine Codex : General History of the Things of New Spain*, 13 vol. (12 livres). Traduit par A.J.O. Anderson et C.E. Dibble, School of American Research and University of Utah, Salt Lake City.

SAVILLE, Marshall H. (1920), « The Goldsmith Art in Ancient Mexico », *Museum of the American Indian, Heye Foundation, Indian Notes & Monographs*, n° 8, NY.

L'or et la conquête espagnole

La boucle est bouclée et nous revenons à notre point de départ, l'éblouissement des Espagnols devant le monde de richesses et d'or qu'ils ont découvert au Mexique. Et Motecuhzoma, le dirigeant suprême des Aztèques, à la fois curieux et craintif face à cette poignée d'hommes barbus et à cheval, leur a fait maints présents avant de comprendre qu'il était trop tard et que Cortés n'était pas le dieu Quetzalcoatl :

« Ils déposèrent devant eux des serpentins d'or, des serpentins de plumes de quetzal et des colliers d'or. Et quand ils leur eurent donné le cadeau, ils semblèrent sourire, se réjouir démesurément et prendre grand plaisir. Comme des singes, ils se jetèrent sur l'or. C'est comme s'ils étaient satisfaits et rassasiés. Car en réalité ils avaient une soif insatiable d'or ; ils s'en gavaient, en avaient soif et faim comme des porcs[8]. »

Pectoral anthropomorphique représentant Xiuhtecuhtli, le dieu du feu

Mixtèque, ca 1500, Museo de las Culturas de Oaxaca, Oaxaca, Mexico
Conaculta-INAH, Inv. 10-105429, 6 cm x 4 cm x 1,5 cm
Photo : Michel Zabé

Instituto Nacional de Antropología e Historia — Consejo Nacional para la Cultura y las Artes

8. Sahagún, 1950-1982, Livre 12 : 31.

Mutatis Mutandis. La symbolique de la transmutation dans les figures votives muiscas

Roberto Lleras
Archéologue, directeur technique du Museo del Oro, Bogotá, Colombie

Traduit de l'espagnol par Louis Jolicœur

Lorsque les conquistadores espagnols arrivent sur les terres habitées par les Muiscas, dans la cordillère orientale de l'actuelle Colombie, ils entendent parler d'un puissant prêtre ou chef, appelé Popón, célèbre pour son habileté à se transporter dans les airs et à parcourir ainsi de grandes distances, comme seul pourrait le faire un oiseau (Londoño, 2001). Ailleurs, les conquistadores entendent des récits sur ce qu'ils appelleront des sorciers ou des ensorceleurs, qui se transforment en jaguars pour attaquer et dévorer leurs ennemis (Pineda, 2002). Ces histoires de chamans capables de se transformer en divers animaux, plus fréquentes et terrifiantes que ce que les chrétiens auraient souhaité, ont toujours été imputées au démon que l'on croyait être la source de ces pouvoirs (Simón, 1626/1982).

La notion de la transmutation est l'un des piliers de la cosmovision chamanique. Elle semble dériver de l'idée que tous les êtres, hommes, animaux et plantes, participent des mêmes principes constitutifs, comme l'expliquent les Uwa de la cordillère orientale de Colombie (Osborn, 1990). La possibilité que les chamans puissent, comme ils l'affirment, se transformer en jaguar, en oiseau, en chauve-souris ou en serpent fait partie de l'ensemble des pouvoirs spéciaux que possèdent ces personnages. La documentation portant sur la mythologie de lieux comme l'Amazonie fait état de nombreux cas de transmutation, démontrant que cette idée est profondément associée aux mythes d'origine (Urbina, 1998). Les études ethnographiques effectuées au sein des communautés contemporaines démontrent qu'en général les processus de transmutation ont lieu en état de transe hallucinatoire (Pineda, 2002). C'est lors de ces rituels, au moment où le chaman ingère des substances hallucinogènes appelées enthéogènes et entreprend son vol extatique, que sa peau et son identité peuvent se modifier et le convertir en un être différent : un grand prédateur, un animal nocturne, un puissant oiseau ou un tout petit ver, conservant toutes les facultés propres à ces animaux, y compris celle de voir le monde à partir de ces nouvelles perspectives (Arhem, 1996).

Voilà pourquoi les traits et les attributs de certains animaux jouent un rôle si important dans le costume rituel des chamans préhispaniques et en constituent, encore aujourd'hui, les caractéristiques les plus évidentes (Pineda, 2002). Outre les costumes comme tels, certains objets particuliers semblent également avoir joué un rôle important dans la transmutation. Bâtons, instruments de musique, amulettes et figures agissent comme éléments auxiliaires du chaman dans les états d'extase qui accompagnent ses mutations (Reichel-Dolmatoff, 1988). Il n'est donc pas étonnant que ces éléments, présents dans le rituel de la transmutation, en expriment également le processus. En général, cela se produit au moyen d'une iconographie complexe qui peut, en dernière instance, se réduire à quelques icônes de base qui se répètent et se multiplient dans des temps et des espaces très divers (*ibid.*).

Dans la métallurgie préhispanique du territoire de l'actuelle Colombie, le thème de la transmutation apparaît assez fréquemment, mais ses manifestations sont différentes dans chaque tradition ou dans chaque style. Dans la Sierra Nevada de Santa Marta, pendant la période tairona, on reproduit la forme d'un quadrupède à deux extrémités, l'une étant une

◂ **Mosaïque de figurines votives illustrant la transmutation**
Voir la description des images à la page 106.

tête de grenouille et l'autre, une tête de félin; dans la vallée de Magdalena, le style tolima présente une grande quantité d'insectes fantastiques et de poissons avec des ailes d'oiseaux; dans les plaines de la zone caribéenne, de nombreux groupes métallurgiques arborent des représentations d'hommes avec des corps de crustacés ou des cuisses de grenouille; et dans la période tardive des Quimbayas de la vallée du Cauca, des croix pectorales exhibent des êtres mi-hommes mi-lézards, pour ne mentionner que quelques exemples parmi les plus remarquables (Lleras, 2003). Toutefois, c'est le thème de l'homme-oiseau qui semble le plus fréquent parmi les transmutations chamaniques présentes dans la métallurgie précolombienne de la Colombie. L'étude approfondie de Reichel-Dolmatoff (1988) recense de multiples expressions de l'icône de l'homme-oiseau dans l'iconographie métallurgique.

Les figures votives muiscas produites dans la cordillère orientale entre 600 et 1550 de notre ère constituent l'un des ensembles les plus variés et expressifs en matière d'iconographie. Le répertoire de figures comprend huit grands groupes: des femmes, des hommes, des anthropomorphes asexués, des scènes, des animaux, des objets d'usage personnel, des objets domestiques et d'autres objets indéterminés. Parmi les trois premiers groupes, certaines figures se distinguent par les objets qu'elles tiennent, leurs costumes et leurs postures. Certaines scènes mettent en présence une ou plusieurs personnes dans des situations ou des cadres particuliers. Parmi les animaux, on trouve différentes espèces, en particulier des serpents et des jaguars. Les objets incluent de nombreux ustensiles, des armes et différentes parures (Lleras, 1999).

La distribution, la chronologie, les associations, la technologie et la signification de ce singulier ensemble de figures votives ont été discutées en profondeur dans un autre texte (*ibid.*). Je me limiterai ici à explorer l'aspect de la transmutation exprimée par quatre séries particulières de figures. Les figures qui constituent ces séries ne sont pas issues d'un même contexte archéologique, mais proviennent plutôt de différents sites et sans doute aussi d'époques différentes à l'intérieur de la période muisca. Leur dénominateur commun est leur fonction votive à l'intérieur d'ensembles distincts et le fait d'appartenir au même style métallurgique. La disparité des figures, loin de constituer un inconvénient, confirme que les idées de transmutation sous-jacentes à ces formes de représentation ne constituaient pas des cas isolés, mais existaient dans un vaste cadre spatiotemporel.

Les séries auxquelles nous faisons ici référence sont composées de figures qui relient, dans des suites de transmutation, les paires suivantes: 1) hommes et félins; 2) hommes et serpents; 3) serpents et félins; 4) serpents et cerfs. Chaque série est constituée de paires de figures, chacune arborant ses traits propres, lesquels représentent les extrêmes de la transmutation (par exemple, le serpent arborant des traits de serpent et l'homme arborant des traits d'homme dans la série de transmutation homme-serpent). Chaque série est également constituée d'un nombre variable de figures possédant des traits acquis qui sont des étapes intermédiaires de la transmutation (par exemple, le cerf arborant des traits de serpent et le serpent arborant des traits de cerf dans la série de transmutation serpent-cerf). Le schéma présenté ci-contre permet de mieux comprendre la constitution de chaque série et les liens entre chacune.

L'existence de ces multiples séries de représentations du processus de transmutation entre hommes et animaux expose une situation nettement plus complexe que ce que la littérature anthropologique permet d'entrevoir au sujet de la transmutation chamanique. Pour trouver des éléments de réponse à la symbolique de cet ensemble, il peut être utile de revenir à ce que nous savons sur les animaux représentés dans la mythologie ainsi que sur le sens du rituel chez les Muiscas.

Les chefs muiscas avaient à leur suite quelques félins, des jaguars, ou plutôt des pumas, qui les accompagnaient à titre de symboles d'autorités lorsqu'ils s'adressaient au peuple (Londoño, 2001). Les chefs portaient même des noms associés aux félins (Pineda, 2002). Le serpent est associé à un des mythes d'origine du peuple muisca, selon lequel une femme et un enfant, qui auraient émergé de la lagune d'Iguaque, y seraient revenus changés en serpents, après avoir peuplé la terre (Simón, 1626/1982). Les

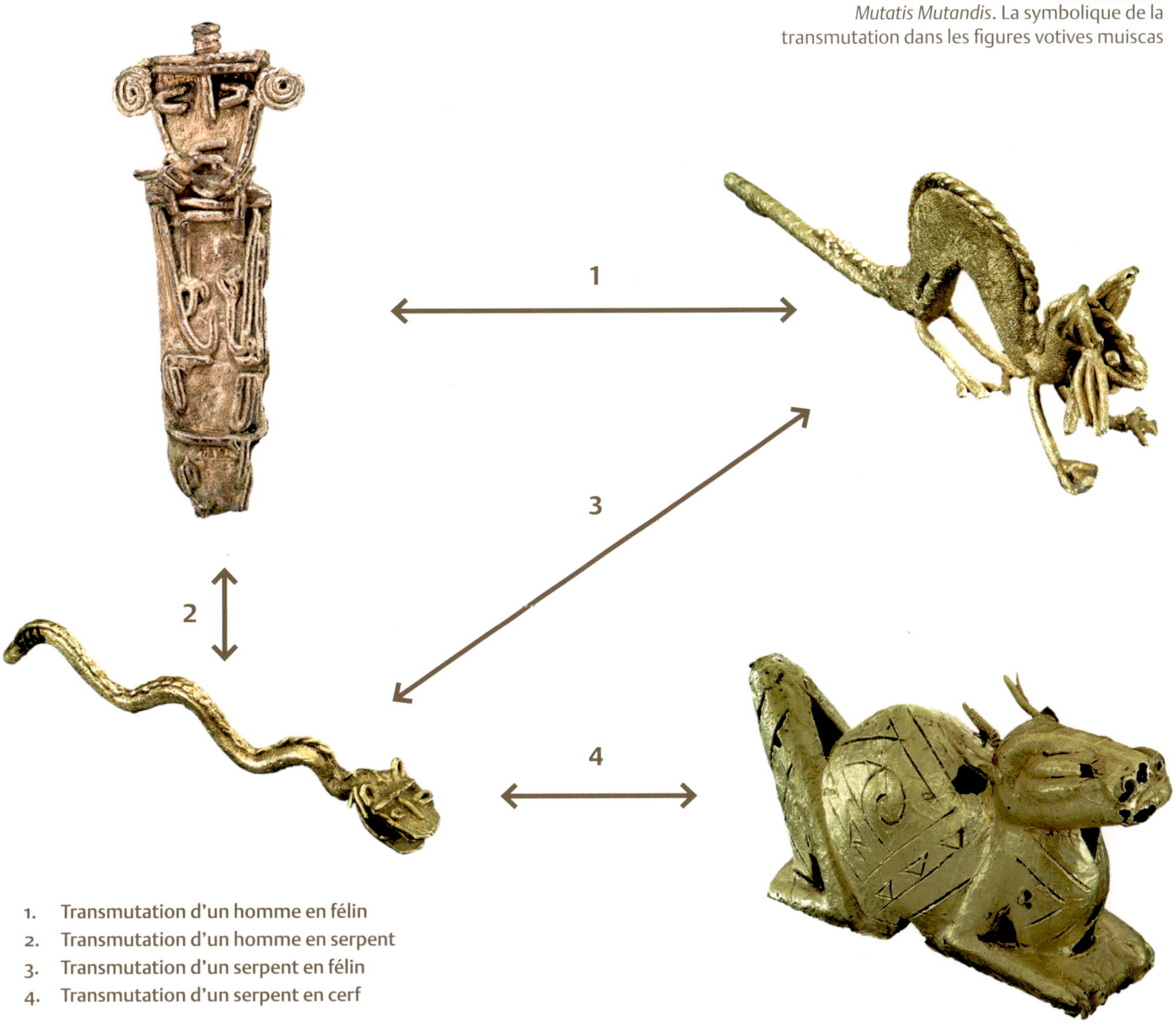

1. Transmutation d'un homme en félin
2. Transmutation d'un homme en serpent
3. Transmutation d'un serpent en félin
4. Transmutation d'un serpent en cerf

cerfs étaient considérés comme du gibier que seuls les chefs pouvaient consommer (*ibid.*). Le nom pour *cerf* en langue muisca, *Boy chica*, est le même que celui qui décrit le héros civilisateur, le maître de l'agriculture.

Les trois animaux avec lesquels l'homme est associé dans les séries muiscas de transmutation ont des qualités particulières qui les inscrivent dans une catégorie spéciale d'animaux chamaniques susceptibles d'être objets de transmutations. Mais cela ne suffit pas à expliquer l'existence des séries, telles que nous les avons observées. À l'évidence, elles représentent une sélection particulière des transmutations possibles dans la pensée muisca. D'une part, il y a des absences significatives : la transmutation homme-oiseau ne figure pas dans les séries de figures votives : pour une raison ou une autre, elle s'exprime plutôt par le costume. L'ours, autre animal chamanique dont la peau était utilisée par les prêtres (Londoño, 2001), n'apparaît pas dans la métallurgie. D'autre part, certaines présences sont très significatives : les séries serpent-félin et serpent-cerf sont l'expression de transmutations qui excluent l'homme.

Contrairement à ce que nous pourrions penser, l'homme n'est pas l'axe principal des séries de transmutations, puisque le félin agit lui aussi comme pôle dans deux séries. Par contre, le serpent les domine tous deux, car on le retrouve au centre de trois séries. Le cerf, pour sa part, n'est présent que dans une seule série. Il y a également des séries possibles mais inexistantes : le cerf ne se transforme pas en félin et l'homme ne se transforme pas en cerf, ou vice versa. Si telles sont les règles des transmutations et des liens possibles entre chacune d'elles, quelles sont alors les bases mythologiques et symboliques de ces processus ?

Il est probable que ces séries iconographiques de transmutation font référence à la permanence d'une époque mythique où les mutations entre espèces étaient la norme. Cette époque, où Bachue devenait le serpent et Bochica, le cerf, permettait de créer des trames de vie. C'était également un temps où l'homme était une espèce parmi d'autres et ne se trouvait donc pas au centre du cosmos, mais bien au même niveau que les félins et les serpents. Si l'on accepte cette hypothèse, et si l'on prend en compte le caractère même de l'offrande, qui constitue essentiellement un recours pour conserver l'équilibre du cosmos (Lleras, 1999), nous avons une explication plausible de l'apparition de ces séries iconographiques de transmutation dans les figures votives.

Les séries de transmutation devaient certainement constituer des offrandes avec lesquelles on cherchait à rétablir l'équilibre parfait, celui du temps originel. En recréant à l'aide des séries iconographiques les transmutations multiples entre hommes et animaux, l'époque à laquelle chacun souhaitait retourner pouvait être ressuscitée dans une dimension symbolique et religieuse. La transmutation acquiert ainsi son véritable sens. Il ne s'agissait pas d'un processus libre et accessible au gré de tout un chacun, fût-il chaman. La transmutation changeait ce qui devait changer, rendait possible le retour des lois originelles qui, par ailleurs, n'avaient plus prise sur le monde réel, ce qui expliquait l'existence des maladies, des pertes de récoltes, des attaques de voisins hostiles. La recréation des transmutations originelles, peut-être offertes à l'aube dans quelque froide lagune oubliée, ouvrait une porte sur un monde ancien dont il y avait tant à apprendre.

Bibliographie

ARHEM, Kaj. (1996), « Cosmic Food Web. Human-Nature Relatedness in the Northwest Amazon », *Nature and Society. Anthropological Perspectives*, Londres.

LLERAS, Roberto (1999), « Pre-Hispanic Metallurgy and Votive Offerings in the Eastern Cordillera, Colombia », *BAR, International Series*, n° 778, Oxford.

__________ (2003), « La metalurgia prehispánica en el norte de Suramérica : una visión de conjunto », *51 Congreso Internacional de Americanistas*, Santiago du Chili.

LONDOÑO, Eduardo (2001), « El proceso de Ubaqué de 1563 : la ultima ceremonia religiosa pública de los muiscas », *Boletín Museo del Oro*, n° 49, Bogotá.

OSBORN, Ann (1990), « Comer y ser comido. Los animales en la tradición oral de los Uwa », *Boletín Museo del Oro*, n° 26. Bogotá.

PINEDA, Roberto (2002), « El laberinto de la identidad. Símbolos de transformación y poder en la orfebrería prehispánica de Colombia », *Los espíritus, el oro y el chaman*, Fundación La Caixa, Salamanque.

REICHEL-DOLMATOFF, Gerardo (1988), *Orfebrería y chamanismo. Un estudio iconográfico del Museo del Oro*, Editorial Colina, Bogotá.

SIMÓN, Fray Pedro (1626/1982), *Noticias historiales de las conquistas de tierra firme en las Indias Occidentales*, Banco Popular, Bogotá.

URBINA, Fernando (1998), « Amazônia mítica », *O mar, eterno retorno. Ourivesaria Pré-Hispanica da Colômbia*, Museu Calouste Gulbenkian, Lisbonne.

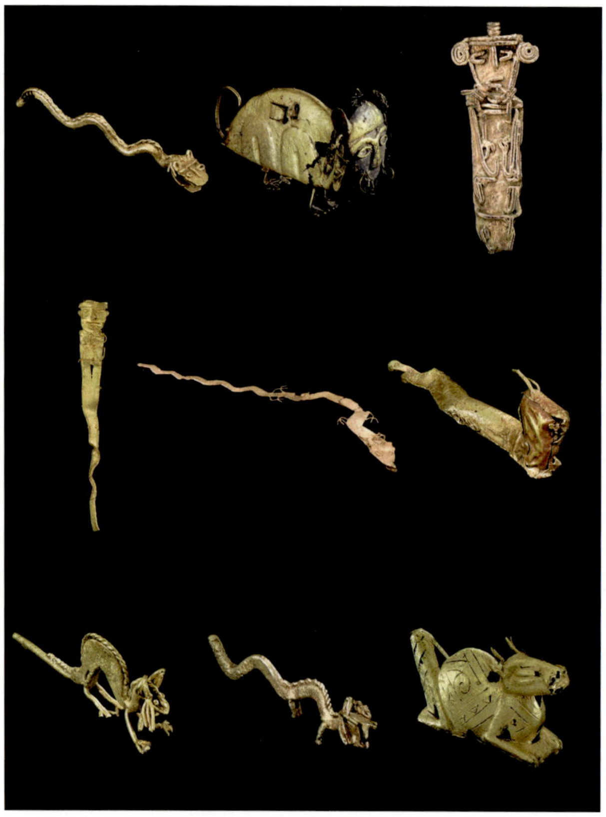

Mosaïque de figurines votives illustrant la transmutation

Muisca, 400-1700 apr. J.-C.
Museo del Oro, Bogotá, Colombie
Photos : Clark Manuel Rodriguez, Museo del Oro

De gauche à droite et de haut en bas :

Figurine votive en forme de serpent
Lo : 8 cm, Inv. O01975

Figurine votive en forme de félin au visage humain
H : 5,7 cm Lo 10 cm, Inv. O01115

Figurine votive en forme d'homme
H : 5,7 cm La : 2,2 cm, Inv. O02036

Figurine votive en forme d'homme au corps de serpent
H : 11,3 cm La : 1,6 cm, Inv. O06353

Figurine votive en forme de serpent avec des bras
Lo : 17,3 cm, Inv. O23624

Figurine votive en forme de cerf avec un corps de serpent
H : 1,5 cm Lo : 5 cm, Inv. O02314

Figurine votive en forme de félin
H : 2,3 cm Lo : 5,8 cm, Inv. O06303

Figurine votive en forme de félin au corps de serpent

Inv. O33055

Figurine votive en forme de cerf

Lo : 4,5 cm, Inv. O33055

Une pièce de vêtement rituel mochica

Santiago Uceda Castillo
Archéologue, directeur du projet archéologique Huaca de la Luna, Universidad Nacional de Trujillo

Traduit de l'espagnol par Louis Jolicœur

Détails des fresques de la cour intérieure de la Huaca de la Luna
Photo : Santiago Uceda Castillo, 2007

LE SITE DU TEMPLE du Soleil et du temple de la Lune est un complexe archéologique d'environ 60 hectares, situé à proximité de la ville moderne de Trujillo au Pérou, où s'élèvent deux monuments en forme de pyramides à degrés entre lesquels s'étend une dense trame urbaine. Les excavations, commencées en 1991, ont pour objectif d'étudier la séquence occupationnelle, la structure et les fonctions des diverses composantes.

Les études portant sur le temple de la Lune ont permis de distinguer cinq édifices superposés, couvrant presque six siècles d'occupation mochica. Ces couches d'édification font partie d'un processus de renouvellement du pouvoir de la société mochica (Uceda, 1997). En outre, les reliefs qui couvrent la façade, les espaces intérieurs de l'édifice et les découvertes enregistrées sur le site indiquent clairement qu'il s'agit d'un temple où étaient célébrées diverses cérémonies, dont le rituel des sacrifices humains (Uceda et Tufinio, 2003). Ces cérémonies, ainsi que l'enfouissement des temples, servaient de mécanismes

Autres détails des fresques de la Huaca de la Luna
Photo : Santiago Uceda Castillo, 2007

Vêtement rituel Mochica en forme de peau de félin, découvert sur le site Huaca de la Luna au Pérou ▸
Universidad Nacional de Trujillo
Pérou, Projet Huaca de la Luna
Inv. PHLL-56 INC-03, H : 67 cm
La : 31 cm Ep : 11 cm
Photo : Steve Bourget

de légitimation du pouvoir politique et du rôle des élites au sein de la société mochica.

La pièce d'habit rituel mochica présentée ici a été découverte pendant les excavations du remblai qui couvre l'édifice D, sur la plateforme I du temple de la Lune. Six éléments ont été trouvés sur le dessus et autour de la tombe 18, auxquels les archéologues (Tufinio, 2004) ont donné le nom de « témoins ». À notre avis, le témoin 4[1] est un panier de roseaux associé à la tombe, ou une offrande reliée à l'enfouissement rituel du temple (l'édifice D de notre séquence de construction de ce temple, Uceda et Canziani, 1998).

La récupération des matériaux placés sur le tissu à l'intérieur du panier de roseaux s'est déroulée par couches, comme lors d'une excavation en laboratoire, mais on n'a pu observer aucun ordre qui puisse indiquer qu'ils aient fait partie d'un ensemble plus complexe. La seule exception est la pièce de tissu ornée de plaquettes d'or et d'autres matériaux, représentant la peau et le visage en relief d'un félin.

Lorsque cette pièce a été découverte, il ne manquait que quelques parties du corps du félin, et la tête avait été aplatie par le poids des sédiments. Sans entrer dans des détails trop techniques, précisons que cet objet comporte quatre éléments principaux. La structure de base est constituée d'une peau d'animal, coupée de telle sorte qu'on y distingue la forme générale de l'objet (une peau de félin étirée). Cette peau taillée est recouverte de chaque côté d'une toile sur laquelle sont cousus des disques métalliques de formes diverses, permettant de créer l'allure générale et le motif de cette parure vestimentaire. Les pièces métalliques les plus évidentes sont les quatre pattes, sans doute fabriquées à partir de moules au moyen de la technique du repoussé. Les taches de la peau du félin sont formées de plaques métalliques en forme de paillettes, échelonnées en escalier, et des plumes noires et jaunes insérées là où des paillettes étaient absentes. Un disque de métal peint au cinabre orne le bout de la queue.

1. Le témoin n° 4 était situé à 90 cm au-delà du sol de l'édifice D et à 60 cm du MA1. C'est entre les quadrilatères 1CQ et 1CR que le témoin le plus important a été trouvé. Il s'agit d'un panier de 60 x 46 x 45 cm, fait de plaques de bois de roseaux reliées au moyen de cordelettes de coton. À l'intérieur, sur un tissu rembourré de coton et décoré de plumes noires et jaunes en forme de volutes, on a trouvé divers objets en or laminé, ainsi qu'un morceau de tissu décoré de plumes et un vêtement en forme de peau de félin.

Chacchadores
Illustration de la consommation rituelle de la coca.
Linden Museum, Stuttgart
Photo : Christopher B. Donnan

La forme de la tête, fabriquée en résine d'arbre, est une pièce ajoutée à la structure initiale de cuir et de toile. La bouche de l'animal est ouverte et montre des dents faites d'un coquillage de type *conus*. La langue et le palais sont fabriqués d'une seule pièce creuse en cuivre. Les yeux sont faits du même coquillage alors que deux pierres noires forment les pupilles. S'ajoutent à ces éléments, un anneau sur le museau de l'animal ainsi qu'une mentonnière faite de plaquettes d'or coupées et moulées. Sur la partie supérieure de cette pièce, on a cousu des cordons de toile rembourrés de coton, qui servaient à attacher la pièce de vêtement lorsqu'elle est portée sur le dos.

Le vêtement d'apparat dans le rituel du sacrifice humain chez les Mochica

Quelle était la fonction de ce vêtement d'apparat dans la société mochica ? Une des scènes de l'art iconographique mochica montre des personnages mythiques et des prêtres remettant et recevant ce vêtement lors d'un rituel évoquant la mastication de la coca. Dans un autre article, nous avons soutenu que cette scène est intimement liée au thème des sacrifices humains, ainsi qu'au combat rituel (Uceda, 2004).

Les études iconographiques récentes reliées au thème du sacrifice humain révèlent une séquence qui débute avec un combat et se poursuit avec la capture du prisonnier, le défilé du prisonnier nu, la préparation de ce dernier et son exécution. On tranche la gorge du prisonnier et son sang est récupéré dans des coupes sur lesquelles sont représentés des personnages vêtus comme l'une des divinités. Ces séquences, avec des variantes ou certaines figures en moins, décrivent le rituel des sacrifices humains chez les Mochica, bien que divers aspects fassent encore l'objet de discussion.

Rafael Larco est le premier à avoir émis l'hypothèse selon laquelle ces sacrifiés provenaient des peuples conquis par les Mochica. Certains archéologues ont abondé dans le même sens et attribué à l'État mochica un caractère militaire expansionniste (Moseley, 1992 ; Lumbreras, 1969, etc.). Récemment, K. Makowski (1997) et Luis Jaime Castillo et Ulla Holmquist (2000) ont soutenu que les sacrifiés provenaient plutôt d'une bataille rituelle. D'autre part, des études d'ADN mitochondrial ont été réalisées par le Département d'anatomie et de physiologie de la Saga Medical School du Japon, sur un groupe de squelettes appartenant à des sacrifiés et des prêtres enterrés au temple de la Lune, ainsi que sur d'autres individus enterrés dans les résidences situées entre les deux temples. Ces études indiquent qu'à l'exception d'un cas il s'agit d'individus appartenant au même groupe ethnique et partageant même des liens de consanguinité depuis plus de cinq générations (Shimada et autres, 2002, 2006). Cette étude implique une série de conséquences reliées non seulement à l'origine des sacrifiés, mais également à la structure même de la société mochica.

Premièrement, il faut tenir pour acquis que les sacrifiés provenaient du même groupe mochica. Il s'agit donc de scènes de batailles rituelles entre différents groupes ou sous-groupes d'individus partageant une même réalité territoriale, sociale et politique, telle qu'on la retrouve dans de nombreuses sociétés andines tardives et même actuelles. Deuxièmement, le sacrifice n'est pas une démonstration de pouvoir, comme c'était le cas dans les sociétés où la capture de prisonniers se faisait entre communautés voisines mais différentes. Dans ce cas-ci, il s'agit plutôt d'une offrande de la communauté à ses dieux. Cette offrande se traduit comme un mode de communication et de cohésion au sein du groupe et envers les dieux et les dirigeants. Troisièmement, s'il s'agit d'individus partageant des liens de consanguinité depuis cinq générations, on peut estimer qu'il y aura là aussi des conséquences sociales et politiques supplémentaires.

Cette bataille rituelle ne servait pas seulement à « choisir » la victime du sacrifice ; elle devait également avoir pour fonction de catalyser les conflits propres à des sociétés hautement stratifiées, comme la société mochica. Ce vêtement emblématique est identique à ceux qui apparaissent dans la scène évoquant la mastication de la coca, où une divinité (le jumeau marin, selon K. Makowski) porte à l'épaule cet emblème.

Dans d'autres scènes, le même emblème est représenté sur le dos d'un guerrier, passant de la main des dieux au guerrier victorieux, ce qui nous porte à croire qu'il s'agit là d'un des actes faisant partie du rituel du sacrifice humain, par lequel s'établissait un mécanisme d'ascension sociale visant à atténuer les conflits sociaux (Uceda, 2004).

L'importance de cette découverte tient au fait qu'elle nous a permis de réinterpréter quelques séquences narratives de l'iconographie mochica (Uceda 2004) et ainsi de démontrer que les représentations iconographiques évoquent des rituels fondamentaux de la structure de pouvoir de cette société.

Guerriers portant le costume rituel en forme de peau de félin

Vase en céramique
Cleveland Museum of Art
Photo : Christopher B. Donnan

Bibliographie

CASTILLO, Luis Jaime, et Ulla HOLMQUIST (2000), « La ceremonia del sacrificio mochica, en el Museo Arqueológico Rafael Larco Herrera », *Revista de Arqueología*, 11 (232) : 54-61, Madrid.

LUMBRERAS, Luis Guillermo (1969), *De los pueblos, las culturas y las artes del antiguo Perú*, Lima, Moncloa-Campodónico, Editores Asociados.

MAKOWSKI HANULA, Krzysztof (1997), « La guerra ritual », *Perú El Dorado*, 9 : 62-71. Lima, PromPerú.

MOSELEY, Michael E. (1992), *Incas and their Ancestors. The archaeology of Peru*, Londres, Thames and Hudson Ltd.

SHIMADA, Izumi, Ken-ichi SHINODA, Steve BOURGET, Walter ALVA et Santiago UCEDA (2002), *mtDNA Análisis of Mochica and Sicán Populations of Pre-Hispanic Perú.* Conference « Biomolecular Archeaology : Genetic Approaches to the Past », Center for Archeological Investigations, Southern Illinois University, Carbondale.

SHIMADA, Izumi, Ken-ichi SHINODA, Steve BOURGET, Walter ALVA et Santiago UCEDA (2006), « Estudios arqueogenéticos de las poblaciones prehispánicas mochica y sicán », *Arqueología y Sociedad*, 17 : 223-254. Museo de Arqueología y Antropología. Lima, Centro Cultural de San Marcos, Universidad Nacional Mayor de San Marcos.

TUFINIO, Moisés (2004), « Excavaciones en la Unidad 12a (ampliación norte), Plataforma I, Huaca de la Luna », dans *Investigaciones en la Huaca de la Luna 1998-99*, S. Uceda, E. Mujica y R. Morales (ed.), Trujillo, Facultad de Ciencias Sociales de la Universidad Nacional de Trujillo, p. 21-39.

UCEDA C., Santiago (1997), « Le pouvoir et la mort dans la société Moche », dans *À l'ombre du Cerro Blanco, nouvelles découvertes sur la culture Moche, côte nord du Pérou*, C. Chapdelaine (dir.), *Les Cahiers d'anthropologie* 1, 101-116, Département d'anthropologie, Université de Montréal.

UCEDA C., Santiago (2004), « Los sacerdotes del Arco Bicéfalo ? tumbas y ajuares hallados en Huaca de la Luna y su relación con los rituales Moche », dans *Informe Técnico 2003*, Proyecto Arqueológico Huaca de la Luna, S. Uceda, R. Morales (ed.), Facultad de Ciencias Sociales de la Universidad Nacional de La Libertad – Trujillo, p. 237-259.

UCEDA, Santiago y José CANZIANI (1998), « Análisis de la secuencia arquitectónica y nuevas perspectivas de investigación en Huaca de la Luna », dans *Investigaciones en la Huaca de la Luna 1996*, S. Uceda, E. Mujica y R. Morales (ed.), Trujillo, Facultad de Ciencias Sociales de la Universidad Nacional de La Libertad – Trujillo, p. 139-158.

UCEDA Santiago y Moisés TUFINIO (2003), « El complejo arquitectónico religioso Moche de Huaca de la Luna ? Una aproximación a su dinámica ocupacional », dans *Moche ? hacia el final del milenio.* Actas del Segundo Coloquio sobre la Cultura Moche (Trujillo, 1 al 7 de agosto de 1999), Santiago Uceda y Elías Mujica (ed.), t. II. Lima, Universidad Nacional de Trujillo y Pontificia Universidad Católica del Perú, p. 179-228.

Chercheur de phases
de Grand corps malade tiré de l'album *Midi 20*, 2006

**Lui il a traversé tout le pays pour atteindre le Grand Ouest,
Équipé d'un vieux fute, d'un gros sac et d'une veste,
Il se prend pour un aventurier, à raison ou à tort,
Il est parmi tant d'autres un simple chercheur d'or.**

**Il retourne toutes les rivières en secouant son tamis,
Il traque la moindre lueur, il en rêve même la nuit,
Il soulève chaque caillou pour voir ce qu'il y a en dessous,
Il lui arrive même de chercher jusqu'à s'en rendre saoul.**

**Il ausculte tous les grains de sable pour dénicher la pépite,
Il sait prendre son temps, ne jamais aller trop vite,
Quand il rentre chez lui, je te jure qu'il cherche encore,
Ses yeux sont des radars, c'est un vrai chercheur d'or.**

**Ça lui a pris un beau jour en voyant les autres partir,
Il s'est dit pourquoi pas moi, je pourrai peut-être m'enrichir,
Et puis parcourir le monde avec mon sac à dos,
C'est peut-être au bout du compte le plus beau des cadeaux.**

**Quand il trouve un peu d'or, pour lui plus rien n'existe,
Il ne voit plus, n'entend plus, il est comme un autiste,
Alors il en veut plus, il chercherait jusqu'à sa mort,
Il est parmi tant d'autres un simple chercheur d'or.**

[...]

CHAPITRE **5**

LES RUÉES

La ruée vers l'or de Californie : capture de l'Eldorado et rédemption de la Californie

PAUL-CHRISTIAAN KLIEGER, PH. D., anthropologue et conservateur en chef de la division d'histoire
Oakland Museum (Californie)

La ruée vers l'or du Klondike (1897-1898)

MICHAEL GATES, muséologue et archéologue, Parc historique national du Yukon

Les ruées au Québec

JOSÉ LOPEZ ARELLANO, anthropologue, chef du Comité scientifique de l'exposition, Musée de la civilisation

l'or des fous

YVES CHRÉTIEN, HÉLÈNE CÔTÉ, RICHARD FISET ET GILLES SAMSON, archéologues
Commission de la capitale nationale du Québec

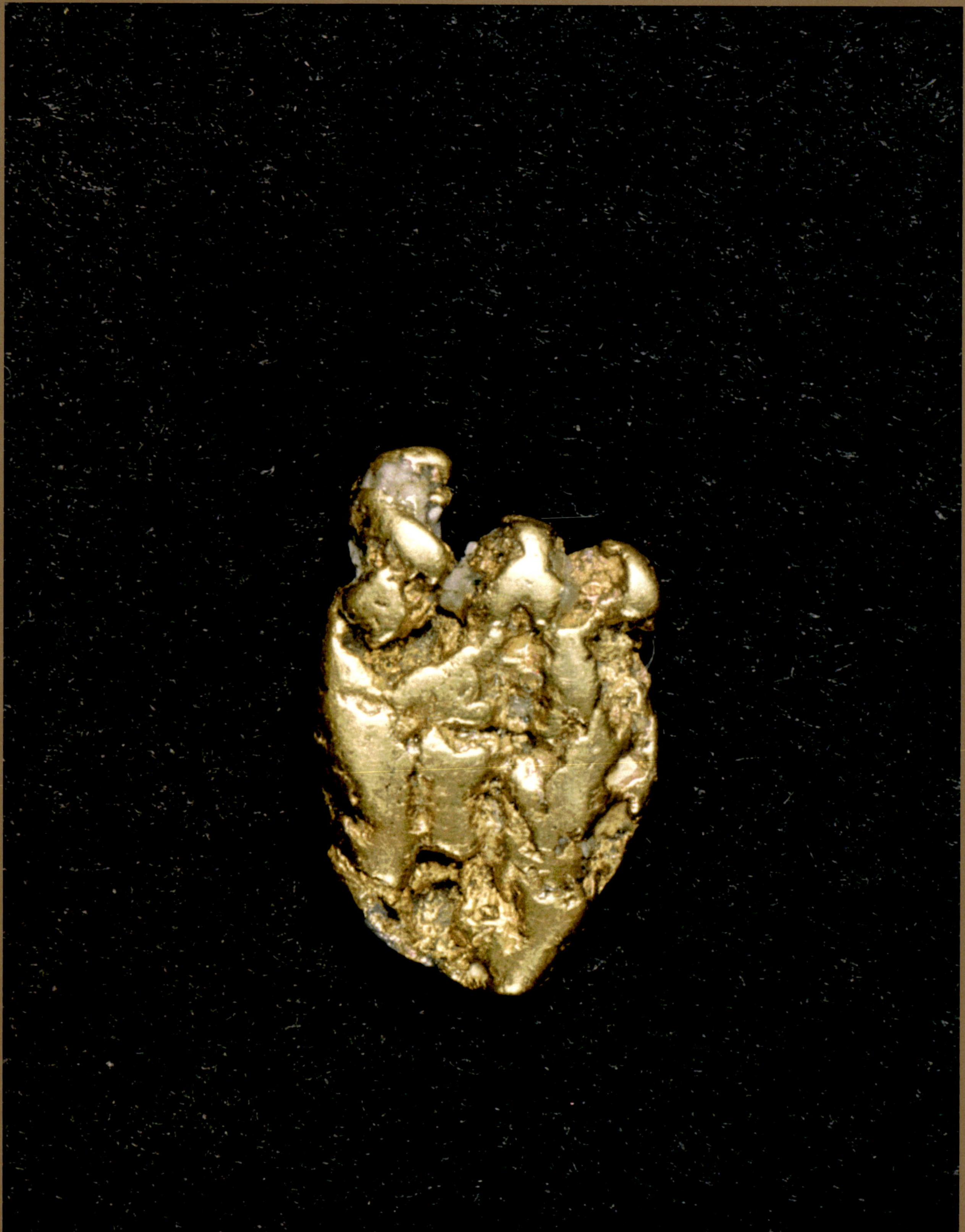

La ruée vers l'or de Californie : capture de l'Eldorado et rédemption de la Californie

PAUL-CHRISTIAAN KLIEGER
Anthropologue et conservateur en chef de la division d'histoire, Oakland Museum (Californie)

Traduit de l'anglais par Madeleine Stratford

À L'ORIGINE, LA CALIFORNIE FAISAIT partie de la dernière colonie espagnole établie au Nouveau Monde. Le 24 janvier 1848, alors que la Californie ne compte plus que neuf couchers de soleil mexicains à contempler, Peter Wimmer et James Marshall ramassent une scintillante pépite dans l'American River lorsqu'ils aident John Sutter à construire sa scierie à Coloma, près de l'actuelle Sacramento. En un instant, l'avenir de la somnolente province mexicaine de Californie change à tout jamais. Le journaliste Sam Brannan, important citoyen de la petite ville de San Francisco, ne tarde pas à crier sur tous les toits la nouvelle de la découverte. La ruée vers l'or de la Californie commence. En quelques mois, des dizaines de milliers d'« Argonautes » du monde entier entreprennent le long voyage vers la Californie, peuplant cette région isolée en un clin d'œil. La chance semble sourire aux États-Unis, car, après 300 ans d'autorité espagnole et mexicaine, une autorité fondée sur la quête de richesses, en particulier d'or, la Californie paraît enfin s'être rachetée aux yeux des Yankees, qui plus est de la main d'un des leurs, non pas de celle d'un Latino-Américain.

Neuf jours après la découverte, le Mexique perd la guerre mexico-américaine, et la Californie est annexée aux États-Unis par le traité de Guadalupe-Hidalgo. Dès 1850, l'immense région devient officiellement un État, communément appelé le « Golden State ». La ville de San Francisco éclot dans la foulée de la ruée vers l'or. En l'espace de quelques années seulement, le petit village de 800 habitants se métamorphose en une grande ville de 100 000 habitants, devenant rapidement la première ville de la côte ouest américaine. Tout cela est dû à la découverte d'or… du moins en apparence.

L'histoire de la ruée vers l'or et de la conquête de l'Ouest constitue un profond archétype américain, un aboutissement prédéterminé de la « destinée manifeste » de la République, tout cela reposant sur un beau jour d'hiver de 1848, dans une scierie isolée. Les chercheurs d'or ayant fait le long voyage vers la Californie entre 1848 et 1854 représentent à ce jour la plus grande vague d'immigration de l'histoire des États-Unis, avec environ 300 000 arrivants en quelques années. Par la suite, la Californie a poussé comme un champignon pour devenir, avec ses 36 millions d'habitants, l'État le plus peuplé et le plus riche du pays. La Californie serait la cinquième économie au monde si on la considérait comme un État-nation.

L'ironie semble un peu poussée, et avec raison. La « découverte » d'or en Californie en 1848 est comparable à la « découverte » du Nouveau Monde par Christophe Colomb. Tout comme l'Amérique était déjà habitée en 1492, on avait déjà vu de l'or en Californie avant 1848. La découverte dorée de Marshall a contribué à inscrire dans le discours historique dominant la transition apparemment sans heurts de la rebelle province mexicaine à l'estimable État yankee. Pourtant, l'histoire de la ruée vers l'or telle qu'elle a été rapportée par la presse populaire américaine de l'époque fournit des exemples clairs

◂ Première pépite d'or trouvée en Californie par Peter Wimmer et James Marshall, 1848

Photo : Courtesy of the Bancroft Library, University of California, Berkeley

Coffre en or, 1869-1878
Ce coffret, fait d'or et de quartz de Californie, présente, à l'intérieur de son couvercle, une scène en relief illustrant la colonisation de l'Ouest. Le chemin de fer transcontinental nouvellement construit traverse les plaines fertiles où des Autochtones s'adonnent à la chasse aux bisons.

A. Andrews ~ orfèvre
Inv. H76.56.1
H : 17,5 cm La : 22,5 cm P : 22,5 cm
Collection de l'Oakland Museum de Californie, don de Kenneth Brown

de la tension des relations interethniques, tension qui culmine avec la soi-disant « victoire » des Yankees sur les colonisateurs hispaniques et les populations amérindiennes frontalières. Comme le suggère Rohrbough, « ces héros (et quelques héroïnes) nationaux allaient faire de la Californie une terre américaine en remplaçant le catholicisme mexicain par le protestantisme américain, en supplantant la langue espagnole par l'anglais, et en substituant les valeurs et les institutions américaines à la culture mexicaine[1] ». Par l'inversion du mandat alchimique, l'or devient le moyen, plutôt que le produit, d'une extraordinaire transmutation sociale.

L'or des Aztèques

L'idée que les Amérindiens de la Californie « n'avaient rien à faire » des petites pépites d'or qu'ils voyaient sans aucun doute briller au fond des ruisseaux, le long du versant ouest de la Sierra Nevada, est un ethnocentrisme hérité du paradigme historique patriarcal anglo-américain ayant contribué à faire de la Californie un État. Il est évident que les grands empires amérindiens, comme ceux des Aztèques, des Mayas et des Incas, utilisaient l'or, particulièrement comme ornements cérémoniels ou personnels. Pour les Aztèques, il s'agissait de l'« excrément des dieux[2] », et ils l'échangeaient contre d'autres articles de luxe, comme des plumes de quetzal ou des turquoises. À l'époque, l'influence sociale des grands empires amérindiens de la vallée du Mexique devait se faire sentir à travers les affinités commerciales, linguistiques et socioculturelles depuis l'actuel État de Sonora jusqu'en Californie. Comme dans tous les empires, les richesses affluaient depuis la frontière jusqu'au centre, et les déserts de l'est de la Californie bordaient le Mexique amérindien sur presque toute sa longueur. Le commerce de l'or californien aurait-il pu bifurquer vers le sud ? Peut-être existe-il dans la tradition orale des Amérindiens de Californie des récits qui retracent l'histoire de l'utilisation et du commerce de l'or à la période du précontact.

1. Malcolm ROHRBOUGH, « No Boy's Play », dans Kevin Starr et Richard J. Orsi, *Rooted in the Barbarous Soil* (Berkeley : University of California Press, 2000), p. 30.
2. « The Aztec Empire : Noble Life and Everyday Life », *Arts Curriculum Online*, Guggenheim Museum.

L'exploitation minière espagnole et mexicaine

En dépit des conjectures, les premiers documents qui rendent compte, bien que de façon rudimentaire, de la présence d'or en Californie remontent aux années 1790. Ils racontent l'histoire de la mystérieuse mine de Lost Padres. Cette découverte aurait apparemment été faite dans les montagnes de San Emidio, au sud de Fort Tejon et au nord de l'actuel réservoir de Castaic, un peu moins de 50 km au nord de Los Angeles. Selon la légende, un ancien prospecteur débarque à Fort Tejon en 1862, transportant un lourd sac d'or qu'il dit avoir ramassé au sud du fort. Un Amérindien du nom de Tucoya lui raconte que, bien avant sa naissance, des Blancs sont venus dans son village, vêtus de longues robes ceinturées d'une corde. Voulant construire un haut fourneau à San Emidio Canyon, ils engagent le père de Tucoya et d'autres Amérindiens pour les aider à extraire le riche minerai d'or puis à le fondre en lingots. Chaque printemps, près d'une centaine de chevaux de bât et près d'une quarantaine d'hommes transportaient l'or vers le sud en franchissant la rivière du Colorado, jusqu'à une destination inconnue. Cela se poursuivit pendant des années jusqu'à ce que Tucoya soit assez vieux pour en être lui-même témoin. Le prêtre qu'il rencontra à la mine l'avertit de garder le secret. Un jour, une bande de Paiute attaque le village de San Emidio, tuant les prêtres et la plupart des Indiens. En 1862, Tucoya est le seul survivant de sa tribu. Il essaye de montrer à ses collègues l'emplacement de la mine et les amène à quelques kilomètres des fouilles, mais il est incapable d'aller plus loin : il ne peut se résoudre à violer le secret. À sa mort, Tucoya a emporté son secret avec lui. Depuis, personne n'a retrouvé la mine perdue[3].

Un autre chercheur révèle qu'en réalité cette région avait été exploitée par les Jésuites bien avant que les Franciscains y établissent leurs missions sous le père Junípero Serra. Selon lui, les Jésuites auraient fondé leurs premières missions en Basse-Californie autour de 1695. En 1767, Charles III, roi d'Espagne, bannit la Société de Jésus de tout le territoire impérial. Les Dominicains remplacent alors les Jésuites en Basse-Californie, tandis que les Franciscains reçoivent l'ordre de fonder des missions en Haute-Californie[4]. Selon Sparacino, les Jésuites ont fui vers l'Allemagne ou la Russie en laissant leur dernière réserve d'or en sécurité à l'intérieur de la mine de Lost Padres, la camouflant ensuite avec soin[5]. Le 29 octobre 1887, le journal *Pasadena Union* rapporte que les Amérindiens qui travaillaient à la mine se sont soulevés contre les religieux et ont effacé toutes traces de la mine[6].

Par la suite, quelques-unes des autres mines de la région ont été exploitées par des Franciscains. En 1820, un groupe dirigé par Santiago Feliciano explore la région de Castaic en remontant jusqu'à Hasley

Canyon. Là-bas, ils découvrent de l'or dans un camp qu'ils baptisent San Feliciano[7]. Entre 1834 et 1838, les gisements d'or voisins de San Francisquito et de Placerita Caceta sont exploités par des pères franciscains provenant des missions de San Fernando et de San Bueno Ventura. En 1832, Ewing Young trouve un haut fourneau pour l'or à San Emidio Canyon[8].

L'histoire classique de la présence d'or mexicain en Californie est la découverte faite en 1842 à Rancho San Francisco (Newhall Ranch), près de l'actuelle Santa Clarita dans Placerita Canyon. On n'en a peu parlé à l'époque – sage décision, sans doute, mais qui trahit peut-être l'influence sous-jacente du mythe de la mine de Lost Padres. On raconte que le gouverneur Juan B. Alvarado avait cédé un ranch au lieutenant mexicain Antonio del Valle. Approvisionné en bétail,

3. Virginia WEGIS, « Legend of the Lost Padres Gold Mines », *Daily Midway Driller*, 25 juillet 1979.
4. Kent LIGHTFOOT, *Indians, Missionaries, and Merchants*, Berkeley : UC Press, 2005, p. 52-53.
5. Peter SPARACINO [http://a1pro.net/~kb6dj/UpperC.htm].
6. Bob KERSTEIN, History of the famous Monte Cristo Gold Mine [www.encyberpedia.com/gold.htm].
7. Charles OUTLAND (1986), dans Leon Worden, *New Study Will Nag SCV Historians*, August 14, 1996 [www.scvhistory.com/scvhistory/signal/worden/lw081496.htm].
8. *Ibid.*

Revolver orné d'or

Colt, calibre 31, 1849
J.W. Tucker & Co., orfèvre
San Francisco, Californie
Collection Greg Martin
Photo : Douglas Sandberg

en moutons et en chevaux, le ranch était situé à la mission de San Francisco Javier, aujourd'hui nommée Castaic Junction. José Francisco de Gracia Lopez, oncle de la seconde femme de don Antonio, louait une partie des terres appartenant à son neveu, où il élevait son propre bétail. Le 9 mars 1842, à midi le jour de son 40e anniversaire, Lopez se trouve tout au fond du canyon de Los Encinos (Live Oak Canyon), en train de chercher un endroit où casser la croûte et faire un petit somme à l'ombre d'un vieux chêne. Pendant sa sieste, il rêve qu'il flotte sur un étang plein d'or. À son réveil, Lopez ramasse quelques oignons sauvages à l'aide de son couteau et s'étonne de découvrir de l'or accroché aux racines[9].

Lopez et ses associés ratissent les rives de la rivière où ils découvrent encore plus de métal jaune. Ils transportent leur butin vers Los Angeles et envoient une dépêche à Mexico. La Monnaie de Philadelphie vérifie la qualité de l'or, qui s'avère pur à 92,6 %. Une demande de *claim* est déposée auprès du gouverneur mexicain Alvarado, devenant ainsi la première attestation écrite de la découverte d'or dans la région. On peut même lire la nouvelle dans le *New York Observer* du 1er octobre 1842 : « Ils ont enfin trouvé de l'or près de San Fernando, où ils ramassent des pépites de la grosseur d'un huitième de dollar[10]. » Les milliers de Yankees restent toutefois intraitables : la Californie fait partie du Mexique. En revanche, des centaines de prospecteurs de Los Angeles et de Sonora s'attroupent à Cañón de Los Encinos, que l'on rebaptise Placerita Canyon. Le mot « placer », d'origine espagnole, désigne les dépôts de surface constitués de sable ou de gravier aurifère.

Entre 1842 et 1847, les mineurs de Placerita Canyon y extraient un peu plus d'une demi-tonne d'or. Le fils de don Antonio del Valle, Ygnacio, prend la tête des opérations minières de la région. En 1845, deux colons du nord de la Californie, John Sutter et John Bidwell, ainsi qu'une armée de mercenaires, sont recrutés par l'impopulaire gouverneur Micheltorena pour aider à briser l'insurrection de l'ancien gouverneur Alvarado, au sud de la Californie. À la suite de l'« opéra comique » de la bataille de Cahuenga dans la vallée de San Fernando, au nord de l'actuelle Hollywood (où se trouvent aujourd'hui les Studios Universal), Sutter et Bidwell sont jetés en prison par le vainqueur Alvarado. Le gouverneur Micheltorena est destitué et s'enfuit vers Sonora, tandis que Sutter et Bidwell sont relâchés. À sa sortie de prison, près de la mission de San Fernando, Bidwell part pour le Nord en passant par Placerita Canyon, où il commence à s'intéresser aux opérations minières. Sans doute, Sutter et Bidwell ont tous deux songé à la possibilité de trouver un filon d'or chez eux, dans la grande vallée centrale de la Californie. Quand la Californie est cédée aux États-Unis par le traité de Guadalupe-Hidalgo en 1848, de nombreux travailleurs de la mine de Sonora rentrent chez eux, et l'histoire de la ruée vers l'or du sud de la Californie tombe dans l'oubli. Aujourd'hui, « le vieux chêne au rêve doré » de Placerita Canyon n'est plus qu'un obscur monument historique.

9. Leon WORDEN, « California's REAL First Gold », *COINage Magazine*, October 2005 [www.scvhistory.com/scvhistory/signal/coins/worden-coinage1005.htm].
10. Sydney MORSE (frère de Samuel), « Lopez Gold Discovery », dans *NYC Newspaper, 1842, Santa Clarita Valley History in Pictures* [www.scvhistory.com/scvhistory/lw2181.htm].

Boucle de ceinture
Boucle de ceinture décorée d'une représentation de Minerve avec un ours, des éléments iconographiques empruntés au sceau officiel de l'État de la Californie.
California Jewelry Company, brevetée par William Cummings, v. 1868, The Metropolitan Museum of Art, achat, don de Susan et Jon Rotenstreich, 2000, Inv. 2000.571
Photo : ©The Metropolitan Museum of Art

La « destinée manifeste »

C'était comme si la divine Providence avait elle-même rédigé le chapitre californien de la « destinée manifeste » du pays – la présomption du président démocrate James Polk, ainsi que des membres de son parti – qu'il était légitime pour les États-Unis d'étendre son royaume de l'Atlantique jusqu'au Pacifique. Le premier à parler de « destinée manifeste » est le journaliste John O'Sullivan, dans une série d'articles plaidant pour l'annexion de la République du Texas. Toutefois, les antécédents de l'expression remontent aux idéaux jeffersoniens et jacksoniens d'un « empire de la liberté ». Sutter et sa découverte d'or sur les rives de l'American River en 1848 finissent par servir d'occasions au projet de création d'une identité nationale aux États-Unis. La conviction que les Anglo-Saxons des États-Unis vont prédominer sur tout le continent est chargée d'extrémisme racial, religieux et politique, et particulièrement depuis le déclin précipité des empires espagnol et mexicain. L'importance accordée à la ruée vers l'or de Sacramento, contrairement à celles des autres filons d'or du sud de la région, illustre clairement la maestria nationaliste états-unienne. La découverte d'or par et pour des colons américains fait augmenter la valeur symbolique de la région aux yeux de Washington. À la fin plutôt opportune de la guerre mexico-américaine, la direction à prendre était bien claire. Afin d'éviter que l'on se dispute pour déterminer si la Californie deviendra esclavagiste ou libre, une question qui commence à diviser dangereusement le pays, on s'empresse de faire d'elle un État dès 1850.

Contrairement aux religieux espagnols, aux Amérindiens et aux Mexicains, qui gardent strictement pour eux leurs activités d'exploitation aurifère en Californie, les marchands de la ville voisine de San Francisco, comme Samuel Brannan, ont tout à gagner en transmettant la fièvre de l'or au plus grand nombre de clients potentiels. Même Sutter tente de garder secrètes les trouvailles de Marshall au nord de la Californie, mais, le 19 août 1848, le *New York Herald* en publie la nouvelle. Le 5 décembre de la même année, le président James Polk annonce lui-même la découverte dans son discours au Congrès. Les effets de cette dorure de la Californie, un trophée de guerre, sont immédiats et profonds. Alors que seulement environ 2 000 Mexicains avaient pris part

Clou en or marquant la fin de la construction de la liaison ferroviaire entre San Francisco et Los Angeles, 5 septembre 1876

California Historical Society, Crocker Collection, Inv. X92-3-75
Photo : California Historical Society

aux fouilles de Placerita au sud de la Californie, plus de 300 000 prospecteurs en herbe voyageront bientôt par terre et par mer pour atteindre les terres de Sutter au nord. Sutter lui-même se fait envahir par les squatteurs de terrains, et ses propres employés le quittent pour aller exploiter les résidus. Il est ruiné. Le port de San Francisco est bientôt plein à craquer de navires abandonnés par les mineurs partis pour les gisements d'or, mais les marchands de la ville prospèrent en équipant les argonautes de pics, de pelles, de batées et de vivres.

En 1854, presque tout l'or de surface a été ramassé en Californie, ce qui oblige les nouveaux chercheurs d'or à investir dans du matériel lourd pour faire sauter, concasser puis fondre la roche aurifère, ou pour pulvériser la matrice du sol au moyen de jets d'eau à haute pression. Les richesses continuent à affluer dans des endroits comme San Francisco. En 1859, l'expansion est soutenue par la découverte d'un grand dépôt d'argent sur le versant est de la Sierra Nevada, près des gisements d'or. La majorité des profits du filon de Comstock, qui représenteraient aujourd'hui environ 500 ou 600 milliards de dollars, ont servi à bâtir la ville de San Francisco.

On pourrait dire que l'époque de la ruée vers l'or prend fin avec l'achèvement de la construction du premier chemin de fer transcontinental, autre grand symbole de la « destinée manifeste » des États-Unis. Une des photographies les plus emblématiques des États-Unis immortalise la première rencontre entre les locomotives du Central Pacific venant de l'ouest et de l'Union Pacific venant de l'est, chasse-pierre contre chasse-pierre, le 10 mai 1869 à Promontory Point (Utah)[11]. Ce jour-là, Leland Stanford, gouverneur de la Californie et président du Central Pacific Railroad, enfonce le dernier clou, coulé en or 18 carats, comme il se doit. L'enfoncement de ce clou marque l'entrée officielle de la Californie dans la grande « famille » des États-Unis. L'or a fourni la motivation pour ouvrir la frontière ; voilà qu'il s'apprête à symboliser sa fin[12].

En somme, la ruée vers l'or de la Californie « incarnait bien les valeurs américaines du milieu du siècle : la conviction démocratique que la richesse serait accessible à tous, que le succès récompenserait le travail assidu et que la plus grande part des richesses irait aux vertueux et aux plus méritants selon les standards de l'époque[13] ». Or, ces « standards » impliquaient le remplacement du catholicisme espagnol et mexicain par le protestantisme yankee, de l'espagnol par l'anglais, et la foi dans l'initiative personnelle, tel que le décrétait la divine Providence.

11. Andrew RUSSEL, photographe ; négatif original sur plaque de verre à l'Oakland Museum, en Californie.
12. Sept autres chemins de fer transcontinentaux ont été construits aux États-Unis et au Canada après 1869, chacun reproduisant l'événement de Promontory lors de la cérémonie du dernier crampon. Le rideau s'est fermé sur ce pan de l'histoire lors de l'achèvement du San Diego and Arizona Railroad, construit à grands frais par John Spreckels. Lorsqu'il est temps de poser le dernier rail en 1919, il utilise bien sûr un crampon d'or.
13. ROHRBOUGH, p. 28.

La ruée vers l'or du Klondike (1897-1898)

MICHAEL GATES
Muséologue et archéologue, ancien responsable du Parc historique national du Yukon

Traduit de l'anglais par Madeleine Stratford

Le passage du Chilkoot, Alaska
Bibliothèque et Archives Canada, Inv. C4490
Photo : Bibliothèque et Archives Canada

LES RECHERCHES D'OR AU Yukon commencent en 1874 avec l'arrivée des premiers prospecteurs. Parmi eux, Arthur Harper, Al Mayo et Jack McQuesten deviennent les chefs de file de la quête de l'or pendant les 25 années suivantes. Ils encouragent, promeuvent et approvisionnent la confrérie des prospecteurs qui se développe lentement avant la ruée vers l'or. D'abord un mince filet, puis un flot toujours croissant de prospecteurs pleins d'espoir pénètrent le bassin du fleuve Yukon. Ils arrivent de partout, encouragés par les nouvelles de plus en plus prometteuses de découvertes d'or dans les bancs de sable du fleuve, puis dans ses affluents : la rivière Stewart (1885), la rivière Fortymile (1886), la rivière Sixtymile (1891) et, enfin, le ruisseau Birch près de Circle City, en Alaska (1892).

Le Yukon impose les conditions les plus dures de toutes les ruées vers l'or : de longs hivers sombres avec des températures atteignant souvent cinquante degrés Celsius sous zéro, interrompus par de courts étés de

Un marchand et ses clients devant le magasin Northwest Trading and Commission Co. à Dawson

Collection du Musée de Dawson City, Inv. 1984.216.30
Photo : Musée de Dawson City

soleil perpétuel. Avec les rivières gelées et les couloirs de montagnes obstrués par la neige, à des milliers de kilomètres des grands centres urbains du Canada et des États-Unis, les premiers prospecteurs font face à des mois d'isolation et de privation totales. La terre qu'ils creusent pour trouver de l'or est toujours gelée, plus dure que du granite. Pour ouvrir les « coffres » de mère Nature, ils doivent maîtriser les techniques de décongélation du sol qui seront réutilisées plus tard au Klondike.

Les premiers prospecteurs comptent beaucoup sur les peuples des Premières Nations, qui habitent ces terres depuis des milliers d'années. Ils utilisent leurs pistes, apprennent leurs stratégies de survie, épousent leurs femmes. Les négociants échangent des biens contre leurs fourrures.

Les premières exploitations minières sont financées et encouragées par un système de commandites, qui permet aux négociants tels que Harper, McQuesten et Joseph Ladue d'accorder un crédit à long terme aux prospecteurs afin qu'ils puissent poursuivre leur quête jusqu'à la prochaine trouvaille dorée. À chaque nouvelle découverte, le code des mineurs veut que la nouvelle soit largement diffusée. Les postes de traite constituent des centres où l'on partage l'information, une pratique que les exploitants des postes encouragent, car toute découverte significative faite par des mineurs qu'ils ont approvisionnés fera rouler les affaires quand d'autres se précipiteront vers le nouveau site. En 1896, lorsque Joseph Ladue commence à diriger les mineurs vers la vallée du Klondike, depuis son poste de traite du fleuve Yukon, situé à 150 km au nord de Fortymile, il ne tarde pas à tirer profit de la découverte d'or du ruisseau Rabbit. Alors que certains jalonnent des concessions minières, Ladue acquiert 160 acres de terrain à l'embouchure de la rivière Klondike, qu'il baptise Dawson City, et fait fortune en les vendant en lots et en offrant le bois d'œuvre nécessaire pour s'y construire.

La découverte d'août 1896 dans un affluent du Klondike a l'étoffe d'un rêve. Le cours d'eau est vite rebaptisé ruisseau Bonanza. En quelques mois, la rumeur d'incroyables richesses émergeant des puits du Bonanza, de l'Eldorado et des douzaines d'autres ruisseaux commence à se répandre un peu partout. Lorsque des *sourdough*[1] sales et déguenillés, chargés de poussière d'or, débarquent du bateau à vapeur *Portland* au port de Seattle le 17 juillet 1897, la

Vue des marches dorées, *The Golden Stairs*, depuis la station de pesée, dans le col du Chilkoot

Tous ceux qui désiraient atteindre les lieux de prospection devaient transporter le matériel nécessaire à leur installation et leur survie pour une année, ce qui représentait environ une tonne de matériel.

Photo : Yukon Archives, Vancouver Public Library collection, n° 2002

1. Un *sourdough* est un vétéran prospecteur qui a passé au moins un an dans le Nord.

nouvelle provoque une ruée sans précédent. Il s'ensuit une odyssée massive d'une telle ampleur que le souvenir de l'aventure est resté imprimé à jamais dans l'âme de toute une génération, plus encore qu'elle n'a rempli les poches des aventuriers eux-mêmes.

Il s'agit d'une véritable épopée durant laquelle les chercheurs d'or ont dû relever de nombreux défis et surmonter d'innombrables obstacles. D'abord, il y a le voyage, par mauvais temps, le long de la côte Pacifique, à bord de bateaux surchargés qui prennent l'eau, suivi par l'arrivée aux deux ports côtiers de l'Alaska : Skagway, une ville sans loi dirigée par le célèbre Soapy Smith et sa bande de voleurs, et Dyea, le point de départ le plus connu de la ruée vers l'or, la piste Chilkoot. Bien que de nombreuses routes mènent les chercheurs d'or vers le Klondike, la piste Chilkoot est celle qui a frappé l'imaginaire de la majorité des gens. Les images d'un interminable flot d'hommes gravissant péniblement 1 700 marches glacées, ployant sous des charges de plus de 20 kg (50 lb), franchissant les crevasses obstruées par la neige des montagnes côtières, en viennent à symboliser les défis non seulement de la route du Klondike, mais de la vie elle-même. Des milliers de gens font cette ascension non pas une fois, mais 20 ou 30 fois pour charrier les tonnes de provisions requises par la Police montée du Nord-Ouest[2], qui monte la garde dans les couloirs et patrouille sur les pistes.

Les défis que doivent affronter les chercheurs d'or suffiraient à décourager les plus hardis : les prédateurs sans foi ni loi de Skagway, la pénible tâche d'avoir à charrier près d'une tonne de provisions, à pied, sur une piste obstruée par la glace, la neige et les gens, les avalanches, les noyades et les maladies, l'épuisement, les échecs, les peines de cœur. La « piste de 98 » gravit les montagnes et descend les vallées glacées jusqu'aux cours supérieurs du Yukon. Là-bas, les provisions sont chargées sur une flotte excentrique de radeaux, de chalands et de bateaux construits à la hâte, pour ensuite descendre 800 km de rivières et de lacs balayés par les vents, en passant par des canyons et des rapides avant d'atteindre Dawson City. Souvent, les supplices du voyage arrivent à brouiller même les amis de longue date.

Lorsqu'ils arrivent à destination, les chercheurs d'or trouvent une ville bruyante en rapide expansion, encastrée dans une cuvette marécageuse à l'embouchure de la rivière Klondike. Là-bas, les *sourdough* déguenillés mais millionnaires de la mine d'Eldorado côtoient les nouveaux arrivants, ou *cheechacos*[3]. Certains souffrent de scorbut et de privations, tandis que d'autres adoptent des comportements excessifs et jubilatoires. C'est une époque des plus grisantes où le banal côtoie les péripéties plus grandes que nature de cette fabuleuse aventure. Une aventure, voilà de quoi il s'agit ! Nombre des nouveaux arrivants ne réussiront jamais à se rendre jusqu'aux sites des gisements ni même à chercher de l'or. Il leur suffira d'être de la partie. Quant à ceux qui cherchent fortune dans les gisements d'or du Klondike ou qui se ruent vers de lointains ruisseaux à la moindre rumeur d'or, la plupart n'y trouveront qu'engelures et famine, pauvreté et déception – tout cela en vain.

Quiconque arrive à Dawson City s'y trouve prisonnier pour l'hiver. Le temps d'arriver au Klondike et de partir à la recherche d'or, il est déjà trop tard pour s'en aller, car les étés sont courts dans le Nord. Chaque homme (il y avait peu de femmes à Dawson au début) doit se construire un abri pour l'hiver, puis endurer pendant sept mois le froid, la pénombre, la maladie, l'isolation et la monotonie. Pour ceux qui ont de la chance, il n'y a plus rien d'inaccessible et nombre d'entre eux dépensent sans compter, alors que la majorité luttent pour survivre et mènent une pénible existence.

Ceux qui se risquent plus loin dans les montagnes en quête d'or ont beaucoup de choses à envisager. La plupart des terres riches ont déjà été concédées, acquises pendant les quelques mois suivant la découverte. Les nouveaux arrivants doivent travailler aux limites et au-delà du périmètre des terrains déjà jalonnés. Certains ont la chance d'obtenir une concession dans les replats (sur les versants surplombant les ruisseaux), qui n'ont aux yeux des *sourdough* aucune valeur, mais qui s'avèrent souvent aussi riches que certaines concessions de ruisseau. Tout le monde fait face aux mêmes obstacles : le voyage à pied ou en traîneaux à chien l'hiver, vers des ruisseaux et des affluents où l'on doit se frayer un chemin dans plusieurs mètres de déblais et de gravier gelé, puis piocher et pelleter le sol pour atteindre une veine métallique[4].

2. N.D.T. : Ancien nom de la Gendarmerie royale du Canada.
3. Mot d'origine chinook qui désigne un arrivant inexpérimenté, un novice.
4. Une veine métallique est une zone de gravier qui contient une dense concentration d'or non consolidé.

Des mineurs travaillant sous terre au ruisseau Bonanza

Photo : Yukon Archives,
University of Washington photograph collection, n° 1288

L'hiver, on pratique une exploitation par descenderie[5] : on fore un puits vertical jusqu'au substrat rocheux où l'or s'est déposé il y a des millénaires, puis on creuse des tunnels horizontaux (galeries d'accès) le long de la veine métallique pour en extraire la terre aurifère concentrée. On fait ramollir le gravier et les déblais gelés en allumant des feux (plus tard, on utilisera la vapeur) pour les faire dégeler. Ce matériau est charrié à grand-peine à la surface, puis accumulé dans des terrils[6] jusqu'au dégel du printemps, où on lave le gravier aurifère dans un *sluice* en utilisant l'eau de fonte du dégel printanier pour séparer et capturer l'or.

L'été, il est trop dangereux d'utiliser ces puits : le pergélisol, en fondant, pourrait s'effondrer et écraser un mineur n'importe quand, et les vapeurs toxiques des feux utilisés pour dégeler les déblais se sont accumulées sous terre. Au lieu de cela, on creuse des puits à ciel ouvert jusqu'au substrat rocheux et on charrie à la main le gravier aurifère vers les *sluices* ou boîtes à écluses où l'or reste pris dans les tasseaux. Dans les années qui ont suivi, les mineurs prospères ont fait venir un équipement à vapeur qui leur a permis de travailler de façon plus rentable.

L'exploitation minière a toujours été un pari. Les veines métalliques serpentent de façon imprévisible dans le gravier gelé au creux des vallées ou dans les dépôts graveleux aux versants des montagnes. Un homme qui réussit à s'approprier une concession minière espère toujours trouver un filon d'or sur ses terres, mais il ne saura s'il a eu de la chance qu'après des mois de dur labeur. S'il s'avère qu'un terrain contient de l'or, son propriétaire peut employer d'autres mineurs pour exploiter les terres à sa place en échange d'un salaire. Par ailleurs, les mineurs peuvent former un partenariat, communément appelé un *lay*[7], et accepter d'exploiter la concession d'autrui en échange d'un pourcentage de l'or extrait.

5. L'exploitation par descenderie, aussi appelée exploitation à flanc de côteau, est une technique d'extraction de l'or contenu dans le gravier du pergélisol. D'abord, on creuse un puits vertical dans le sol jusqu'au substrat rocheux. Ensuite, on creuse des tunnels horizontaux le long du gravier ou de la roche sous-jacents jusqu'à ce qu'on trouve une veine métallique.
6. Un terril est un tas de déblais aurifères excavés d'une veine métallique pendant l'hiver et empilés près de l'entrée de la mine jusqu'à ce que l'or puisse en être extrait à l'aide de l'eau de fonte du dégel printanier.
7. À l'époque, on donnait le nom de *lay* à l'accord selon lequel le propriétaire d'une concession aurifère autorisait un mineur ou un groupe de mineurs à exploiter ses terres en échange d'une part de l'or qu'on y trouverait.

Rue achalandée de la ville de Dawson
Au plus fort de la ruée, plus de 25 000 personnes y ont circulé.
Photo : Yukon Archives,
Vancouver Public Library collection, n° 2095

La découverte d'or au Klondike a eu lieu en 1896 ; la ruée s'est déroulée en 1897 et 1898. En 1899, le Klondike était déjà de l'histoire ancienne. Une fois arrivés à destination, nombre de rêveurs ont dû quitter le Klondike, pour rentrer chez eux sans avoir fait fortune. D'autres sont partis pour un nouveau gisement d'or à Nome, en Alaska, sur la côte de la mer de Béring. Peu à peu, la population du Klondike est passée, des 25 000 habitants ou plus qu'elle était à l'époque bénie de la ruée vers l'or, à quelques centaines d'âmes. Un siècle plus tard, l'exploitation aurifère constitue encore le principal soutien économique de la région.

Quel est l'héritage de la ruée vers l'or du Klondike ? Les cimetières du Yukon sont remplis des corps de ceux qui avaient un rêve, mais qui ont trouvé la misère. Quelques-uns ont fait fortune, d'autres sont rentrés chez eux pour vivre dans le confort. Encore bien plus nombreux sont ceux qui sont repartis les mains vides. Si l'on divisait en parts égales tout l'or découvert au cœur de la ruée entre tous ceux qui y ont participé de 1897 à 1899, le montant obtenu serait loin d'être aussi élevé que celui qu'ils ont investi collectivement, pour atteindre le Klondike. La ruée vers l'or du Klondike s'est produite pendant une période de dépression, injectant ainsi une énorme quantité d'argent dans l'économie, dépensée par les milliers de gens qui pensaient que leurs efforts les rendraient peut-être riches. Cet événement a permis au continent de rétablir les bases de son équilibre économique.

Le territoire du Yukon, officiellement créé par le Parlement le 13 juin 1898, en pleine ruée vers l'or, s'est développé très rapidement grâce à celle-ci, laissant dernière elle toute une infrastructure d'approvisionnement, de soutien et de gestion qui a mené au développement constant du territoire. Sans la découverte d'or, le développement de la région aurait été très long et graduel.

La ruée vers l'or a énormément bouleversé et même spolié les peuples autochtones de la région. Les Han de la vallée du Yukon ont été écartés et marginalisés. Ce n'est qu'un siècle plus tard, à la suite des règlements de revendication territoriale, que les Tr'ondëk Hwech'in sont devenus d'importants partenaires dans les affaires de la région.

Le témoignage le plus durable de la ruée vers l'or du Klondike est l'impression qu'elle a gravée dans la mémoire collective. Des dizaines de milliers de gens de tous les horizons et de tous les coins du monde ont pris part à cette aventure de la ruée vers l'or.

La compagnie Quaker Oats a bénéficié de l'une des campagnes de promotion les plus fructueuses de toute l'histoire de la publicité nord-américaine. Elle a vendu, dans les années 1950, des boîtes de céréales contenant un titre de propriété pour une concession minière d'un pouce carré au Klondike.

Photo : copie d'un original du *Seattle Times*

Tous, riches comme pauvres, ont partagé une même expérience, dans des conditions relativement similaires, et le souvenir de cette expérience est resté gravé à jamais dans leur mémoire. À la suite de leur aventure, ils ont vécu leur vie, explique Pierre Berton, comme s'ils « grimpaient un Chilkoot perpétuel ». Des centaines de livres ont été écrits au sujet de la ruée vers l'or, relatant les expériences personnelles de ceux qui y sont allés. Des milliers de photos ont immortalisé quelques-uns des événements les plus poignants de l'odyssée : les flots d'hommes envahissant les « marches dorées », la flotte de chercheurs d'or descendant le fleuve Yukon, les rues poussiéreuses et bondées de Dawson City dans ses années de gloire et les mineurs en train d'extraire l'or des ruisseaux du Klondike. Ces images symbolisant la quête épique du siècle dernier constituent les emblèmes des générations actuelles.

Les aventures de la ruée vers l'or ont aussi été reprises par la littérature populaire, notamment dans les écrits de Rex Beach, Jack London et Robert Service. Leurs œuvres garantissent que l'or du Klondike ne sera pas oublié de sitôt. Des noms tels que « Klondike » et « Chilkoot » évoquent l'or, l'aventure, les défis et le Nord. On les retrouve partout dans notre vocabulaire.

Il existe une barre de crème glacée « Klondike » et une voiture du nom de « Chilkoot » ; une ville, des rues et des écoles s'appellent « Klondike » ; il y a un jeu de cartes nommé « Klondike » ; la ville d'Edmonton a célébré les « Klondike Days » pendant des années ; une des campagnes de promotion qui a eu le plus de succès de toute l'histoire de la publicité nord-américaine a été celle où Quaker Oats vendait des boîtes de céréales contenant un titre de propriété pour une concession minière d'un pouce carré au Klondike[8].

On se souviendra longtemps de la ruée vers l'or du Klondike pour les images de la piste, les rudes épreuves, les histoires racontées, les rêves caressés et les aventures vécues.

Bibliographie

BERTON, Pierre (2001), *Klondike, the last great gold rush, 1896-1899*, Anchor Canada, Toronto, Random House of Canada, 496 p.

8. Cette campagne publicitaire a cependant suscité des recours judiciaires invalidant les droits de propriétés pour non-paiement des taxes foncières. En 1965, le gouvernement canadien a saisi les terrains pour 37,20 $ en remboursement de la dette.

Les ruées au Québec

José Lopez Arellano
Anthropologue, chef du Comité scientifique de l'exposition, Musée de la civilisation, Québec

François Ier, roi de France, constatant que l'Espagne est en train de vivre son siècle d'or grâce à l'afflux des métaux précieux provenant des Amériques, confie à Jacques Cartier le mandat de « découvrir certaines isles pays où on dit qu'il doit se trouver grant quantité d'or et d'autres riches choses[1] ». L'or et les diamants que Cartier ramène de l'Amérique se sont révélés faux et personne ne se rue vers la nouvelle colonie française en Amérique.

Ce n'est qu'en 1863 que le Québec connaît sa première vraie ruée vers l'or à la suite d'une découverte accidentelle. Selon la tradition orale, Clothilde Gilbert a trouvé une pépite d'or grosse comme un œuf dans les sables de la rivière, en ramenant le troupeau de vaches à l'étable[2]. Cette découverte a provoqué l'exploration des rivières des Plantes, du Loup et Cumberland.

Plusieurs des prospecteurs qui se sont rués vers la Beauce avaient participé à la ruée vers l'or en Californie. Riches de cette expérience, ils s'accordaient à dire que les indices topographiques montraient l'existence certaine de riches gisements aurifères dans les sables des rivières beauceronnes. Mais la déception fut grande.

Même si la production d'or de la Beauce a connu une bonne croissance à partir de 1867, la masse principale des filons d'or se trouvant à une trop grande profondeur nécessitait des moyens techniques plus spécialisés que ce qu'utilisaient les prospecteurs, ce qui a entraîné un déclin progressif de l'exploitation minière dans cette région[3].

Vers les années 1920, des arpenteurs et des géologues au service des compagnies ferroviaires, guidés par des Amérindiens, découvrent les richesses du sous-sol de l'Abitibi. À l'annonce de cette découverte, de nombreux prospecteurs, attisés par la fièvre de l'or, arrivent par train du Québec, de l'Ontario et des

Groupe de chercheurs d'or québécois, vers 1896
À leur départ, ils avaient le cœur rempli d'espoir et de fierté.
Musée de la civilisation
Don de Georgette Doré et Yvette Doré, Ph2007-0007
Photo : Idra Labrie, Perspective, Musée de la civilisation

États-Unis. Ils s'installent dans des tentes ou construisent des cabanes de bois rond et partent à la recherche des gisements prometteurs. Grâce aux chemins de fer, la prospection et l'exploitation minières deviennent les moteurs de la colonisation du Nord-Ouest québécois[4]. Des villes surgissent en pleine forêt : Val-d'Or, Bourlamaque, Cadillac, Malartic, Pascalis.

Les mines nordiques attirent des immigrants européens : des Irlandais, des Allemands, des Polonais, des Ukrainiens et des Italiens. Comme au temps des ruées vers la Californie ou le Klondike, ces mineurs immigrants arrivent avec l'intention d'amasser une petite fortune, de reprendre le bateau et de se payer un lopin de terre dans leur pays. Seule une petite minorité d'entre eux s'établissent dans les villes nordiques.

1. Dans VALLIÈRES, 1989 : 37.
2. Cf. PAQUETTE, 2000 ; POMERLEAU, 1996 ; VALLIÈRES, 1989.
3. Cf. PAQUETTE, 2000 : 25.
4. La nouvelle frontière nordique était riche en ressources forestières et était aussi la porte d'entrée de la Baie-James.

Montre de poche d'Anaclet Dupuis, un Québécois s'étant rendu au Yukon en 1897-1898 pour y faire fortune.

Collection privée. Photo : Annie Beauregard

Le déclin du marché aurifère au début des années 1970 provoque l'abandon des gisements peu rentables. Les fermetures de mines mettent en danger la vie des villes nordiques ; malgré l'essor de l'exploitation forestière et le développement des parcs industriels, des centaines des mineurs se voient alors contraints de quitter la région[5].

Au cours de trente glorieuses années (1945-1975), des milliers de Québécois ont pris la route du Nord, attirés par la prospérité de villes inventées par les compagnies minières : « C'était froid, c'était loin de tout, c'était presque le paradis. »

Vers le milieu des années 1980, les utilisations industrielles de l'or engendrent un regain de la production et l'intégration d'innovations technologiques accroît l'efficacité des mines et permet de réduire les coûts d'exploitation. Quatre domaines d'exploration aurifère connaissent une constante progression depuis : la prospection, la géophysique, la géochimie et la géologie. L'industrie minière québécoise de l'or s'est taillé une réputation internationale enviable dans le domaine du forage au diamant, des méthodes d'échantillonnage géochimiques, de la compréhension des processus de minéralisation et de l'élaboration de modèles métallogéniques (Gauthier et O'Dowd, 1991).

Bibliographie

ARMSTRONG, R. (1984), *Structure and Change. An Economic History of Quebec*, Toronto, Gage Publishing Limited.

DAOUST, A, G. GAUDREAU et K. REILLY (1998), *La mobilité des ouvriers-mineurs du nord ontarien et québécois,* 1900-1939, Ontario, Sudbury, Université laurentienne/Institut franco-ontarien, coll. « Série monographique en sciences humaines », 1998, xii-141 p.

GAUTHIER, J., et P. O'DOWD (1991), « Réflexions sur quelques innovations qui ont marqué l'exploration minière », dans *Les innovations dans le monde minier québécois*, sous la direction de Gilles Saint-Pierre, Gratien C. Gélinas et Marcel Vallée, Montréal, Gaëtan Morin éditeur, p. 15-27.

HAMELIN, J. (1976), *Histoire du Québec*, Montréal, Privat-Édisem.

PAQUETTE, P. (2000), *Les mines du Québec 1867-1975. Une évaluation critique d'un mode historique d'industrialisation nationale,* Outremont, Carte blanche.

POMERLEAU, J. (1996), *Les chercheurs d'or. Des Canadiens français épris de richesse et d'aventure,* Québec, Éditions Jean-Claude Dupont.

PORSILD, C. (1998), *Gamblers and Dreamers : Women, Men and Community in the Klondike,* Vancouver, University of British Columbia Press.

SAINT-PIERRE, G., G. GÉLINAS et M. VALLÉE (1991), *Les innovations dans le monde minier québécois*, Montréal, Gaëtan Morin éditeur.

VALLIÈRES, M. (1989), *Des mines et des hommes. Histoire de l'industrie minérale québécoise : des origines au début des années 1980,* Québec, Les Publications du Québec, 439 p.

5. L'essor des mines nordiques, l'éclosion des villes et l'intense mobilité de la population correspondaient à une poussée de l'industrialisation au Québec et à sa croissante intégration à l'économie états-unienne. Cf. PAQUETTE, 2000 : 152.

Zidor le prospecteur

Du plomb dans la tête
De l'argent plein les poches
Du fer dans les bottes
Et de l'or sur les dents
Le v'là qui s'arrête
Le v'là qui s'approche
« Si vous faites un pot'
J'mets cent piastres dedans ».
[...]
De l'argent sur les tempes
Du plomb plein les bottes
L'or dans la caboche
Et rien sous la dent
Le v'là qui r'décampe
Qui remet sa calotte
Va chercher des roches
Pour leur voir le dedans

Gilles Vigneault

Roméo Céré, prospecteur d'or québécois (Desmaraisville)

Photo : Jean-Claude Labrecque, tirée du documentaire *Une rivière imaginaire* (scénario et réalisation d'Anne Ardouin), ©1993

L'or des fous

Yves Chrétien, Hélène Côté, Richard Fiset et Gilles Samson
Archéologues, Commission de la capitale nationale du Québec

Jacques Cartier découvrant le fleuve Saint-Laurent, 1535
J.A. Théodore Gudin, 1847
Châteaux de Versailles et de Trianon, Versailles, France
Photo : Réunion des Musées nationaux, Art Resource, NY

En octobre 2005, des fouilles entreprises sous l'égide de la Commission de la capitale nationale du Québec mettent au jour le site de la tentative de colonisation de Jacques Cartier et de Jean-François

◂ **Spécimen de pyrite de fer**

Université Laval, Musée de géologie René-Bureau, Inv. 2.9.1.1.31
Photo : Idra Labrie, Perspective, Musée de la civilisation

Tessons d'un petit creuset

Photo : Yves Chrétien

de La Rocque de Roberval à Cap-Rouge. Cette découverte révèle les traces irréfutables des desseins de ces explorateurs du XVIe siècle, soit de trouver les richesses du pays, notamment l'or, ce fabuleux métal.

En août 1541, dès qu'il met le pied à terre au cap Rouge, l'illustre navigateur malouin s'émerveille des ressources du sous-sol, riche de diamants et d'or.

> « [...] joignant lequel [fort] nous trouvâmes bonnes quantités de pierres, que nous estimions être Diamans. De l'autre côté de la dite Montagne et au pied d'icelle, qui est vers la grande Rivière, se trouve une belle Mine du meilleur fer qui soit au monde, laquelle s'étend jusques proche de notre Fort, et le sable sur lequel nous marchions est terre de Mine parfaite, prête à mettre au fourneau. Et sur le bord de l'eau nous trouvâmes certaines feuilles d'Or fin, aussi épaisses que l'ongle[1]. »

Il en ramène d'ailleurs de pleins barils pour le bon plaisir du roi François Ier. Des analyses menées en France concluent cependant qu'il s'était mépris sur la nature de ces richesses. Les diamants ne sont que quartz et l'or, de la pyrite de fer dite « l'or des fous ». L'aspect métallique jaunâtre de la pyrite ressemble à celui de l'or et peut aisément conduire à une identification erronée du minerai.

Des artefacts « diagnostiques » retrouvés sur le chantier archéologique Cartier-Roberval démontrent que l'identification visuelle n'était pas le seul outil des « prospecteurs » français pour s'assurer qu'ils étaient bel et bien en présence de métaux précieux.

Des récipients en céramique réfractaire employés comme creusets ont été dégagés puis identifiés, témoignant des capacités d'analyse chimique des Français de passage à Cap-Rouge au XVIe siècle.

Les creusets utilisés pour les tests métallurgiques doivent supporter de très hautes températures car la matière testée est chauffée avec d'autres métaux afin de séparer le minerai de sa gangue ; c'est pourquoi l'argile réfractaire entre dans leur fabrication. Les creusets retrouvés présentent tous un format réduit d'environ 3 cm de hauteur et un diamètre à l'ouverture d'environ 4 cm. Ils sont de forme évasée, avec un pied qui se dégage pour en assurer la stabilité.

Concrètement, la méthode d'analyse consiste à réduire en poudre par broyage le minerai à traiter, puis à le verser dans un creuset. On y ajoute de l'oxyde de plomb en poudre, lequel entraîne la composante métallique du minerai au fond du récipient. Puis, le creuset et son contenu sont chauffés dans un four à haute température pour amener le mélange au point de fusion. De cette opération résulte une séparation du mélange en deux parties : la scorie remonte en surface et le mélange métallique et le plomb s'accumulent au fond du récipient dans le culot. Il faut ensuite briser le creuset pour libérer le contenu refroidi, ce qui en fait un objet à usage unique et explique par le fait même la présence de nombreux fragments sur le lieu des tests. D'autres étapes interviennent ensuite pour séparer le plomb des métaux précieux et nécessitent l'utilisation de récipients différents des creusets.

La mise au jour de 15 fragments appartenant à six objets distincts trouvés sur le site Cartier-Roberval vient corroborer les récits des deux explorateurs selon lesquels l'un des buts de leur voyage consistait à évaluer les ressources minières du Canada et à procéder à des expérimentations métallurgiques sur place.

Comment ont-ils procédé et qu'ont-ils vraiment trouvé lors de leurs tests pour vérifier la teneur aurifère du minerai ? C'est ce que le projet archéologique de Cap-Rouge tentera de découvrir. Les spécialistes espèrent que les fragments ont conservé d'infimes traces des éléments chimiques utilisés dans le traitement du minerai et que l'analyse du contenu des terres cuites le révélera.

◂ **Spécimens de quartz**

Université Laval, Musée de géologie René-Bureau, Inv. 51.1.400
Photo : Idra Labrie, Perspective, Musée de la civilisation

1. *Voyages et découvertes au Canada entre les années 1534 et 1542* par Jacques Cartier, le Sieur de Roberval, Jean Alphonse de Xanctoigne, &c. Québec, William Cowan et fils, 1843, p. 74.

Clandestino
de Manu Chao, tiré de l'album *Clandestino*, 1998.

**Pa una ciudad del norte
Yo me fui a trabajar
Mi vida la deja
Entre ceuta y Gilbraltar
Soy una raya en el mar
Fantasma en la ciudad mi vida va prohibida
Dice la autoridad
mano negra clandestina
peruano clandestino
africano clamdestino
marijuana ilegal
Solo voy con mi pena
Sola va mi condena
Corre es mi destino
Por no llevar papel
Perdido en el corazon
De la grande babylon
me dicen en clandestino
yo soy el quiebra ley
[...]**

CHAPITRE 6

CHERCHEURS D'OR AUJOURD'HUI

Chercher de l'or à Río Timbiquí sur la côte pacifique de la Colombie

MICHAEL TAUSSIG, Ph. D. Anthropologie, Colombia University, New York

Chercher de l'or à Río Timbiquí sur la côte pacifique de la Colombie

Michael Taussig
Anthropologue, professeur au Département d'antropologie
de Colombia University, New York

(Extrait de son livre *My Cocaine Museum*, The University of Chicago Press, 2004)

Traduit de l'anglais par Madeleine Stratford avec la collaboration d'Hélène Dionne

De nos jours : Enrique, âgé de quatorze ans, m'amène à la mine où il travaille après l'école avec sa sœur Wendy Sulay, âgée de huit ans, et son frère Walter, âgé de dix ans. Ils font partie d'un groupe d'une vingtaine d'enfants et d'adultes, surtout des femmes, qui se partagent les profits de façon inégale, quand il y en a à partager. Le propriétaire du terrain et le propriétaire de la pompe se gardent à eux seuls 50 % des profits. Les enfants reçoivent un petit montant d'argent au bout de trois semaines. S'il n'y a pas d'or, personne ne reçoit un sou. On me dit qu'il n'est pas rare que l'on doive attendre des années…

Nous passons devant les dernières maisons du village. Déjà, on a l'impression d'avoir franchi une importante division entre la ville et la campagne. Enrique joue avec un ballon de soccer. Javier se joint à nous. Il enseigne l'anglais à l'école du village et veut s'exercer à le parler avec moi. Dairo, âgé de douze ans, qui a refusé net de retourner à l'école l'an dernier, est aussi avec nous. Nous remontons la rivière à l'ombre des arbres à pain aux feuilles acérées, pataugeant dans l'eau claire, cherchant à prendre pied sur les galets. Enrique ouvre la voie d'un pas agile et sûr. L'eau finit par disparaître, mais les galets restent, tapissant le lit du ruisseau à sec. Nous traversons un bosquet de bananiers plantains. Une vieille femme au torse nu est accroupie par terre : un vieux feutre sur la tête, un collier de perles au cou et, à ses pieds, une grappe de bananes plantains à transporter au village. Le sol devient glissant. Un tronc d'arbre bloque le passage. Nous dépassons un puits bordé de vieilles poutres s'enfonçant dans une végétation en décomposition. Une ancienne mine.

Un peu plus loin, nous arrivons à la mine où travaille Enrique. Nous voyons d'abord le *sluice* de bois dans le sable orange d'un ruisseau bordé de cocotiers et d'arbres à pain. La mine est ce que l'on nomme un *pozo*, un puits vertical d'une trentaine de pieds (9 mètres) de profondeur avec, au fond, de petites galeries horizontales en étoile. Le puits est minutieusement soutenu par des branches et des troncs d'arbres entrecroisés. La méthode française consistait à forer des galeries horizontales depuis la rive, puis à compter sur un drainage par gravité. Maintenant, grâce aux pompes, on peut creuser n'importe où, tout droit dans la terre, puis excaver en étoile au fond du puits, mais ce genre de mine est toutefois à mille lieues de couvrir une aussi grande distance sous terre que les mines en galeries. Par exemple, celle de Leopoldo est l'extension d'une ancienne mine française, elle s'étire sur quelque 1 300 mètres, parfois jusqu'à une profondeur de 80 mètres (262,4 pieds) sous terre.

Enrique saute dans le puits, suivi de Dairo : deux trapézistes se frayant un chemin dans les entrailles de la terre. On peut à peine distinguer le fond. Il est plein d'eau. « À peu près un mètre et demi », dit Enrique. Il n'y a personne dans la mine aujourd'hui. Ils attendent que de nouvelles poutres soient coupées. Enrique a travaillé une année complète dans cette mine et n'a jamais vu d'or. Son père a travaillé dans une autre mine pendant cinq mois et demi pour ne recevoir à la fin qu'un dollar cinquante. Il dit qu'il ne retournera plus jamais dans une mine. Mais Enrique, Wendy et Walter persistent.

Il y a un an, Dairo s'est fait mettre à la porte de chez lui par son père pour lui avoir désobéi. Il vit à

◂ **Mineurs colombiens dans une mine d'or artisanale, Quibdo, Colombie**

Photo : Jeremy Horner, Corbis

Travail à la batée

Photo : Michael Taussig

présent chez son oncle qui enseigne à l'école et boit trop de *biché*. Tous les jours il boit du *biché*. Cet oncle, aux traits délicats et aux yeux rouges moroses, est petit et beau. Il déambule dans la rue d'un pas irrégulier, valsant au gré des pierres du pavé. Distillé sous les maisons sur pilotis le long du Río Saija, le *biché* est effrayant ; puissant comme la dynamite, il coûte trois fois rien. Comme son nom l'indique, c'est de l'âpreté à l'état pur en voie de devenir autre chose. Dans la bouteille, il sent l'essence à briquet. Dans la bouche, il répand un arôme de miel et de vomi qui enveloppe la personne qui le boit d'un halo fétide. Si on en boit trop, on devient un *degenerado* [un dégénéré], comme l'oncle de Dairo. Il arrive chez les gens sans s'annoncer, interrompt leurs conversations en posant des questions absurdes, quête du riz et du sucre et refuse de s'en aller. Bien qu'il soit riche selon les standards locaux, encaissant chaque mois un chèque d'environ 350 $US pour ses nombreuses années d'enseignement, il est toujours fauché, et Dairo a toujours faim ; c'est le seul enfant qui me demande de l'argent. La femme de son oncle boit aussi beaucoup, mais elle a décidé d'aller vivre ailleurs, voilà pourquoi le jeune Dairo et son pauvre oncle doivent à présent cuisiner eux-mêmes leurs repas.

On me raconte que son oncle est l'amant plus ou moins secret de Gustavo. Pourtant, Gustavo est bruyant, démonstratif, d'allure quelque peu efféminée. Les jeunes garçons le poursuivent de leurs remarques désobligeantes et se moquent inlassablement de lui lorsqu'il va laver l'or avec les femmes. Au contraire, l'oncle de Dairo est plutôt morose et renfermé, un fantôme aux yeux rougis exhalant un parfum de miel et de vomi. Pas étonnant que les gens trouvent Dairo bizarre, et pas étonnant, non plus, qu'il soit le seul enfant à ne pas aller à l'école que son oncle dirige. Un an plus tard, j'ai entendu dire qu'il était parti et qu'il travaillait à évider et à nettoyer du poisson dans un entrepôt frigorifique tout en bas à l'embouchure de la rivière. Il doit se sentir seul, là-bas dans cette bâtisse décrépite sur le point de s'effondrer dans le morne estuaire, aucune maison à la ronde, juste de la boue, une chaleur soporifique, des moustiques et l'occasionnelle visite surprise d'un guérillero affamé ayant envie de poisson. Au moins, Dairo a probablement de quoi manger là-bas.

Parfois, le village ressemble à l'endroit où le joueur de flûte d'Hamelin a entraîné tous ces enfants en jouant de sa flûte magique. Rien que des enfants qui hurlent de rire et grouillent comme des sardines inondant la rue. Quelle joie ! Quelle lumière ! Quelle vie bouillonnante ! Ils sont soit sur le chemin de l'école, soit sur celui du retour, tout soignés et polis dans leurs uniformes scolaires et leurs chaussures noires. À l'école secondaire, les garçons et les filles portent les mêmes couleurs : une impeccable chemise blanche et des pantalons gris pour les garçons, et une jupe à carreaux gris pâle avec une mince rayure rouge pour les filles. On discute sérieusement de la possibilité de remplacer tout cela par des jeans. Un uniforme représente un énorme investissement. En 1998, l'école secondaire comptait quatre-vingt-quatre élèves et l'école élémentaire, près de quatre cents. L'école marque le rythme de la journée, tout autant qu'elle suscite l'espoir d'un avenir dans le vaste monde.

Pendant que les enfants sont à l'école, le village somnolent se prélasse au soleil, prêt à expirer. Tout ce que l'on entend, ce sont les pierres du pavé brûlant qui grondent, anticipant le prochain assaut de tapage infernal quand les enfants vont se ruer à la maison après l'école. Les enseignants ont l'air de trouver qu'il fait trop chaud à l'intérieur. La plupart du temps, on les voit bavarder sous un arbre dans le petit parc en face de l'école, où se trouve la statue de Justinano Ocoró. On dit qu'il a quitté l'école à douze ans et qu'il aurait aboli l'esclavage. Le directeur de l'école secondaire reçoit l'équivalent de 750 $US par mois (sans compter une jolie rente de retraite), alors qu'un enseignant du primaire avec un contrat d'un an reçoit 100 $US – des salaires exorbitants comparativement à ceux du reste des habitants de la région. Les professeurs portent un t-shirt arborant le nom de leur école et de la rivière, comme ceux d'une équipe de football. Dans un canot remontant la rivière, un homme range soigneusement une plaque en bois fabriquée par un prisonnier à Santa Bárbara. Le prisonnier y a gravé une dédicace à sa maîtresse d'école de Santa María. Ici, être professeur, c'est être un dieu.

Malgré toute l'effervescence de ces enfants débordants de vie, Santa María est un village fantôme : un grand nombre de ses habitants n'y vivent plus et ceux qui y sont restés tiennent le temps, comme la majorité des gens en Colombie. Le jour des Morts, quand les cloches de l'église font un tintamarre de fou, elles sonnent autant pour ce grand vide qu'à la mémoire des disparus. Prenons par exemple Yanet, treize ans : elle vit avec sa mère, les parents de sa mère et ses quatre demi-frères et sœurs dans une maison en bois de deux pièces sur un étage, à la sortie du village. Il fait noir pendant que nous parlons et que je griffonne quelques notes à la lueur d'une chandelle, retraçant sa très complexe généalogie.

Ils n'ont pas d'argent et vivent de bananes plantains et de *yuyo* bouillis ramassés en forêt. Yanet travaille pour Lilia avant et après l'école jusqu'à huit heures du soir, sept jours par semaine. Au lieu de l'argent, elle reçoit à manger et son uniforme scolaire est payé. Lilia peut se le permettre parce qu'elle est en charge d'une garderie financée par l'État, mais qui risque fort de disparaître parce que le gouvernement actuel ne cesse de réduire les budgets des services sociaux, suivant la priorité qu'accordent le Fonds monétaire international (FMI) et la Banque mondiale aux tendances du marché. Le père de Yanet habite le port de Buenaventura, plus haut sur la côte. Son beau-père est séparé de sa mère et vit avec une autre femme ailleurs à Santa María. Le père de sa mère, Apolinar, a quatre frères et sœurs à Santa María et cinq à Cali. Quatre des cinq frères et sœurs de sa grand-mère maternelle habitent Cali, le cinquième est à Buenaventura. Les femmes de Cali travaillent comme domestiques, alors que les hommes font des travaux de construction, quand il y en a, et il n'y en a guère. C'est un village déserté. Lors du recensement que j'ai effectué en 1976, une quinzaine d'années avant de parler avec Yanet, j'avais observé que, de toutes les personnes qui y étaient nées, seulement quatre y habitaient toujours. Aujourd'hui, la situation doit être encore plus dramatique.

Le village vomit ses habitants. Il n'a aucun avenir. Autrefois, il était habité par des Indiens qui fabriquaient des hameçons en or. Puis il est devenu un avant-poste impérial, un camp d'esclaves africains envoyant de l'or au Panamá en attendant l'arrivée de la flotte espagnole. Aujourd'hui, il est une cicatrice du temps. Presque toute la côte donne la sinistre impression d'être devenue un artéfact. Personne ne choisirait de vivre ici à moins d'y être né comme les Indiens, ou forcé comme les esclaves, ou encore d'y avoir fait naufrage comme les Blancs de la plage de Mulatos. Il est grand temps que tout le monde s'en aille, ce qui, à vrai dire, semble être le rêve de tout un chacun.

Laissez-moi vous parler du *yuyo*, le principal aliment grâce auquel subsiste la famille de Yanet en dehors des bananes plantains bouillies. Autant que je sache, le *yuyo* aux larges feuilles épineuses est propre à la diète de Río Timbiquí. On ne mange rien de semblable nulle part ailleurs sur la côte, ni même dans les autres régions rurales de la Colombie. D'ailleurs, je ne connais aucun paysan de l'intérieur [des terres] qui mange des légumes. De plus, les petites épines couvrant la surface des feuilles laissent des égratignures sur la peau. À Santa María, le *yuyo* est pourtant un aliment. Lors d'une conversation avec Daniela Zuñiga, qui, enfant dans les années 1920, aidait sa mère à cuisiner pour les [ouvriers de la] *New Timbiquí Gold Mines* à Santa María, j'ai cru comprendre que les ingénieurs français utilisaient le *yuyo* pour remplacer la laitue. Apparemment, à cette époque, la rivière fourmillait de flotilles de canots transportant des vins et des fromages de France. J'exagère sûrement, mais imaginez de quoi pouvait avoir l'air une laitue de France après avoir passé un mois ou plus en mer, puis souffert les rigueurs de l'ascension du Timbiquí… !

Je m'accrochais à cette fantaisie coloniale. Je prenais plaisir à imaginer ces robustes ingénieurs français si loin de chez eux, si prêts à risquer leur santé, peut-être même leur vie, pour trouver de l'or, mais incapables de renoncer pour autant aux plaisirs coutumiers de la table.

Cela les rendait humains et réels à mes yeux, ramenant leurs fantômes dans le présent, de même que leur présence collet monté sur les occasionnelles photos de famille qu'on peut entrevoir dans les maisons le long de la rivière.

Quand j'ai eu la chance de voir du *yuyo* et d'y goûter, je me suis rendu compte à quel point j'avais tort. Cela ressemble plus à du chou qu'à de la laitue et il faut faire bouillir les feuilles pour les attendrir, sans quoi leurs épines piquent trop. Me voilà comme un botaniste du XVIIIe siècle ou un corsaire tel que Woodes Rogers en 1709, qui essaie de comprendre quelque chose d'inconnu dans un monde nouveau, en l'introduisant de force dans mes catégories : laitue ou chou ; ou lorsque Woodes Rogers a vu un paresseux pour la première fois sur l'île de Gorgona et qu'il a cru que c'était un singe, s'étonnant qu'il mette la journée à gravir un mât qu'un singe aurait escaladé sans peine en une minute. Le *yuyo* est récemment devenu un aliment santé typique de Cali. Décidément, notre époque est celle du grand éveil, de l'*apertura* de la côte, comme le dit le jeune interprète pour les Russes.

Aujourd'hui : Enrique a maintenant dix-sept ans ; il m'amène à El Limbo. La région porte bien son nom : la route glisse par monts et par vaux comme des montagnes russes. Je la trouve presque impraticable. Je perds une chaussure dans un marécage. La forêt aux vifs tons de vert s'enfonce, sombre et humide. On sue à grosses gouttes. Parfois on doit se retenir à des lianes pendant que nos orteils explorent à tâtons les troncs glissants de palmiers *chonta*, à la recherche d'une entaille. On finit par se frayer un chemin hors de la forêt et on débouche sur une immense plage de petites roches grises et blanches au bord d'une rivière mordorée qui coule, rapide et lisse, en une gracieuse courbe. On aperçoit un vieil homme, don Julio, courbé sous le poids d'une grappe de bananes plantains qu'il transporte vers un petit abri de branches situé à l'orée du bois.

De l'autre côté de la rivière s'élève une falaise ruisselante d'eau et couverte de fougères exotiques aux feuilles comme des larmes coulant le long d'un visage. Douze pieds au-dessus de la rivière, on aperçoit le trou noir de la mine. Un jeune homme vient nous chercher dans un petit canot d'un pouce de franc-bord. L'embarcation tangue au moindre mouvement. Si l'on agrippe trop fort les côtés, on bascule dans la rivière. « Ne bouge pas, ne montre pas ta peur », dit la rivière. Nous nous laissons emporter par le courant, nous débarquons, puis nous devons escalader la falaise en prenant appui sur des entailles mouillées et glissantes, progresser très lentement de côté jusqu'à une ouverture où une petite protubérance me permet de m'élancer sur le sol à l'entrée

Homme remontant le courant dans sa pirogue

Photo : Michael Taussig

de la mine. Agida est là, souriante. « Attention au chariot ! » nous crie-t-elle, avant de me pousser contre le mur suintant tandis qu'un jeune homme sort de l'ombre d'un pas chancelant en poussant une brouette remplie de boue et de roches grises et visqueuses. Il y règne une odeur âcre due, disent-ils, aux poutres fraîchement coupées.

Le principe du travail à la chaîne : Juste en dessous de nous, treize personnes se passent des seaux de roches et de boue à la vitesse de l'éclair, de la falaise jusqu'au *canelón* ou *sluice* de bois installé dans la rivière. Certains se tiennent debout à contre-courant dans l'eau ; d'autres se cramponnent à la falaise. Quel soin ils y mettent ! Ils frottent même les roches extraites de la mine pour récupérer la terre afin que le *sluice* filtre le plus de terre possible. Des femmes des deux côtés du *sluice* brassent le gravier charrié par la rivière avec une telle vigueur, les bras parfois plongés jusqu'aux coudes ! Il faut voir comme elles secouent leur batée dans la rivière, faisant tourbillonner une dernière fois les fines particules de gravier ! La force colossale, l'endurance de ces corps soulevant de lourdes roches pour les balancer dans la rivière. Agida y travaille à cœur de jour.

Dix des dix-sept personnes sont des enfants, âgés entre six et treize ans. Trois hommes taillent la paroi rocheuse située à 300 pieds de la mine à la recherche de ce qu'ils appellent le *viejo canal*, l'ancien lit de la rivière, l'endroit où elle coulait autrefois, avant le déluge. À l'exception d'Agida, ils sont tous parents. Toujours pas d'or, mais je distingue des étincelles prometteuses dans le *canelón* exploité par la mère et l'épouse du propriétaire, Carlos Arturo Benté. Il m'invite à le suivre à l'intérieur de la mine. « Ici, c'est chez toi, me dit-il, rayonnant. Tu es plus en sécurité ici que dans un avion ! »

Ce soir-là, je me rends chez Agida. C'est plein d'enfants qui débordent jusque dans la rue pour regarder la télé. Je la trouve dans la cuisine au bout du corridor où elle prépare le repas du soir après sa journée à la mine. Il y fait noir comme dans un four, car elle ne peut se permettre qu'une seule prise électrique, soit pour la télé, soit pour une ampoule, ce qui représente des coûts d'électricité d'environ trois dollars par mois. Il fait aussi noir dans sa cuisine que dans la mine.

La mine d'Omar, qui appartient en fait à sa mère, était auparavant une mine française. Elle est facile à trouver, à dix minutes de marche du village, près d'un ruisseau couvert d'arbres à pain, d'où émergent le bruit assourdissant de la pompe ainsi qu'un interminable boyau nervuré en caoutchouc noir. Quand vous pénétrez dans le noir avec une lampe à carbure éclairant plus que n'importe quelle lampe électrique, d'innombrables encoches taillées au pic vous entourent. Je m'arrête, inquiet d'aller plus loin.

Des années plus tard, je suis finalement entré dans une mine : un trou suintant dans une falaise, creusé tout au plus à un pied au-dessus du torrent. Un petit ruisseau se jetait dans le cours d'eau, bordé d'un petit banc de sable où un groupe d'enfants couverts de boue et des femmes attendaient sous la pluie que la terre soit apportée de la mine : leur travail consistait à laver cette terre pour y trouver de l'or. Les mineurs étaient trop pauvres pour posséder autre chose que des chandelles et, parce que la galerie avait été construite à angle droit, il y faisait noir presque d'un bout à l'autre. L'air ambiant s'alourdissait chaud et humide et on avait de plus en plus de mal à respirer. J'avais peine à m'imaginer ce que ce serait de soulever un pic et une barre de fer pour creuser dans le roc toute la journée. Ma lampe de poche éclairait un système de soutènement compliqué pendant que nous avancions en pataugeant dans la gadoue. Je commençais à étouffer quand j'ai vu de la lumière au tournant. Deux hommes âgés et maigres se grattaient la tête, debout parmi des pierres de deux pieds de diamètre. Un invraisemblable désordre ! Je ne sais pas pourquoi, mais je m'attendais à les voir sur un beau plancher plat, en train de creuser un mur de pierre tout droit et propre : une vraie galerie, quoi ! Au lieu de cela, j'avais sous les yeux cette abominable éviscération de la terre mère : tout était sens dessus dessous, et partout il y avait de l'eau boueuse et d'obscurs fluides qui suintaient.

Au moment où j'ai tourné les talons, j'avais l'étrange impression d'être chez moi, je me sentais plus à l'aise dans la mine, peut-être parce que je savais que je me dirigeais vers la sortie et que je pouvais commencer à réfléchir à tout cela comme à une expérience que je vous transmets aujourd'hui. [L'expérimentation] est le fondement de nombreuses théories de l'histoire, tant individuelle que collective.

Mineur artisanal devant l'entrée d'une mine
Photo : Michael Taussig

Au début, la personne est si profondément plongée dans la réalité, dans ce cas-ci terrifiante, qu'elle n'a conscience ni du monde qui l'entoure ni d'elle-même. L'Autre n'existe pas ; il n'y a que la noirceur de la mine vous pénétrant jusqu'au plus profond de votre être. Puis vient le moment où entre en scène la prise de conscience. Le sujet détache sa pensée de l'objet, laissant émerger la conscience de sa propre existence. Tiens ! Me voilà en train de vivre une expérience !

Platon racontait que ça lui était aussi arrivé dans une caverne. Cependant, dans sa caverne, il y avait de la lumière et les ombres projetées induisaient les gens en erreur. Ils vivaient des expériences trompeuses, disait Platon, et c'était son devoir de les libérer de cette illusion en les conduisant hors de la caverne. Le grand Hegel a réécrit cette histoire de l'expérience humaine dans sa parabole du maître et de l'esclave. Alors que le maître prend des décisions comme Julio Arboleda, l'esclave travaille la paroi rocheuse à mains nues ou manie la batée sur la berge de la rivière ; il commence alors à comprendre la nature même du monde qui l'entoure, un monde où s'entrelacent subtilement le fait d'y exister aussi bien que celui d'en faire partie. L'individualité de l'esclave, sa nature propre, vient de son rapport avec le monde réel, un monde structuré autour de sa servitude envers le maître. Au contraire, l'expérience du maître le sépare de la nature ; il a conscience d'être en train de regarder le paysage par la fenêtre d'un train ou de contempler de l'or.

À propos du système de galeries introduit par les Français, qui s'est ensuite étendu aux rivières avoisinantes – la haute Saija, le Guapí et le Micay –, Robert West a écrit, en 1960, qu'il s'agissait d'une technique très risquée si elle était confiée à des mains inexpérimentées, et que les fréquents effondrements des galeries dus à une mauvaise construction des poutres de soutènement avaient fait de nombreuses victimes[1]. J'ai entendu dire qu'un villageois était mort de cette façon il y a un an et que cela est chose courante. William Amú me raconte qu'en autant qu'il se souvienne environ vingt personnes ont péri dans des accidents de mine au cours des quarante dernières années. Selon Lilia, il y en aurait eu trente : un taux de mortalité quand même plutôt élevé pour une population totale de deux mille cinq cents habitants, beaucoup plus important que le taux d'homicides à Cali, par exemple, considéré comme l'un des plus élevés au monde.

Je me trouve devant l'une des mines « nouveau genre » creusée à la verticale. La terre tremble sous le grondement de la pompe et de l'eau. Le sol est couvert de grandes toiles de plastique bleu. Je vois des abris en feuilles de bananiers sous lesquels des femmes sont couchées, à demi endormies, ou assises les jambes étendues, la cigarette au bec, attendant que les hommes commencent à creuser. Bientôt, elles forment une chaîne et se passent des seaux flexibles en caoutchouc remplis de terre extraite de la mine, balançant chacun d'eux de mains en mains jusqu'aux deux femmes opérant le *sluice* dans lequel jaillit l'eau que la pompe aspire hors de la mine. Leurs mains bougent à la vitesse de l'éclair, séparant les gros cailloux des petits, le gravier du gravillon ; elles sortent des seaux de roches du *sluice*, puis elles tentent de contenir le flot afin de filtrer l'eau le plus minutieusement possible. Plus tard en après-midi, elles vont laver le sable à la batée pour en tirer une poussière noire encore plus fine nommée *jagua*, contenant les alluvions exploitables. Dans de nombreuses régions d'Amérique du Sud, on utilise encore du mercure, comme à l'époque coloniale, pour séparer l'or des alluvions, ce qui a de terribles conséquences sur la santé et l'environnement. Cependant, je n'ai jamais entendu parler d'une telle pratique ici. Au début des années 1950, Robert West rapportait que la plupart des mineurs de la côte utilisaient un truc qu'ils avaient appris des Indiens. Ils employaient la sève gluante d'un arbre semblable au balsamier pour créer un film à la surface retenant le fer contenu dans les alluvions, tandis que l'or descendait au fond de la batée, mais je n'en ai jamais été témoin[2].

En fait, je n'ai jamais vu d'or comme tel sinon à deux ou trois reprises, brillant dans l'eau comme de petites étoiles au fond d'une noix de coco ouverte. C'est ainsi que les femmes le conservent pendant la journée près des cours d'eau où elles travaillent en forêt. Pourquoi le conservent-elles ainsi, comme de petits poissons nageant dans l'eau ? Pourquoi retrouve-t-on toujours cette intimité entre l'or et l'eau ? Un jour, j'ai vu une jeune femme robuste plonger à répétition dans l'eau, une roche attachée dans le dos, son enfant de cinq ans la regardant depuis la rive. À côté d'elle, dans un remous, dansait une noix de coco ouverte flottant précairement sur un bout d'écorce de bananier plantain. Je me rappelle encore la nonchalance et la fragilité qu'incarnait ce minuscule bateau destiné à contenir le peu d'or qu'elle pourrait trouver.

Voilà qui résume l'ensemble de mes impressions au sujet de Santa María.

Il y a très peu de mines en galeries sur la côte pacifique, à part sur le Río Timbiquí, où une compagnie minière franco-britannique les a introduites au début du XXe siècle ; elle interdisait complètement l'accès à la région et dirigeait sa propre « république » avec sa prison, sa police et sa devise monétaire, afin de garantir un nombre suffisant de travailleurs. La compagnie a quitté la région au début des années 1930.

Aujourd'hui, l'exploitation minière artisanale est pratiquée surtout par des femmes et des enfants qui lavent l'or dans les rivières et plongent parfois dans

1. Robert WEST, *The Pacific Lowlands of Colombia : A Negroid Area of the American Tropics*, Baton Rouge, Louisiana State University Press, 1960, p. 178.
2. *Ibid.*, p. 178.

Enfant à la recherche d'or

Photo : Michael Taussig

l'eau avec une grosse pierre attachée dans le dos. C'est la méthode d'extraction de l'or la plus courante en Colombie encore de nos jours, comme c'est le cas depuis 400 ans.

Presque tous les mineurs de la Colombie sont des « mineurs artisanaux », des descendants des esclaves africains qui ont travaillé pendant plus de trois siècles pour les Blancs jusqu'à l'abolition complète de l'esclavage en 1851. Au grand dam de leurs anciens maîtres, les esclaves libérés ont refusé net de continuer à travailler pour un patron, même si on leur offrait un bon salaire. Ils voulaient avoir leur propre terre et sont passés à une économie de subsistance en s'installant loin des villes, généralement le long de rivières accessibles seulement par pirogues. Ils cultivaient leurs propres aliments – bananes plantains, manioc et maïs –, chassaient dans la forêt tropicale et pêchaient dans les estuaires. Ce modèle prévaut encore de nos jours, car un grand nombre de mineurs vivent loin des marchés. En amont, là où habitent les mineurs, il n'y a que peu de gibier et pratiquement plus de poissons. La nourriture est monotone et insuffisante. La plupart des gens aspirent à partir vers les villes de l'intérieur.

Environ 10 % des 50 millions de Colombiens sont de descendance africaine. Ils vivent dans les régions les plus chaudes et les moins salubres du pays.

La plupart des « mineurs artisanaux » vivent aujourd'hui isolés sur la côte pacifique, le long de rivières tumultueuses qui dévalent la cordillère occidentale vers la mer. Il n'y a aucune route là-bas. La quantité de pluie y est incroyable, la première ou la deuxième en importance au monde. Les mangroves s'étendent sur plus de 600 km (372 milles). C'est loin d'être un « paradis tropical » ; il y fait extrêmement chaud et humide ; la malaria y est très fréquente. Les gens n'ont que peu ou pas d'argent. Dans les villages miniers que je connais, le salaire moyen est d'un dollar par jour. Le visiteur s'y sent comme aux confins du monde.

Voilà pourquoi la région devient maintenant un havre pour le commerce de la cocaïne à mesure que les producteurs de coca s'éloignent des terres détruites par les opérations de pulvérisation du bassin amazonien supérieur imposées par les États-Unis. Refusant de contrôler la demande de cocaïne à l'intérieur de ses frontières, ou incapable de le faire, le gouvernement américain tente d'en limiter la production en Colombie. Après plus d'une décennie et plus d'un milliard de dollars distribués par le ministère des Finances des États-Unis, il n'y a eu aucune baisse de la production de cocaïne, alors que les lois proscrivant la drogue ont causé une montée de la violence absolument catastrophique pour les Colombiens.

Parce qu'il ne reste que très peu d'or pouvant être extrait par les « mineurs artisanaux », certains mineurs ou leurs enfants adolescents ont commencé, craintivement, à prendre part à l'industrie du coca qui pénètre les rivières côtières, tandis que des groupes ennemis se battent pour prendre le contrôle de cette culture lucrative. Ces mineurs risquent d'être massacrés par les paramilitaires, souvent alliés à l'armée nationale. Il y a aussi les demandes onéreuses de la guérilla, qui constitue aujourd'hui une organisation commerciale plus qu'un mouvement de gauche. En outre, il est probable que le gouvernement soumette les champs des mineurs ainsi que la forêt tropicale environnante à des opérations de pulvérisation chimique.

La Colombie était de loin le premier producteur d'or des Amériques et du vaste empire espagnol. Les fabuleuses richesses que la colonie a fournies à l'Espagne sont maculées de la sueur et du sang des esclaves. Rien de cela n'est pourtant officiellement consigné. C'est comme si l'histoire avait été effacée. Pour quelle raison ? Et comment se fait-il que le scintillement de l'or ait éclipsé tout cet horrible labeur ? Vraiment, comme le disent les mineurs, l'or appartient au diable.

«Le seul banc public de Sioux Jonction [...] fait dos à la rivière, la *Wicked Sarah*, où treize enfants se sont noyés depuis la fondation de la ville au début du siècle. La dernière noyade – celle du petit L'Heureux, qui cherchait de l'or dans la rivière, comme les prospecteurs qui donnèrent la richesse à la ville – remonte au temps où la ville était menacée de fermeture. Le petit L'Heureux avait appris la veille que la ville allait fermer parce que la mine et la forêt ne donnaient plus rien. L'enfant s'était mis dans la tête que, si on trouvait de l'or dans la *Wicked Sarah*, les prospecteurs reviendraient et, avec eux, les patrons, les Américains, les travailleurs, les familles nombreuses et le marchand de bonbons à la cenne qui était parti un mois plus tôt. À l'école, on lui avait appris que les fondateurs de la ville avaient fait fortune après avoir trouvé des pépites dorées dans les sables de la *Wicked Sarah*.»

POLIQUIN, Daniel (1987), L'Obomsawin, *Montréal, Bibliothèque québécoise, p. 9.*

CHAPITRE 7

LA GÉOLOGIE

L'or, de la croûte terrestre à son utilisation

Jayanta Guha, Ph. D. Géologie, professeur émérite en sciences de la terre, Université du Québec à Chicoutimi

Benoît Dubé, Ph. D. Géologie et ingénieur, chercheur scientifique à la Commission géologique du Canada, ministère des Ressources naturelles du Canada

Le buisson d'or

Michel Guiraud, professeur de minéralogie, directeur des collections, Muséum national d'histoire naturelle, Paris

L'exploration minière au XXIe siècle

Jean-Marc Lulin, Ph. D. Géologie, président et chef de la direction, Exploration Azimut inc.

Mines Agnico-Eagle limitée

Eberhard Scherkus, président et chef de l'exploitation

Éléonore, un projet d'avenir

Claude-François Lemasson, ing., directeur général des projets Canada–États-Unis, Goldcorp Inc.

L'or, de la croûte terrestre à son utilisation

JAYANTA GUHA
Géologue, professeur émérite en sciences de la terre, Université du Québec à Chicoutimi

BENOÎT DUBÉ
Géologue et ingénieur, chercheur scientifique à la Commission géologique du Canada, ministère des Ressources naturelles du Canada

DIVERS PHÉNOMÈNES GÉOLOGIQUES, TANT en profondeur qu'en surface de la terre, ont donné naissance à l'or, le métal le plus recherché et le plus populaire dans l'histoire de l'humanité. La découverte, dans le tombeau du pharaon égyptien Toutankhamon, du sarcophage arborant le très célèbre masque d'or illustre bien cette fascination pour le précieux métal au fil de l'histoire. Voici un sommaire de ses caractéristiques physicochimiques, de sa mise en place et de sa distribution géologique et géographique, de l'exploitation, de l'extraction et de la transformation, de son utilisation ainsi que des répercussions de ce métal sur notre vie.

Les propriétés physicochimiques et la répartition naturelle de l'or

L'or (symbole chimique Au, numéro atomique 79) est un métal précieux de couleur jaune éclatant. Il se trouve dans le groupe IB du tableau périodique des éléments. Sa couleur varie selon le pourcentage d'argent qui s'y trouve communément associé. La présence de l'argent pâlit la couleur de l'or. Son poids spécifique de 19,32 g/cm^3 reflète sa grande densité. Sa plus grande caractéristique est sa ductilité ; l'or est malléable à la température de la pièce. Elle décroît selon la présence d'autres métaux dans l'alliage. Très résistant à la corrosion parce qu'il ne se combine pas à l'oxygène, l'or est attaquable seulement par l'eau régale, de l'acide nitrique mélangée à l'acide chlorhydrique formant un chlorure d'or. Il réagit également au cyanure de potassium produisant le dicyanoaurate de potassium qui, une fois dissous dans l'eau, devient très toxique. L'abondance de l'or dans la croûte terrestre est de 0,005 partie par million (ppm), comparée à 50 ppm pour le cuivre et 0,07 ppm pour l'argent (Boyle, 1987).

Résidus industriels, cordillère des Andes, Chili

Photo : Marcelo Riveros, 2007

Minerai d'or de très haute teneur de la mine Red Lake, en Ontario

Photo: Benoît Dubé

Dans la nature, l'or se trouve principalement à l'état natif ou comme principal constituant dans des alliages avec l'argent, le cuivre et les métaux de platine, etc. (Boyle, 1987). Tout comme l'argent, l'or s'associe au tellure pour former des tellurures comme les minéraux suivants : la sylvanite, la calavérite, la petzite, etc. L'or forme également des minéraux d'antimoine, de sélénium et de bismuth.

Le minerai d'or se trouve dans la nature sous une myriade de formes. Les plus communes et les plus recherchées ont longtemps été des pépites ou des paillettes d'or. On les a retrouvées surtout dans les sédiments des cours d'eau, dans le sable ou les graviers des ruisseaux et des rivières, sous la forme de placers d'or (sables et graviers) ou de paléoplacers (roches). La plus grosse pépite découverte au Québec est la pépite McDonald, trouvée dans le lit de la rivière Gilbert en Beauce en 1866. Elle pèse 45 onces.

Mineur artisanal, IIIe région, Chili
La zone rougeâtre de la paroi contient de l'or tandis que la bleue contient du cuivre.
Photo : Marcelo Riveros, 2007

Les paléoplacers d'Afrique du Sud (Witwatersrand) découverts en 1884 constituent la plus importante source d'or trouvée à ce jour avec plus de 78 000 tonnes métriques d'or (Gosselin et Dubé, 2005). En comprenant que ces pépites trouvent leur origine loin de leur site de découverte, les prospecteurs et chercheurs ont voulu retracer leur source originale ou lieu de formation. On a découvert des filons d'or associés à du quartz et, en proportions moindres, à des carbonates, de la tourmaline et de la pyrite. Cette recherche de l'or dans les filons a permis de découvrir que le minerai d'or peut contenir un assemblage minéralogique très varié et se former dans des environnements géologiques très différents. Cette association n'est pas aléatoire et certains minéraux ont plus d'affinités entre eux que d'autres. Ce sont les sulfures, les arséniures ou des tellurures de fer, de cuivre et d'autres métaux.

L'avancement technologique dans les analyses et l'extraction de minerai a permis de découvrir un type de minerai aurifère inconnu auparavant, appelé aujourd'hui minerai d'or invisible. L'or se trouve en très fines particules dans la structure des minéraux comme l'arsénopyrite (un arséniure de fer) ou pyrite arsénifère. Un minerai de ce type sera trompeur pour les non-initiés, seule une analyse chimique peut confirmer qu'il est bien porteur d'or. L'or y est tellement fin qu'on ne le voit même pas au microscope optique. D'énormes gisements de ce type, en particulier les gisements de « type Carlin » au Nevada, forment une part substantielle de la production aurifère contemporaine en Amérique du Nord et font du Nevada une des plus importantes régions aurifères au monde. Les gisements de « type Carlin » confèrent aux États-Unis le troisième rang mondial en tant que producteur d'or, derrière l'Afrique du Sud et l'Australie.

L'or se trouve également comme sous-produit associé aux gisements de métaux de base (cuivre, plomb, zinc) et d'uranium. La combinaison de métaux de base et de métaux précieux (or et argent) rend certains gisements très attrayants pour leur rentabilité, car la valeur du minerai est moins sensible à la fluctuation des marchés boursiers. Sur la surface polie d'un échantillon de minerai observé au microscope en lumière réfléchie, l'or se distingue par sa couleur jaune éclatant et sa grande capacité à réfléchir la lumière.

Les gisements aurifères des Amériques et leurs productions aux XXe et XXIe siècles

La production et les réserves aurifères (ou productivité) des Amériques sont illustrées dans l'encadré de la figure 1. Elles représentent 24 % de la production mondiale. Ces chiffres ne tiennent pas compte de la production antérieure au XXe siècle, ni de la production provenant de gisements exploités de façon artisanale et des placers (sables et graviers). La figure 1 illustre la répartition des principaux gisements aurifères géants des Amériques. On dit d'un gisement qu'il est géant lorsque sa production historique, combinée aux réserves actuelles, totalise plus de trois cents tonnes métriques d'or. On remarque que ces gisements géants se trouvent distribués dans plusieurs types de roches de nature et d'âge différents et qu'il existe au moins deux grands districts aurifères : la région de l'Abitibi, de Timmins en Ontario à

Le site de Carlin, au Nevada
Illustration de la dimension des gisements exploités.
Photo : Bettermines

FIGURE 1
Gisements d'or géants des Amériques (>300 t Au)

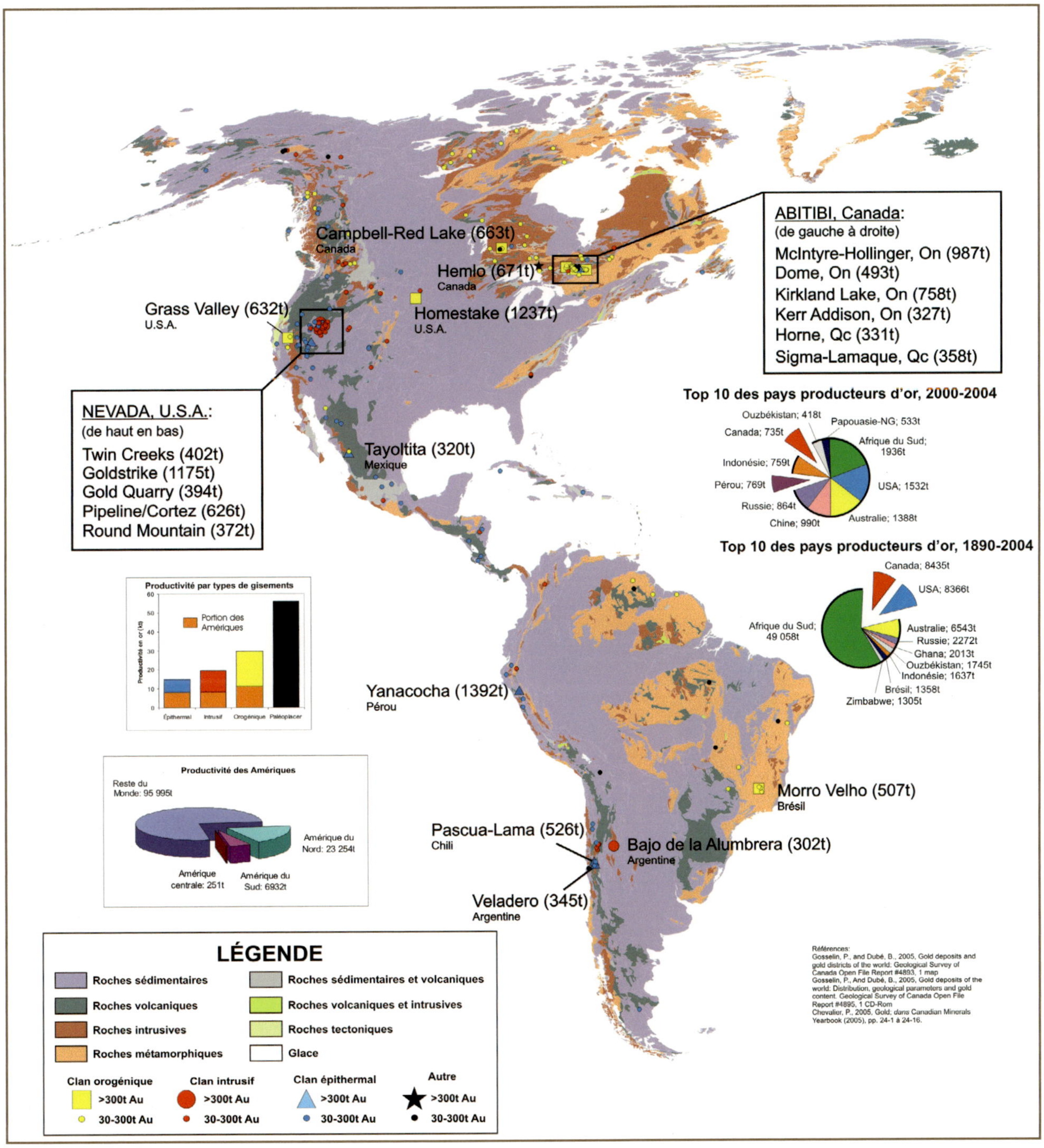

Carte des gisements d'or géant des Amériques (> 300 t Au), 2003

Photo: Benoît Dubé et Patrice Gosselin, Commission géologique du Canada

Val-d'Or au Québec, et la région du Carlin Trend au Nevada. Bien que les caractéristiques géologiques de ces régions soient connues, il est toujours impossible d'expliquer exactement pourquoi elles sont si riches en or. Une multitude d'événements géologiques à des échelles variant de celle de la croûte terrestre à celle du micron et impliquant des processus physiques et chimiques complexes sont en cause.

On reconnaît maintenant plusieurs types de gisements d'or formés dans des environnements géologiques différents, à des profondeurs crustales variant de la surface à plus de 10 km (figure 2), ainsi qu'à des périodes géologiques aussi anciennes que 2,7 milliards d'années (au Canada) et aussi récentes que 10 millions d'années (au Chili et au Pérou). L'or est exploité à partir de puits de mine pouvant extraire du minerai à plus de 1,5 km (5 000 pieds)

FIGURE 2
Types et profondeur de formation des gisements aurifères

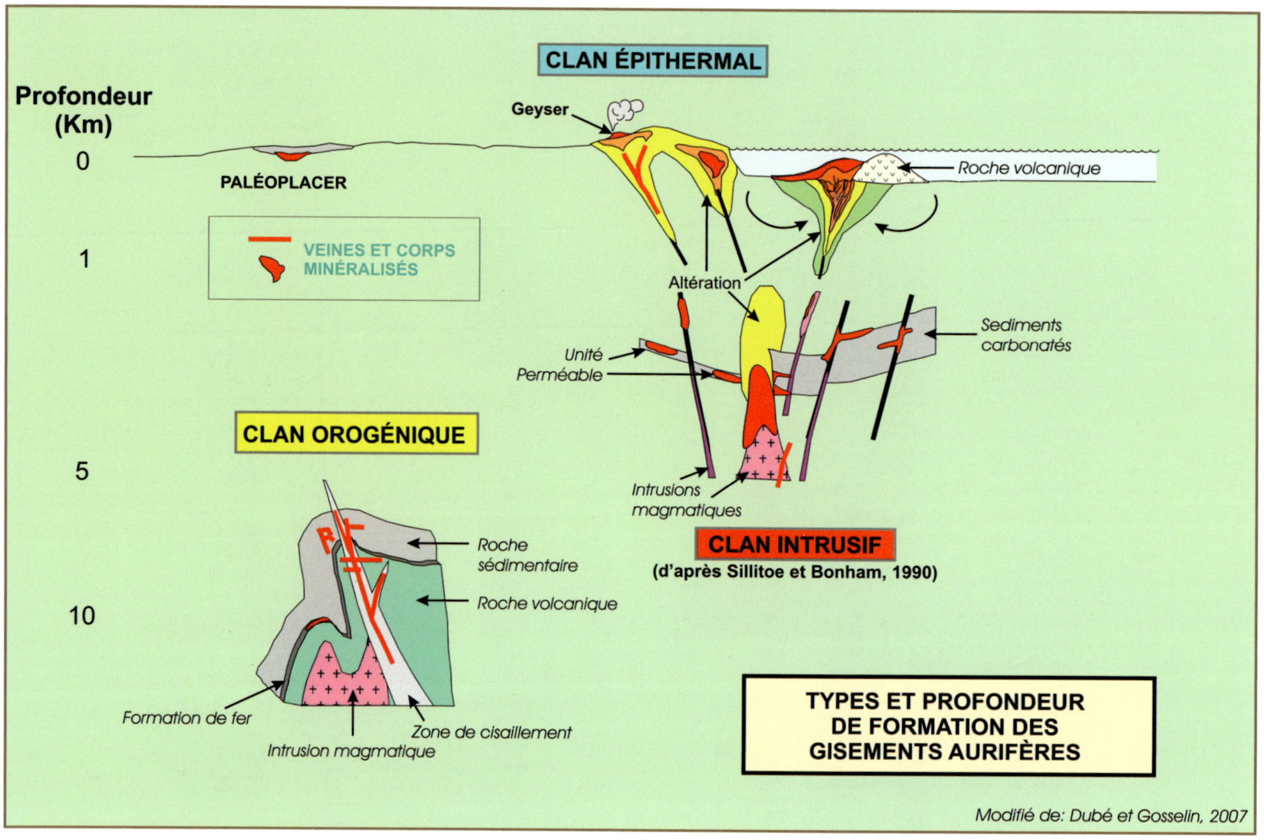

Types et profondeur de formation des gisements aurifères, 2007
Photo: Benoît Dubé et Patrice Gosselin, Commission géologique du Canada

sous terre comme c'est le cas à la mine de Campbell-Red Lake en Ontario, alors qu'ailleurs cela se fait à partir d'exploitations à ciel ouvert comme le site de Carlin au Nevada ou le Yanacocha au Pérou. La figure 1 montre la productivité et la diversité des types de gisements reconnus en Amérique. On perçoit une légère prédominance des gisements de type orogénique (10 960 t Au). Seuls les gisements de type paléoplacers ne sont pas inventoriés sur le continent. Les gisements paléoplacers du Witwatersrand d'Afrique du Sud ont un contenu total de l'ordre de 78 000 t Au, ce qui représente environ 60 % de l'or (production et réserves) à l'échelle mondiale! (Gosselin et Dubé, 2005)

Certains gisements, notamment au Chili, au Pérou et en Argentine, se sont formés près de la surface lors d'activités volcaniques subaériennes (gisements épithermaux neutres et acides (figure 2). D'autres gisements formés dans des environnements de dépôts sédimentaires calcaires seraient associés à une combinaison complexe d'événements géologiques tels que des déformations (failles et plis) et de l'activité magmatique, leur formation aurait même pu avoir été influencée par des changements climatiques reliés à des soulèvements tectoniques de plusieurs kilomètres, comme c'est le cas pour les gisements de « type Carlin » au Nevada (figure 2). Finalement, au Canada, la majeure partie de l'or provient de gisements formés à une profondeur variant de 5 à 10 km sous la surface. Ils sont associés à la collision entre des microplaques ou des assemblages de roches distincts lors de périodes d'activités séismiques et de circulation de fluides hydrothermaux à grande échelle (clan orogénique, figure 2).

Les techniques d'extraction de l'or

Dans le développement de toutes les civilisations, il y a un lien entre l'environnement géographique et l'exploitation de cet environnement par des technologies simples. L'évolution de ces technologies s'appuie sur la diffusion d'idées venant d'ailleurs. L'évolution des méthodes d'extraction de l'or adhère à ce principe (Kidder, 1964).

Le principe de base de l'extraction de l'or repose sur l'état du minerai d'or dans la nature, ce qui est communément appelé le degré de libération, c'est-à-dire la facilité avec laquelle l'or peut être séparé des

Trapiche (moulin pour moudre le minerai), IIIe région, Chili

Photo : Marcelo Riveros, 2007

autres minéraux qui lui sont associés. Quand l'or est à l'état libre, l'extraction est plus facile que lorsque celui-ci est étroitement incrusté dans d'autres minéraux tel le quartz ou encore lorsqu'il se trouve piégé à l'intérieur de minéraux comme la pyrite, la chalcopyrite, l'arsénopyrite, etc., où il faut alors utiliser des techniques d'extraction plus perfectionnées.

D'autres facteurs entrent en ligne de compte ; ils sont d'ordre économique, minéralogique et environnemental. L'extraction d'un minerai à basse teneur et de minéralogie simple exige généralement des procédés à faible coût. Un minerai avec une minéralogie très complexe, en particulier les sulfures, nécessite des procédés plus élaborés. Le choix du procédé d'extraction doit aussi tenir compte des conséquences environnementales engendrées par le type de procédé utilisé.

L'or libre, sous forme de pépites et de paillettes, est récupéré par des moyens mécaniques en utilisant son poids spécifique, plus élevé que celui des autres minéraux associés. La technique la plus rudimentaire utilisant ce principe est la batée. Il s'agit d'un grand plat rond peu profond, dans lequel on place les sédiments contenant l'or libre avec de l'eau. Dans un mouvement circulaire, en gardant le plat incliné, on soulève les particules les plus légères et on les laisse s'échapper alors que l'or plus lourd reste au fond du plat. Le même principe de séparation par gravité, en utilisant l'eau combinée à l'effet des tables vibrantes, est utilisé pour bâtir des systèmes mécaniques plus élaborés.

Pour concentrer l'or présent à l'état libre, visible à l'œil nu dans les filons de quartz, on passe par une étape de broyage préalable qui permet de libérer l'or avant de passer à l'étape de séparation par gravité. L'amalgamation avec le mercure est de nos jours un procédé peu utilisé à l'échelle industrielle, mais encore en usage dans des économies de basse échelle et de récupération artisanale. Le principe est basé sur l'aptitude de l'or à former un amalgame avec le mercure qui, soumis à l'évaporation, permet de récupérer l'or pur.

Dans le cas où l'or se trouve étroitement associé à d'autres sulfures et arséniures ou encore lorsque sa taille après le broyage est fine, l'or s'extrait par un procédé de lixiviation par le cyanure, mieux connu sous le nom de cyanuration. Après le broyage, la pulpe du minerai est lessivée avec une solution de cyanure de sodium en présence d'air. La solution contenant l'or est ensuite traitée pour libérer l'or. La méthode la plus efficace employée aujourd'hui est l'utilisation du charbon actif sur lequel l'or se précipite. Le charbon activé est ensuite libéré de son contenu en or par un traitement acide, permettant ainsi de le réutiliser.

Très récemment, on a rapporté que l'utilisation de plantes pour extraire l'or à faible teneur d'un parc à résidus de rejets de moulin du gisement de Kolar, en Inde, s'est avérée un succès (Isloor, 2005). L'utilisation des plantes pour extraire des métaux du minerai s'appelle le phytomining. Cette méthode qui agit comme un hyper accumulateur d'or a été utilisée pour la première fois en Nouvelle-Zélande en 1998. Des études similaires ont également été menées lors de l'exploitation du gisement Brasilero au Brésil.

Les processus de transformation

Afin d'éliminer les métaux de base comme le cuivre, le zinc, le fer et le plomb (et d'autres impuretés), le concentré d'or obtenu par le processus d'extraction est d'abord soumis au rôtissage à des températures entre 600-700 °C. Cela permet de convertir les métaux à l'état d'oxydes et facilite leur élimination dans la scorie lors du processus de fusion. Le processus de fusion consiste à chauffer le produit du rôtissage entre 1200 à 1400 °C en utilisant de la silice et du borax (borate de sodium). La silice aide à former des scories avec les métaux de base et les autres impuretés, tandis que le borax aide à réduire le point de fusion de la silice de 1723 °C à environ 800 °C selon le ratio entre la silice et le borax. L'or et l'argent, plus lourds que la scorie, s'accumulent au fond du récipient de fusion. Le contenu en or et en

L'astronaute Eugene A. Cernan, commandant de la mission Apollo 17, sur la surface de la Lune, le 13 décembre 1972
La visière de son casque est recouverte d'or afin de mieux réfléchir la lumière astrale.
Photo : NASA, Inv. AS17-134-20476

l'or manuellement jusqu'à ce qu'il devienne mince. L'or pur ou associé à un faible pourcentage d'argent ou de cuivre peut devenir par martelage une feuille d'une épaisseur de 0,0000127 centimètre (Boyle, 1979). Ces feuilles sont utilisées pour décorer des édifices, des monuments, des vitraux et même des sucreries en Inde. De fines couches d'or sont aussi utilisées comme plaquage sur plusieurs petits objets domestiques comme les plumes et les stylos, les briquets, les robinets de salle de bains, etc. L'or liquide, obtenu grâce à un procédé qui permet de mettre l'or en suspension, est utilisé pour la décoration de céramiques et de verres.

Les propriétés de l'or favorisent son utilisation dans de nombreuses applications industrielles décrites de façon détaillée dans le site Web du Conseil mondial de l'or (World Gold Council – www.gold.org). Selon Corti et Holliday (2003), on utilise seulement 12 % de la demande totale de l'or pour les applications industrielles, comparé à 50 % pour le platine, le palladium et l'argent. Ses propriétés de conduction thermique et électrique élevées combinées à sa résistance à la corrosion font de l'or un matériau de haute performance dans la fabrication de circuits électroniques utilisés dans les télécommunications et les technologies d'information. Les particules d'or à l'échelle « nano » (10^{-9}) présentent des propriétés très intéressantes dans le domaine de l'optique (Corti et Holliday, *op. cit.*).

Selon le World Gold Council et le Gold Institute (www.goldinstitute.org), des recherches relativement récentes montrent le potentiel de l'or comme agent catalyseur pour accélérer les réactions chimiques sans pour autant être absorbé ou consumé par ces réactions. L'avantage de l'or utilisé comme catalyseur est la basse température (200-350 °K) à laquelle il devient fonctionnel, comparée à celle du platine qui a une température d'optimisation se situant entre 400 et 800 °K. Certains procédés chimiques tels la technologie de l'hydrogène, le contrôle de la pollution environnementale et le contrôle d'émissions de certains types de moteur emploient aussi l'or comme catalyseur.

On utilise l'or dans les ordinateurs, les téléphones cellulaires, dans l'industrie automobile et même dans la fabrication des disques compacts et des DVD. L'efficacité de l'or comme réflecteur de chaleur et de radiations infrarouges lui a donné une place de choix dans la construction et dans les programmes de la conquête de l'espace. De minces couches d'or recouvrent aujourd'hui les vitres des grands édifices et les visières des casques des cosmonautes.

L'utilisation en dentisterie d'or en feuillets pour remplir les cavités date d'avant Jésus-Christ. Aujourd'hui, c'est surtout l'alliage d'or qui est utilisé pour faire certaines obturations. L'or est utilisé comme ingrédient dans des médicaments et dans certains traitements *ayurvédiques* en Inde, en Égypte et en Chine depuis plusieurs siècles. Les recherches se poursuivent toujours sur l'utilisation de l'or dans les domaines pharmaceutique et médical pour traiter différentes maladies telles que le cancer. L'industrie biomédicale utilise l'or dans la fabrication de pièces pour les implants ou les puces électroniques servant à distribuer des médicaments (*drug delivery microchips*) en raison de sa résistance au développement de bactéries, de sa biocompatibilité, de sa malléabilité et de sa résistance à la corrosion. Ces puces sont avalées, implantées dans les viscères ou inoculées par intraveineuse. Des nano particules d'or sont aussi employées pour faire des diagnostics biomédicaux (Corti et Holliday, 2003).

L'or peut-il être remplacé ?

Plusieurs métaux pourraient concurrencer l'or, cependant leurs caractéristiques commandent leur utilisation. Le platine pourrait être le métal de choix pour confectionner des bijoux. Sa couleur blanche offre un reflet bien particulier. Dans les cinq dernières années, les bijoux en platine ont acquis une place de choix sur le marché. L'or blanc (un alliage d'or, de cuivre, d'argent, de palladium et également de petites quantités de nickel et de zinc) n'a pas la même dureté, durabilité et luminescence que le platine. Alors pourquoi le platine ne remplace-t-il pas l'or dans la fabrication des bijoux? Le platine coûte plus cher que l'or, mais ce dernier est plus facile à manipuler car son point de fusion est plus bas que celui du platine. Il ne pourra jamais remplacer l'or comme métal de choix dans l'orfèvrerie et la décoration, mais il le concurrencera toujours dans son utilisation comme catalyseur dans les convertisseurs catalytiques utilisés dans les systèmes d'échappement de gaz des voitures (cf. Lassonde, 1900). Des statistiques récentes montrent bien l'emprise du platine dans ce secteur d'utilisation. Uniquement en Chine, la demande pour le platine dans l'industrie automobile a grimpé, passant de 75 000 onces en 2004 à 110 000 onces en 2005 (Ciaccio, 2006).

Dans le domaine de la nanotechnologie de l'informatique, des recherches sont menées pour vérifier l'efficacité d'autres métaux dans la fabrication de circuits intégrés. Par exemple, les chercheurs ont trouvé que le germanium peut être déposé sur des *silicone wafers* de façon plus ordonnée que l'or (Pescovitz, 2005). Le problème avec les métaux comme le germanium, c'est qu'on ne retrouve pas de gisements. Le germanium est un sous-produit du raffinage du zinc ou est dégagé lors de la combustion du charbon.

Dans l'industrie de l'électronique, l'or s'est vu remplacé par des alliages d'argent, de cuivre et de palladium. Toutefois, l'augmentation de la demande de produits électroniques fait que la consommation d'or dans ce secteur se situe toujours à environ 4 millions d'onces par année.

En dentisterie, l'or est concurrencé par un alliage de platine et de palladium, mais surtout par la céramique, qui est moins chère et dont l'apparence est plus neutre. Le déclin constant de consommation d'or en art dentaire s'est traduit par une baisse significative, passant de 2,4 millions d'onces dans les années 1970 à 1,4 million d'onces à la fin des années 1980.

Conclusion

L'or, par ses propriétés naturelles, occupe une place de choix dans nos vies depuis des siècles. L'avenir de l'or et de ses multiples usages semble parsemé de défis. La recherche de nouveaux gisements devra s'adapter à la variation des modes de formation et de répartition naturelle du minerai. L'exploitation de ses habitats naturels et l'extraction exigent des raffinements technologiques. La sauvegarde de l'environnement fait désormais partie de l'équation de base de l'industrie minière. Force nous est de constater que l'influence de l'or sur nos vies s'avère quasi permanente puisque ce précieux métal nous semble irremplaçable.

Bibliographie

BOYLE, R.W. (1987), *Gold, History and Genesis of Deposits,* Von Nostrand Reinhold Company Inc., New York, 676 p.

BOYLE, R.W. (1979), *The geochemistry of gold and its deposits,* Geological Survey of Canada, bulletin 280, 584 p.

CIACCIO, Alison G. (2006), *The Bling Factor: Platinum* [http://www.grandich.com/docs/barrons_06-12-06.pdf].

CORTI, C., et R. HOLLIDAY (2003), *A golden future,* Materials World, February, p. 12-14.

GOSSELIN, P., et B. DUBÉ (2005), *Gold deposits of the world: distribution, geological parameters and gold content,* Geological Survey of Canada, Open File 4895.

ISLOOR, A.M. (2005), *Gold mining with plants?,* Deccan Herald, Science and Technology, Tuesday, August 30.

KIDDER II, A. (1964), « South American High Cultures », dans *Prehistoric Man in the New World,* J.J. Jennings et E. Norbeck (ed.), The University of Chicago Press, p. 451-486.

LASSONDE, P. (1990), *The Gold Book,* Penguin Books.

ORGANISATION INTERNATIONALE DU TRAVAIL (2005), *Ruée vers l'or en Mongolie - ou lorsque des bergers se transforment en « ninjas »,* Espace Média (articles de fond), [http://www.ilo.org/public/french/bureau/inf/features/05/mongolia.htm].

PESCOVITZ, D. (2005), *Nanoislander: Lab Notes* (Research from the College of Engineering, University of California, Berkley), vol. 5, n° 7.

POULSEN, K.H., F. ROBERT et B. DUBÉ (2000), *Geological classification of Canadian gold deposits,* Commission géologique du Canada, bulletin n° 540, 106 p.

Proyecto GAMA-Gestion Ambiental en la Minera Artesanal - Peru (Gestion de l'environnement dans les exploitations minières artisanales au Pérou). *Tout ce qui brille n'est pas de l'or!,* Direction du développement et de la coopération, Suisse [http://www.sdc.admin.ch/index.php?navID=26447&langID=2].

SEGHIER, C. (2005), *Les déchets miniers seront bientôt encadrés par une nouvelle directive à l'échelle européenne,* Actu Environnement [http://www.actu-environnement.com/ae/news/1420.php4].

SILLITOE, R. H., BONHAM, H. S. JR, « Sediment-hosted gold deposits: Distal products of magmatic-hydrothermal systems », *Geology*, vol. 18, n° 2, p. 157-161.

XIAO, T., J. GUHA, D. BOYLE, C.-Q. LIU, B. ZHENG, J. CHEN, G.C. WILSON et A. ROULEAU (2004), *Naturally-occurring thallium: A hidden geo-environmental health hazard?,* Environment International, 30 (4): 501-507.

Le buisson d'or

Michel Guiraud
Professeur de minéralogie, directeur des collections, Muséum national d'histoire naturelle, Paris

Les collections du Muséum national d'histoire naturelle existent depuis 1635, date de la création du Jardin du roi, institué dans le but de comprendre la nature puis d'en faire l'inventaire le plus exhaustif qui soit. Si l'approche scientifique domine bien évidemment la constitution des collections, l'aspect « cabinet de curiosités » est resté présent tout au long de l'histoire de l'institution. La recherche du spécimen le plus beau, le plus rare, le plus grand, etc., c'est-à-dire celui qui non seulement est le témoin de la diversité de la nature, mais qui présente aussi un caractère exceptionnel en faisant un objet culturel et esthétique tout autant qu'un spécimen scientifique, a toujours motivé nos acquisitions.

Les collections de minéralogie renferment leur lot de belles pièces. Le « buisson d'or » fait partie de cette collection de chefs-d'œuvre de la nature. À la fin des années 1980, le conservateur de la collection, Henri-Jean Schubnel, a obtenu l'aide de la compagnie Elf, compagnie pétrolière devenue aujourd'hui la propriété du groupe Total, pour créer une collection de spécimens exceptionnels par leur qualité cristallographique ou leur rareté minéralogique. Son successeur, Pierre-Jacques Chiappero, a poursuivi la même politique et, avec le soutien du groupe Total, le Muséum a pu acquérir plus de 300 échantillons.

Le « buisson d'or » constitue une des pièces maîtresses de la collection. Acquis en 1993 et inventorié sous le n° 194-8, il s'agit d'un spécimen d'or sur gangue de quartz blanc pesant 1,9 kg, mesurant 27 cm de hauteur, 22 cm de largeur et 1,5 cm d'épaisseur. Il est constitué d'un agrégat de cristaux plurimillimétriques d'or. Il provient de la mine d'Eagle's Nest en Californie, qui regroupe en fait plusieurs gisements, et son intérêt économique réside seulement dans les ors cristallisés qu'on y trouve et qui sont vendus à des prix bien supérieurs au cours du lingot. Dans cette mine du comté de Placer, l'or est exploité à l'air libre ou en sous-sol, sous forme de placers formés de dépôts alluvionnaires récents ou tertiaires. Cette région minière se trouve dans le grand complexe métamorphique du Foothills Metamorphic Belt, une formation composée de sédiments du paléozoïque métamorphisés et de séries intercalées de roches volcaniques. Ces roches sont recoupées par des filonets de quartz, généralement de faible épaisseur (environ 5 cm). C'est dans certains de ces filonets qu'on trouve l'or cristallisé. Ce gisement a la particularité de ne contenir que très peu de sulfures ou de tellures, alors que ce sont des minéraux fréquemment associés à l'or. Ce dernier a une pureté à peu près constante entre 870 et 880 sur 1 000 (c'est-à-dire de 21 carats). Étant donné que l'exploitation de la mine est axée sur la découverte d'échantillons destinés à la vente sur le marché des minéraux, les techniques utilisées sont très légères. L'or est prospecté au détecteur à métaux et dégagé manuellement. Ensuite chaque spécimen est travaillé pour éliminer la gangue de quartz et ne laisser apparaître que l'or. Le « buisson d'or » est représentatif des formes cristallines trouvées dans la mine d'Eagle's Nest, des octaèdres aplatis tendant à devenir des lamelles dendritiques. La faible épaisseur des veines de quartz conduit à des spécimens essentiellement à deux dimensions dès qu'ils atteignent une certaine taille.

Une partie de la renommée du « buisson d'or » tient dans l'origine de son surnom. Dans son ouvrage *Trésor du Muséum*[1] paru en 1998, Henri-Jean Schubnel raconte l'anecdote suivante. Benoit Mandelbrot, un

◂ **Or natif sur quartz blanc**
Le buisson d'or, spécimen exceptionnel par sa qualité cristallographique et sa rareté minéralogique.

Mine Eagle's Nest, comté de Placer, Californie
Muséum national d'histoire naturelle de Paris
Inv : MNHN 194.8, H : 27 cm La : 21 cm Ep : 1,5 cm
Photo : Alain Dahmane, Optique St-Hilaire

1. Henri-Jean SCHUBNEL, *Trésor du Muséum*, Paris, Éditions du Muséum national d'histoire naturelle, 1998.

éminent mathématicien, a utilisé ce spécimen pour illustrer la couverture de son livre *Fractales, hasard et finance*[2]. L'auteur parle d'un « buisson » ou d'un « rameau d'or » qu'on peut voir au Muséum national d'histoire naturelle. « Ce chef-d'œuvre d'art dû à la nature symbolise ce livre car il combine les trois thèmes soulignés par le titre. [...]. [Le buisson] est un agrégat polysynthétique, engendré par des forces naturelles innombrables et mal connues. [...] La fractalité se manifeste par la présence de trous et autres structures caractéristiques, qui couvrent une très large gamme de tailles. Pour représenter le résultat de ces forces, un seul outil est disponible. C'est le hasard. [...] Enfin, j'espère qu'on trouvera symbolique que la substance du buisson illustrant la couverture soit de l'or presque pur[3]. »

La répétition cyclique mais discontinue des mêmes formes et motifs est, en effet, la caractéristique des fractales. L'auteur voit le hasard dans le fait que les phénomènes physicochimiques qui ont conduit à sa cristallisation sont nombreux et complexes et que des formes comme celles du « buisson d'or », fréquentes dans la nature, défient pourtant toutes prévisions statistiques. Pour Mandelbrot, seul le chaos mathématique peut expliquer la matérialité de cet objet. Le « buisson d'or » fait donc bien partie de ces objets un peu magiques, porteurs de multiples sens qui transcendent les sciences et la culture.

2. Benoit B. MANDELBROT, *Fractales, hasard et finance (1959-1997)*, Paris, Champs Flammarion, 1997, 246 p.
3. *Ibid.*, p. 1-2.

L'exploration minière au XXIe siècle

Jean-Marc Lulin
Géologue, président et chef de la direction, Exploration Azimut inc.

Depuis des millénaires, les Amérindiens puis, bien plus tard, les premiers explorateurs, les coureurs des bois, les prospecteurs et les géologues ont cherché de l'or en Amérique. L'exploration systématique de territoires immenses, débutée au XIXe siècle, a conduit à la découverte de gisements de classe mondiale, de plus de 150 tonnes d'or – soit 5,2 millions d'onces d'or environ –, et au développement économique de régions entières. Aujourd'hui, la recherche de nouveaux gisements est une activité en grande partie tributaire des succès passés : il faut connaître ce qui a déjà été découvert, où et comment, pour élaborer des stratégies d'exploration pouvant mener à de nouveaux succès économiques.

Une activité industrielle structurée

Le secteur minier est un domaine d'activité industrielle structurée comportant différentes phases : l'**exploration**, le **développement**, l'**exploitation** et, finalement, la **réhabilitation** environnementale à l'arrêt de l'exploitation après épuisement des réserves. L'exploration vise à découvrir de nouveaux gisements, non seulement pour remplacer les gisements épuisés mais, également, pour répondre aux besoins croissants en métaux. Cet accroissement de la demande se reflète, de façon simple, dans l'augmentation des cours d'un métal donné. Cette demande pousse les sociétés minières à rechercher des gisements jusqu'aux confins de la planète. Quand la demande globale décroît, les cours baissent, entraînant une contraction de l'activité d'exploration qui s'exerce alors près des gisements en production.

◂ Boomer XE3
Cet appareil de forage est un outil hyper-performant.
Atlas Copco, Marketing Communications URE, n° 205605
Photo : Goran Wink

Dans cette dynamique, plusieurs stratégies apparaissent : a) rester dans les **camps miniers** ou dans les **régions minières**, là où le potentiel est prouvé ; b) se diriger vers des **régions moins explorées**, présentant un contexte géologique comparable à celui des régions productrices mais avec un potentiel non prouvé ; c) ouvrir de **nouvelles frontières**, dans des régions géologiquement peu ou pas connues et au potentiel incertain.

Des camps miniers aux nouveaux territoires

Les choix stratégiques effectués par les sociétés pour déterminer où explorer correspondent à une **analyse du risque**. Dans une région minière, qui dispose d'infrastructures et où le potentiel est déjà prouvé, le risque est moins élevé. Toutefois, dans ces régions, la capacité à découvrir de nouveaux gisements diminue avec le temps puisque, après plusieurs décennies, la plupart des gisements significatifs tendent à avoir été trouvés. À ce stade, le camp minier est dit mature. À l'opposé, dans les régions peu ou pas explorées, le risque paraît élevé, mais la perspective de trouver des gisements d'importance en surface et de participer, en première ligne, à un nouveau cycle de découvertes est très attrayante. La problématique « camps miniers ou nouveaux territoires ? » se pose à toute société recherchant des gisements d'or.

L'exploration au XXe siècle au Canada a donné lieu à l'émergence de camps miniers aurifères d'importance mondiale comme Val-d'Or, Timmins, Kirkland Lake ou Red Lake. Dans ces régions, le défi actuel est de renouveler les réserves pour maintenir les niveaux de production. Les gisements les plus faciles à découvrir affleurent en surface. Avec le temps, de façon logique, le potentiel minéral se développe vers la profondeur dans l'extension ou au voisinage des gisements connus. La valorisation du potentiel est poursuivie par les sociétés productrices jusqu'au

Vue aérienne du camp du projet Éléonore, secteur Baie-James, Québec
Photo : Mines Opinaca

moment où l'espoir de renouveler avec efficacité les réserves est abandonné. Mais parfois, après des années d'inactivité, d'autres joueurs peuvent prendre place et éventuellement, avec de nouvelles idées, font renaître un secteur que l'on croyait épuisé. L'exemple de la société Exploration Osisko Ltd., dans le camp minier de Malartic en Abitibi, est particulièrement éclatant : le gisement de Canadian Malartic, oublié, mais « redécouvert » et exploré par Osisko depuis 2005 en envisageant une mine à ciel ouvert plutôt qu'une mine souterraine, a des ressources maintenant estimées à 250 tonnes d'or.

La décision d'aller vers de nouveaux territoires est prise par un nombre considérable de sociétés, incluant les sociétés déjà productrices, dites « majeures », et par les sociétés d'exploration non productrices, dites « juniors ». La perception qu'il est plus facile de faire des découvertes d'importance, et à moindre coût dans les régions peu ou pas explorées, est largement partagée. Le coût des infrastructures nécessaires à la mise en production d'un premier gisement industriel dans ces régions est toutefois élevé : de plusieurs centaines de millions à plus d'un milliard de dollars. Pour ces raisons, une première découverte en terrain vierge doit être suffisamment importante pour justifier par elle-même la création d'infrastructures. La découverte d'un tel gisement, dit « fondateur », entraîne la mise en place d'une dynamique régionale durable où deux composantes dominent : a) une compétition se développe entre les sociétés pour acquérir et explorer des cibles comparables à la découverte initiale ; b) l'effet de levier créé par l'existence d'infrastructures permet aux découvertes subséquentes d'atteindre plus facilement un seuil économique.

Au Canada, l'exploration migre vers le Nord. Des contextes géologiques analogues aux régions minières développées sont progressivement reconnus. Au Québec, la région de la Baie-James a ainsi bénéficié depuis les années 1990 de l'attention de quelques sociétés. Cette vision a conduit la société pionnière Mines d'or Virginia inc. à découvrir en 2004 le gisement Eléonore dont les ressources sont actuellement évaluées à 90 tonnes d'or. La société majeure Goldcorp Inc., qui a acquis ce gisement, y envisage un potentiel de 150 tonnes et prévoit commencer la production en 2010. Cette découverte a engendré un véritable boum à la Baie-James, entraînant sur ce territoire plus de 50 sociétés d'exploration et de nouveaux capitaux. Ces conditions rendent probable la réalisation de découvertes additionnelles et pourraient conduire à la formation d'une nouvelle région minière pérenne.

La planète s'ouvre à l'exploration minière. Des territoires considérés auparavant comme inaccessibles ou risqués sont maintenant des destinations courantes pour les géologues. Depuis 20 ans au moins, les sociétés canadiennes jouent un rôle primordial dans l'expansion mondiale de l'exploration minière, en particulier pour l'or. La découverte par la société IAMGOLD, au début des années 1990, du gisement de Sadiola au Mali, évalué à 300 tonnes d'or, marque le début d'un développement phénoménal de l'exploration en Afrique de l'Ouest. En 2006, la découverte par la société Aurelian Resources Inc. de l'énorme gisement Fruta del Norte en Équateur (d'abord estimé à 425 tonnes, mais ayant peut-être un potentiel de 500 tonnes d'or ou plus !) provoque le même effet d'entraînement. Cette expansion des activités, accompagnée par la perception d'une diminution du risque sociopolitique, est soutenue par de nombreux pays désireux d'attirer l'investissement minier.

De la science et de la chance

Il n'y a pas de méthode miracle pour découvrir un gisement d'or. Les approches utilisées s'appuient sur la description des gisements déjà découverts et leur contexte géologique afin de reconnaître des environnements analogues. La connaissance sur les gisements d'or se développe de l'échelle du gisement (et du camp minier) jusqu'à l'échelle continentale afin de comprendre les facteurs contrôlant ou favorisant la présence de concentrations potentiellement rentables. Différents types de gisements d'or sont connus (épithermaux, porphyriques, orogéniques, etc.) et correspondent à des environnements géologiques particuliers. De nouveaux types de gisements peuvent aussi être découverts et conduire à explorer des contextes auparavant non reconnus pour leur potentiel.

Dans les environnements géologiques considérés comme favorables, l'industrie minière utilise une vaste panoplie de méthodes pour explorer. Le choix des méthodes dépend de l'histoire de l'exploration sur le territoire considéré (camp mature ou région vierge ?), du contexte géographique (région nordique ou tropicale ?) et du type de gisement recherché. En plus de l'acquisition de données de base comme la cartographie géologique et la télédétection, les principales approches comportent : a) la **prospection** de surface ; b) la **géochimie** permettant de repérer la présence d'or et d'autres éléments chimiques accompagnateurs dans les formations géologiques, mais aussi dans les dépôts superficiels secondaires (sols, sédiments de ruisseaux, sédiments de fonds de lacs) ; c) la **géophysique** permettant de détecter des formations géologiques favorables, et aussi la présence de minéraux pouvant être associés à l'or, en caractérisant leurs propriétés physiques (magnétisme, conductivité, résistivité, chargeabilité, etc.) ; et d) les **forages**, étape cruciale permettant, à partir des informations obtenues dans les carottes, de déterminer par interpolation un volume de roches minéralisées ; si ce volume a une teneur suffisante pour extraire avec profit le métal contenu dans ce volume, eh bien, un gisement est trouvé !

La découverte d'un gisement est quasiment toujours le fruit d'une combinaison de méthodes. Les cibles repérées par prospection, par géochimie ou géophysique sont alors vérifiées par forages. De façon paradoxale, la variété des méthodes et l'abondance des données disponibles pour l'exploration ne procurent pas nécessairement plus d'efficacité. Un des défis actuels de l'exploration minière est de pouvoir augmenter la qualité du ciblage initial afin de reconnaître les cibles qui peuvent correspondre vraiment à des gisements. Les données traitées de façon numérique peuvent conduire à élaborer des modèles prévisionnels du potentiel minéral dont l'utilisation par l'industrie est encore embryonnaire.

L'existence de données géoscientifiques régionales, la connaissance des types de gisements et le savoir-faire pratique réduisent le risque de l'exploration. Les possibilités de faire de nouvelles découvertes dans l'or sont évidemment considérables, mais ce n'est jamais immédiat, ni facile ! Si les méthodes augmentent les probabilités de succès, la part de chance reste une composante indissociable d'une découverte et, jusqu'à un certain point, irréductible. La chance est l'amie imprévisible des explorateurs : se reposer sur elle serait catastrophique mais sa place est toujours là… même au XXIe siècle.

Mine d'or à ciel ouvert, Sadiola, Mali

Photo : Iamgold Corporation

Mines Agnico-Eagle limitée

Eberhard Scherkus
P. Eng., président et chef de l'exploitation

Galerie illuminée d'une mine de la division Laronde

Mines Agnico-Eagle Limitée
Photo : Serge Gosselin

Mines Agnico-Eagle limitée est une entreprise minière qui compte plus de 35 années d'expérience dans la production de métaux précieux et qui est reconnue pour son dynamisme en exploration. Cette compagnie est particulièrement active en Abitibi-Témiscamingue où elle exploite la mine Laronde, près de Cadillac. Avec plus de 1 000 employés, la compagnie participe activement au développement socioéconomique de la région. La vision d'avenir d'Agnico-Eagle est de bâtir une entreprise qui se concentre sur la qualité, la croissance, le respect de ses employés et de l'environnement. Finalement, la compagnie jouit d'une solide situation financière.

Historique de la division Laronde

Constituée en 1961, la division Laronde se nommait, à l'origine, Mine Dumagami. Des travaux d'exploration préliminaires ont été entrepris en 1963 et 1964, puis ont été suspendus jusqu'en 1974. À cette date, un programme d'exploration de surface a été réalisé mais suspendu de nouveau, à cause de la faiblesse du prix des métaux. En 1980, un programme d'extraction de surface a été entrepris ; il a été suivi, en 1983, d'un programme souterrain qui consistait à foncer un puits de 1 420 pieds. Les résultats de cette campagne de forage ont été décevants. Une nouvelle approche a alors été préconisée. Une section de la propriété se situant plus à l'ouest des zones minérales reconnues serait donc explorée. Cette campagne de forage a connu un succès phénoménal et a permis d'obtenir du conseil d'administration de la compagnie l'autorisation de mettre la mine en exploitation.

La propriété est entrée en production en juillet 1988 à un rythme de 1 500 tonnes par jour. Plusieurs modifications et investissements ont été réalisés depuis ce temps. Actuellement, le rythme de production est de 8 000 tonnes par jour et l'exploration se fait à plus de 7 000 pieds de profondeur. On y soustrait de l'or, de l'argent, du cuivre et du zinc.

Se basant sur les succès antérieurs, la direction de la compagnie a décidé d'investir massivement dans le développement futur de la mine. Plus de 350 M$ ont été investis dans une nouvelle extension en profondeur de 10 000 pieds, ce qui en fera une des mines les plus profondes au monde. Ce projet de mise en valeur sera complété en 2010-2011 et permettra de prolonger l'exploitation de plus de 15 années.

Éléonore, un projet d'avenir

CLAUDE-FRANÇOIS LEMASSON
Ing., directeur général des projets Canada–États-Unis, Goldcorp Inc.

Vue aérienne du camp exploratoire des prospecteurs d'or du projet Éléonore
Goldcorp Inc.
Photo : IDNR-TV Natural Resources Television

LA PROPRIÉTÉ ÉLÉONORE est située dans la partie nord-est du réservoir Opinaca, à environ 190 km à l'est de la communauté crie de Wemindji et à 320 km au nord de Matagami à la Baie-James, dans la province de Québec. Les formations géologiques y sont archéennes et datent d'environ 2,7 milliards d'années.

En 2001, des travaux régionaux de reconnaissance effectués par les Mines d'or Virginia ont mené à la « redécouverte » et à l'évaluation de l'indice du lac Ell de Noranda. Le programme d'exploration de 2002-2003 a permis de découvrir le train glaciaire de blocs aurifères dans un affleurement situé à 6 km au nord-est. Cet affleurement est devenu le gisement Roberto.

En 2006, Goldcorp Inc., par l'entremise de sa filiale les Mines Opinaca ltée, se porte acquéreur de la mine Éléonore et entreprend un programme de forage pour mieux définir la minéralisation connue et sa continuité. Les trous forés en 2006 (245 trous représentant 76 km de carottes) ont révélé plusieurs échantillons d'une teneur supérieure à 10 grammes d'or par tonne.

Les travaux de projet, qui seront complétés en 2008, regroupent un programme de forage avancé, une étude d'impact, des études environnementales avancées, des travaux géotechniques, des échantillonnages, des études métallurgiques, une étude de faisabilité, la conception préliminaire de l'infrastructure permanente et la construction d'une piste d'atterrissage et d'une route d'accès permanente.

La philosophie du développement durable a toujours fait partie des priorités de Goldcorp et Opinaca. Notre principal objectif consiste à créer un juste équilibre entre la prospérité économique, la responsabilité environnementale et le soutien de la communauté afin de développer une exploitation minière sécuritaire, rentable et durable.

Money, money
Chanson de Fred Ebb, tirée du film Cabaret *(1972) et interprétée par Liza Minelli*

Money makes the world go around
the world go around
the world go around.
Money makes the world go around
It makes the world go 'round.

A mark, a yen, a buck or a pound
a buck or a pound
a buck or a pound.
Is all that makes the world go around
That clinking, clanking sound...
Can make the world go 'round

Money money money money
Money money money money
Money money money...

CHAPITRE 8

L'OR, LE POUVOIR ET LE COMMERCE

Le rôle financier de l'or : de l'origine à nos jours

Jean-Bernard Guyon, expert analyste sur les ressources naturelles et gérant du fonds Global Gold and Precious chez Global gestion France

La Monnaie royale canadienne

Ian E. Bennett, président de la Monnaie royale canadienne

325461
CREDIT SUISSE
10 OZ
GOLD
999.9

Le rôle financier de l'or : de l'origine à nos jours

Jean-Bernard Guyon[1]
Expert analyste sur les ressources naturelles et gérant du fonds Global Gold and Precious chez Global gestion France

Origine et débuts

Le rôle financier de l'or s'est progressivement affirmé au fil de l'histoire. Son éclat et son inaltérabilité quasi totale lui ont permis de devenir une réserve de valeur et d'assumer un rôle fondamental, structurant, de l'économie mondiale.

C'est tout d'abord la notion de trésor qui s'est imposée. L'or (mais aussi l'argent), sous toutes ses formes, mais largement sous celle de pièces d'orfèvrerie, issues du travail d'artistes maîtrisant la métallurgie de l'or et son façonnage, a constitué le trésor de certaines civilisations. Symboles de puissance, ces trésors ont été l'objet de convoitises et ont constitué les butins des conquérants victorieux, qui s'empressaient de dépouiller les vaincus de leurs précieux ornements (bracelets, colliers, armes incrustées, etc.). L'appropriation de ces trésors deviendra « monnaie courante » au fil des siècles.

Vers 330 av. J.-C., Alexandre le Grand s'empare du trésor des Perses. Il en résulte un afflux massif d'or en Grèce. Cette arrivée exceptionnelle de « moyens de paiement » devant une offre de biens inélastique déclenche une importante vague d'inflation, désorganisant l'économie du pays. Il semble que ce soit le premier épisode inflationniste reconnu par les historiens, et qui puisse répondre à la définition admise par beaucoup d'économistes contemporains selon lesquels l'inflation n'est qu'un phénomène monétaire.

Le rôle monétaire, proprement dit, de l'or apparaît très tôt. À la fin du 4e millénaire av. J.-C., un roi égyptien assigne une valeur légale à l'or, matérialisée par la production de petits lingots d'environ 14 grammes. Le rapport entre la valeur de l'argent et celle de l'or, une notion que les financiers modernes connaissent bien, fait son apparition quelque mille ans plus tard. Ce rapport très fluctuant change largement en fonction de la disponibilité géographique de chaque métal. Au fil des siècles, le rapport or/argent semble avoir évolué de 2 pour 1 à 13 pour 1.

L'argent sous forme de lingots est le premier métal à avoir été utilisé pour un usage commercial, il y a 4000 ans. L'usage des métaux précieux tend à se généraliser par la suite comme réserve de valeur ou comme base pour les contrats commerciaux en Égypte et en Mésopotamie. Dès lors, les métaux précieux acquièrent le statut de valeur-refuge, conduisant directement à la notion de monnaie.

La Perse percevait l'impôt en or, alors qu'Alexandre le Grand utilisait l'or saisi lors de ses conquêtes comme monnaie dans son empire. L'importance de l'or sera finalement consacrée lorsque le paiement des mercenaires et des soldats engagés pour les opérations militaires sera effectué dans cette matière. La frappe des premières pièces d'or est instaurée par Crésus, le roi de Lydie, à partir du métal fourni par les paillettes des sables du fleuve Pactole (vers 600 av. J.-C.). Ces pièces ont aussi été utilisées par les Grecs qui en ont généralisé l'usage.

Rome, au Ier siècle, frappe l'aureus d'un poids de 7 g (or et argent) et d'autres pièces de moindre valeur, depuis le denier d'argent (2 g) jusqu'au quadran à base de cuivre. Au IVe siècle, le solidus (4,4 g) est mis en circulation. Sous la République et l'Empire, l'usage des pièces de monnaie se généralise et des millions de pièces sont alors frappées.

◂ Lingots d'or et monnaies

Photo : Stockbyte, Getty Images

1. Mes remerciements vont à tous ceux qui tout au long de ma carrière ont enrichi mes connaissances par leurs commentaires, leurs exposés, leurs publications ou par l'organisation de manifestations auxquelles j'ai pu participer. Il m'est impossible de les distinguer individuellement, mais qu'ils reçoivent ici l'expression de ma gratitude.

Ducats d'or de l'épave de la *Girona*

Photo : Marc Jasinski

Après l'effondrement de l'empire romain d'Occident (transfert de la capitale à Constantinople en 330), les Byzantins conservent de la culture romaine le monnayage et gardent le solidus comme étalon monétaire jusque vers 950. Par la suite, jusqu'à l'effondrement de l'économie et du système monétaire byzantin, d'autres monnaies sont frappées mais leur titre en or s'appauvrit (contenant de 15 % à 30 % d'or seulement). Selon les historiens de l'économie, ces événements peuvent être considérés comme les premières manifestations du phénomène de dévaluation de la monnaie.

À partir du VIIe siècle, le commerce du monde arabe s'effectue en dinars (pièces identiques au solidus byzantin pour la taille et le poids), dont la circulation est conjointe à la monnaie de Byzance. Les Perses utilisent le dirham d'argent. Vers 700, le calife Abd al-Malik d'Irak met en place une réforme qui consacre officiellement le dinar. Avec la montée en puissance de la civilisation islamique, le dinar devient la monnaie de référence sur une vaste partie du monde s'étendant de la côte occidentale de l'Afrique au sud de l'Europe et jusqu'au nord de l'Inde. Il sera utilisé pendant des siècles et dominera le marché jusqu'à la fin du XIIIe siècle.

À partir du règne de Charlemagne (800 apr. J.-C.), on ne frappe plus de pièces d'or en Europe continentale en raison de l'épuisement des mines d'or européennes. Au Moyen Âge, l'or circule encore mais on observe une régression sur les plans monétaire et financier à cause d'un retour partiel à la coutume du troc.

Venise met en circulation dès la fin du XIIIe siècle ses premières pièces d'or, les ducats. Progressivement, ils deviennent la monnaie européenne dominante pour plusieurs siècles.

Vers 1500, quelques centaines d'Espagnols réaliseront l'incroyable conquête des empires aztèque et inca occupant une partie importante de l'Amérique latine actuelle. Cette conquête est l'occasion d'un transfert massif d'or vers l'Europe après que ces peuples eurent été dépouillés de leurs trésors, composés essentiellement d'or ouvré.

La première conséquence de l'afflux d'aussi grandes quantités d'or en Espagne, puis en Europe, a été de provoquer une très forte hausse des prix. L'Espagne ne s'est pas enrichie pour autant. D'une part, les Juifs et les musulmans chassés du pays représentaient une élite indispensable dont l'absence se fait sentir cruellement. D'autre part, l'entreprise de guerres continuelles et très coûteuses contribue à l'instauration d'une situation financière précaire.

À cette époque, les Espagnols ont pour unité de compte l'escudo. Abondante, la monnaie espagnole est plus répandue en Amérique du Nord que la monnaie anglaise et est traitée principalement sur le marché de Philadelphie[2]. Vers 1700, l'idée qu'une organisation plus rationnelle du système monétaire est devenue nécessaire dans le contexte de l'évolution des économies voit le jour.

2. Le Philadelphie Stock Exchange a été fondé en 1790.

L'étalon-or

La gestation et la mise en place de l'étalon-or se sont déroulées sur une période assez longue, et les historiens de l'économie restent encore en désaccord sur la date d'adoption du premier système d'étalon-or. En 1661, le roi Charles II impose par un ordre du Conseil l'adoption d'une innovation qui nous semble aller de soi aujourd'hui, mais qui était révolutionnaire pour l'époque : l'utilisation de machines pour frapper les pièces de monnaie.

À l'époque, les pièces en circulation sont de mauvaise qualité, rognées ou trafiquées. En décembre 1695, le roi édicte une série de proclamations destinées à empêcher la circulation des monnaies défectueuses. Cette opération s'étale sur trois ans, entraînant des perturbations notables dans le système économique. En 1717, la guinée en or devient la pièce de référence.

Les pièces d'argent ont une valeur plus élevée à l'étranger, ce qui entraîne des exportations massives, à tel point que la Monnaie, pour la période de 1695 à 1740, ne frappe des pièces d'argent que pour un million de livres, contre 17 millions en pièces d'or. En fait, on peut considérer que, dès 1717, le marché en Grande-Bretagne a consacré l'or comme étalon en lui accordant une suprématie incontestable.

Les événements de la fin du XVIIIe et du début du XIXe siècles sont déterminants pour l'adoption de l'étalon-or à l'échelle mondiale. Le 22 février 1797, quelques frégates de la marine française font irruption dans un port de pêche du pays de Galles. Cet incident suscite une panique en Angleterre et une ruée sur l'or du système bancaire, les détenteurs de billets de banque (ceux de la Banque d'Angleterre et des banques plus petites) étant inquiets au sujet de la valeur future de leur papier-monnaie en cas d'invasion. Quelques jours avant cet incident, les banques de Newcastle avaient même dû fermer leurs guichets à cause de rumeurs d'invasion. En raison de la guerre contre la France en 1793, les réserves d'or de la Banque d'Angleterre ont déjà fortement baissé, passant de 7 millions de livres à la fin de 1794 à 2 millions à la fin de 1796. C'est la première fois que les marchés attaquent un papier-monnaie librement convertible en or (un droit qui existe en Angleterre depuis un siècle). L'ordre du Conseil du 26 février et la Loi de restriction qui lui fait suite causent un grand choc : une résolution est adoptée selon laquelle on ne doit plus fournir d'espèces en or. Une fois la phase aiguë de la crise passée, les transactions reprennent avec des billets de banque non garantis car tout le monde croit au retour à une situation de convertibilité imminente. En fait, l'embargo dure plus de 24 ans, soit jusqu'en 1821. Un des problèmes du système monétaire de l'époque est la faible production d'or par rapport au développement de l'activité économique. Au cours du XVIIIe siècle, la production d'or ne dépasse pas vingt tonnes par an et, dans ces conditions, il est normal que la monnaie du gouvernement et la monnaie privée circulent conjointement, sous des formes diverses.

En pratique, une des conséquences importantes de cette situation et du développement du crédit privé est l'apparition de la prééminence du secteur privé comme moteur de la création monétaire. Cette structure ressemble fortement à la situation moderne actuelle où la relation entre la masse monétaire et les crédits bancaires est bien établie. Elle n'a nullement été planifiée et son développement spontané constitue une étape importante dans l'histoire monétaire du monde.

Les événements vont se précipiter après la Loi sur la reprise des paiements en monnaie de 1819 (Act for the Resumption of Cash payments) suivie de la levée de l'embargo en 1821. En 1833, les billets de la Banque d'Angleterre deviennent monnaie légale. En 1844, la Loi sur la charte des banques (Bank Charter Act) stipule que les billets de la Banque d'Angleterre sont la seule monnaie légale et qu'ils doivent être garantis par une couverture complète en or. L'année 1844 marque donc l'établissement de l'étalon-or en Grande-Bretagne.

La crise frappant les monnaies de papier émises en quantité en Europe va amener de nombreuses nations à adopter à leur tour le système de l'étalon-or. Ainsi l'Allemagne, après la guerre franco-prussienne, crée le reichsmark et adopte un étalon-or strict en 1871, décision facilitée par l'augmentation de son stock d'or en provenance des mines d'Afrique du Sud. Elle est suivie de peu, en 1873, par l'Union latine (Belgique, Italie, Suisse, France), la Scandinavie (Danemark, Norvège, Suède) et les Pays-Bas en 1875, la France (hors Union latine) et l'Espagne en 1876, l'Autriche et la Grèce (1879), la Russie (1893), le Japon (1897), l'Inde (1898) et les États-Unis (*De Jure* en 1900). À la fin du siècle, seule la Chine utilise encore un étalon-argent.

Dès lors, les billets de banque, les devises étrangères et les dépôts bancaires devront leur acceptabilité uniquement à leur convertibilité en or. Le système qui vient d'être créé représente le premier système monétaire international définissant la nature des réserves permettant les règlements des échanges internationaux et les modalités de fixation des cours des monnaies. Il consacre aussi le triomphe de l'or sur l'argent. Fait à noter : la mise en place de l'étalon-or a été favorisée par l'augmentation de la production d'or au XIXe siècle, conséquence des découvertes et des ruées en Australie, en Californie, au Yukon-Klondike.

Les problèmes de l'étalon-or : de 1914 jusqu'à l'accord de Bretton Woods

La stabilité engendrée par l'adoption de l'étalon-or est remise en cause par l'éclatement de la Première Guerre mondiale. Ce conflit oblige la Grande-Bretagne à abandonner la convertibilité des billets et les pays concernés impriment de plus en plus de monnaies, entraînant du coup une inflation importante. Les États-Unis renoncent à la convertibilité à leur tour. À la fin des hostilités, le traité de Versailles impose à l'Allemagne et à ses alliés de lourdes réparations de guerre. Ainsi, l'Allemagne doit se dépouiller de son or et connaît, en 1923-1924, une vague d'inflation sans pareille (les prix sont multipliés par 500 millions !).

Le retour à l'étalon-or est considéré comme nécessaire pour la prospérité. La conférence de Gênes, instituée à l'initiative de la Grande-Bretagne en 1922, réunit tous les pays ayant participé à la guerre, sauf les États-Unis. Cette rencontre débouche sur un accord prévoyant le retour à la convertibilité aussi rapidement que possible, en dépit d'une situation géopolitique mondiale qui a bien changé.

Le retour à la convertibilité s'effectue alors à la parité d'avant-guerre, décision absurde qui reçoit cependant un accord quasi général. L'objection la plus notable est celle de l'économiste anglais John Maynard Keynes qui pronostique un effondrement de l'économie et qualifie l'étalon-or de « relique barbare », formule qui restera tristement célèbre. La Loi sur l'étalon-or de 1925 ne rétablit pas tout à fait le système antérieur. Les billets de la Banque d'Angleterre au cours légal ne sont plus convertibles en pièces d'or, mais seulement en lingots d'or de 12 kg environ, ce qui limite le retour à ladite convertibilité. À la fin de 1926, la France retourne *de facto* à l'étalon-or, mais avec un franc qui ne représente plus que 20 % de sa valeur d'avant-guerre.

En 1928-1929, la hausse des taux aux États-Unis exerce une pression sur les réserves d'or de la Banque d'Angleterre. L'or ne jouant aucun rôle dans la débâcle de la Bourse en 1929-1930, il inspire donc un plus grand respect et influence les esprits. Le crédit bancaire n'étant pas disponible, les prix des biens de consommation s'effondrent, ce qui provoque des faillites en série de banques et d'entreprises. Par rapport à 1929, la baisse des prix atteint plus de 30 % et le chômage s'élève à 25 %. Une telle conduite de l'économie nous paraît aujourd'hui totalement aberrante, mais elle correspond aux règles connues à l'époque.

À défaut d'avoir eu une influence quelconque en 1929, l'or effectue un retour en force sur la scène économique. Au cours des années qui suivent, dans une situation de plus en plus chaotique, tous les pays ont pour seul objectif de protéger leur stock d'or. L'onde de choc se propage et le système monétaire vole en éclats. Les quarante-sept nations ayant opté pour l'étalon-or viennent plus ou moins rapidement à s'en détacher. La situation aux États-Unis devient tellement épouvantable que les prix de gros à leur plus bas subissent en 1932 une baisse de 40 % par rapport à 1929. En Angleterre, chaque mesure déflationniste provoque un déficit budgétaire toujours plus grand l'année suivante. Dès lors, la situation est mûre pour un changement radical qui ne peut manquer d'impliquer l'or.

En 1932, l'élection par une majorité écrasante du candidat démocrate Franklin D. Roosevelt devant le républicain Herbert Hoover donne le signal. Le 5 avril

Lingots d'or de 12 kg

Photo : Stockbyte, Getty Images

1933, le nouveau président signe un décret exigeant de toute personne détenant de l'or qu'elle le porte aux banques en échange de papier-monnaie, lesquelles banques doivent verser l'or à la Banque de la Réserve fédérale. Une autre loi, édictée le même mois, confère au président le pouvoir de fixer le poids d'or acheté par un dollar entre 50 % et 60 % du poids établi en 1837. Le 5 juin, toutes les clauses contractuelles de garantie or sont abrogées. La voie est donc ouverte à une dévaluation officielle du dollar par rapport à l'or. Le 30 janvier 1934, le prix de l'once d'or est fixé à 35 $, soit une augmentation de 69 % par rapport au prix fixé à 20,67 $ l'once en 1900, lequel était déjà en vigueur depuis 1837. La détention d'or devient alors interdite. Cette mesure accompagnée d'autres entraîne une reprise de la production industrielle, qui augmente de 60 % entre 1933 et 1937.

La hausse de l'or se confirme aussi à l'étranger, si bien qu'au milieu des années 1930 une once permet d'acheter pratiquement le double de biens et services, comparée à son pouvoir d'achat de l'année précédente.

L'anticipation de la hausse du cours de l'or contre toutes les monnaies et son instauration effective ont deux conséquences. L'une, prévisible, est la hausse de la production de métal, passant de 750 tonnes par an en 1932 à 1 100 tonnes en 1938, si bien que, en 1939, les réserves monétaires en or couvrent la circulation monétaire à 100 %, ce qui est excessif. L'autre, inattendue, est que, devant une telle quantité d'or disponible, la meilleure solution est d'en vendre aux États-Unis désireux d'acheter tout ce qui est disponible à 35 $ l'once.

Quand la Deuxième Guerre mondiale éclate, 80 % des réserves monétaires en or ont déjà trouvé refuge aux États-Unis et représentent un stock de métal de 18 000 tonnes. Le second conflit mondial va à nouveau profondément modifier la donne. Avant même la fin des hostilités en juillet 1944, les délégués de 44 pays se réunissent à Bretton Woods en Nouvelle-Angleterre afin de mettre au point le nouveau système économique et monétaire qui dominera l'après-guerre.

Les dispositions adoptées doivent beaucoup à John Maynard Keynes, représentant le Trésor britannique (connu pour son opposition de longue date au régime de l'étalon-or), et à Harry White, représentant le Trésor américain. Les États-Unis alors au sommet de leur puissance sortent pratiquement intacts du conflit, et détiennent 75 % à 80 % du stock d'or monétaire mondial. Les dispositions du système élaboré à Bretton Woods prévoient une convertibilité de l'or limitée à une seule monnaie : le dollar. Celui-ci peut être converti en or à 35 $ l'once, mais ce privilège est réservé seulement aux banques centrales ou à d'autres organismes assimilés. La valeur des autres monnaies est définie par rapport au dollar à des parités fixes ; ces dernières peuvent toutefois faire l'objet d'aménagements. Le nouveau système se traduit donc par l'instauration du mécanisme dit du Gold Exchange Standard, différent de celui qui est appelé Gold Bullion Standard de l'étalon-or.

L'établissement des parités monétaires par rapport au dollar s'avère difficile dans un monde où les contrôles sur les mouvements de capitaux sont de règle, sauf au Canada, aux États-Unis et en Suisse. Le système est destiné à favoriser le retour de pays tels que le Japon, l'Allemagne et l'Italie dans le camp des nations démocratiques. L'aide américaine consentie par le plan Marshall conduira au versement, entre 1947 et 1952, de 13 milliards de dollars à 17 pays, dont la France, la Grande-Bretagne, l'Italie et l'Allemagne. Finalement, le système de Bretton Woods ne dure qu'un temps ; il s'effondre en 1971, entraînant d'autres conséquences pour l'or.

Vers la fin du système de Bretton Woods (août 1971)

Les dispositions générales du système de Bretton Woods sont complétées par la création d'une nouvelle institution, le Fonds monétaire international (FMI), dont le rôle est de prêter à court terme aux États ou aux banques centrales incapables de se financer sur les marchés ou auprès de sources habilitées. Les ressources du FMI proviennent des contributions de chaque État membre : 75 % dans sa propre monnaie et 25 % en or, avec quelques exceptions pour les pays qui n'en ont pas les moyens. En fait, le nouveau système repose sur le postulat que le dollar est aussi « bon que l'or », croyance qui ne sera pas remise en cause pendant une bonne dizaine d'années.

L'écrasante suprématie des États-Unis de l'après-guerre ne pouvait pas durer et ne tarde pas à être mise à mal par le redressement spectaculaire de l'Europe et du Japon, lequel était l'objectif des bâtisseurs du nouveau système. Ainsi les importations américaines de même que les investissements à l'étranger dans des pays redevenus attrayants augmentent fortement. La dette extérieure américaine s'accroît et les réserves d'or commencent à diminuer. Simultanément avec leur assistance économique internationale, les Américains lancent d'importants programmes sociaux, déploient leurs forces armées un peu partout dans le monde, mènent deux guerres en Asie (Corée et Viêt-Nam) et font face à l'accroissement des dépenses militaires induites par la guerre froide avec la Russie.

En conséquence, le stock d'or monétaire des États-Unis s'amenuise, ne représentant plus que la contre-valeur de 19 milliards de dollars en 1960, alors que les créances de l'étranger sur les États-Unis (dépôts, bons et obligations du Trésor...) s'élèvent à 20 milliards de dollars à la même date. La conversion de ces créances en or aurait entraîné la disparition complète du stock d'or américain.

Le cours de l'or sur le marché libre de Londres atteint 40$ l'once. Cet événement constitue les prémisses d'une crise du dollar, phénomène quelque peu étrange dans la mesure où, de toute évidence, l'énorme déséquilibre en faveur des États-Unis à la fin de la Seconde Guerre mondiale ne peut pas perdurer. En outre, le transfert de dollars d'un détenteur à un acquéreur est beaucoup plus facile que le transfert d'or, sans compter l'avantage de la perception d'intérêts. De ce fait, les États-Unis deviennent les banquiers du monde, comme l'avaient été les Anglais avant la Première Guerre mondiale.

Le seul réel péril pour le dollar semble être l'inflation. Les premières interrogations à ce sujet naissent en 1956-1958, alors que l'économie connaît un sérieux ralentissement associé à un taux de chômage de 7%. Néanmoins, de 1959 à 1964, le rythme de l'inflation s'abaisse à une moyenne de 1,4%, devant la modération des revendications salariales, alors que la croissance revient au taux de 5%. Si les nouvelles de l'inflation sont rassurantes, le solde des balances des paiements courants et de capitaux subit une dégradation importante, entraînant une accélération des sorties d'or pendant la première partie des années 1960.

Le stock d'or américain diminue donc encore, en dépit d'accords de crédit visant à limiter le recours à ce stock de la part des pays étrangers, tandis qu'on avait fait appel aux contribuables et aux entreprises pour limiter la hausse des prix et des salaires par des accords « volontaires ».

En 13 ans, de 1958 à 1971, le stock d'or des États-Unis est passé de 19 à 10 milliards de dollars alors que les créances de l'étranger sur les États-Unis ont augmenté à 60 milliards de dollars. Au cours des années 1960, la demande d'or en provenance de l'Europe semble être sans limites. La France, sur les conseils avisés de l'économiste J. Rueff, convertit une grande partie de ses réserves de change en or.

À compter de 1961, les États-Unis, la Grande-Bretagne et un certain nombre de pays d'Europe continentale forment le «*pool* de l'or» destiné à stabiliser le cours de ce dernier à 35$ l'once. Cette décision favorise l'acquisition d'or par les investisseurs ou les spéculateurs. La France s'en retire en 1967 et, le 17 mars 1968, la fermeture du *pool* est décidée devant le constat d'échec. Pratiquement, les transactions officielles entre banques centrales continuent de s'effectuer à 35$, tandis que les opérateurs privés réalisent leurs transactions sur le marché libre dont les cours fluctuent au gré de l'offre et de la demande. Il devient dès lors évident que la dévaluation du dollar n'est qu'une question de temps, au-delà des artifices conservés pour tenter de maintenir la parité de la monnaie américaine. Les banques centrales du « défunt » *pool* se mettent d'accord pour ne plus convertir leurs dollars en or tant que durera la guerre du Viêt-Nam, de même qu'elles s'empêchent d'acheter à 35$ pour revendre sur le marché libre à des prix plus élevés.

Après 1968, les pressions inflationnistes s'intensifient aux États-Unis et, devant l'urgence des décisions à prendre, Nixon nomme l'énergique John Connally secrétaire au Trésor. Il conçoit un plan en deux volets: l'abandon de la convertibilité du dollar en or ainsi qu'un ensemble de mesures de contrôle des prix et des salaires pour combattre l'inflation. Il ne reste plus qu'à fixer une date d'application.

Le 9 août 1971, un représentant du Trésor britannique vient demander au Trésor américain trois milliards de dollars en or. Le 13 août, une réunion secrète est organisée à Camp David avec les principaux artisans de la politique économique américaine. Le dimanche 15 août, avant l'ouverture des marchés du lendemain, la suppression de la convertibilité en or du dollar est annoncée (*Gold Window Closing*). L'or est dorénavant libre de « flotter » sur les marchés et la fin du rôle monétaire de l'or s'en trouve scellée.

**Frappe à la main
du logo de la Monnaie royale canadienne
sur un lingot en or pur 9999 de 400 onces *troy***

22,5 cm x 7 cm x 4,4 cm
Photo : © 2007 Monnaie royale canadienne –
Tous droits réservés

La fin du rôle monétaire de l'or

L'or traverse alors une période d'événements exceptionnels qui influent sur son cours. La rupture du lien entre le dollar et l'or crée d'abord une situation désordonnée en dehors des États-Unis en raison de la crainte, tout à fait fondée, d'une dépréciation du dollar. La plupart des marchés de changes ferment pendant quelques jours. Le Japon absorbe quatre milliards de dollars de perte en deux semaines et constate l'appréciation du yen à la reprise des transactions sur les devises, phénomène observé aussi sur l'ensemble des monnaies lors de la réouverture des autres marchés.

La réunion de décembre 1971 au Smithsonian Institute de Washington débouche sur des décisions destinées à remettre de l'ordre sur les marchés financiers : la fixation de parités monétaires entérinant une dépréciation du dollar, la suppression de la surtaxe de 10 % sur les importations, la fixation d'un nouveau prix officiel de l'or à 38 $ l'once. Finalement, on ne peut que constater l'échec des tentatives de maintien de taux de change fixes entre les principales monnaies. De plus, l'Organisation des pays exportateurs de pétrole (OPEP) décide en octobre 1973 de restreindre la production de ses membres afin d'obtenir une hausse du prix du baril de pétrole de 2,11 $ à 10 $. Dans un contexte aussi inflationniste, les banques centrales prennent une décision étrange, reflétant leur désarroi. En novembre, elles reviennent sur leur décision de 1968 de s'abstenir d'acheter et de vendre de l'or, excepté entre elles, et se donnent dorénavant la possibilité d'intervenir sur le marché libre de Londres.

En 1975, la détention d'or est à nouveau autorisée aux États-Unis et la création d'un marché (semblable à celui d'autres matières premières) est décidée. Son ouverture se fait au Comex (Chicago Mercantile Exchange). Finalement, l'or n'est plus qu'une matière première comme les autres.

Ainsi, au premier semestre 1975, puis en 1978-1979, le Trésor américain vend 6 % du stock d'or des États-Unis. Au cours de l'été 1975, le Fonds monétaire abolit le prix officiel de l'or et décide de vendre une partie de son actif en or, au profit des pays en développement, et en vue de rembourser une partie des contributions des membres fondateurs.

Le rythme de l'inflation reste important et ces cessions font le bonheur de la spéculation. L'once d'or passe de 64 $ à la fin de 1972 pour atteindre 130 $ à 180 $ entre 1974 et 1977. Après l'augmentation du prix du brut par l'OPEP en 1978 à 30 $ le baril, le cours de l'or s'élève à 500 $ l'once pour culminer à 850 $ en janvier 1980. Ainsi, le rêve le plus fou de tout spéculateur vient de se réaliser : en 10 ans, l'or est passé de 35 $ à 850 $ l'once, une progression phénoménale en termes réels, même en tenant compte d'une augmentation du taux d'inflation qui avoisine 12 % en rythme annuel à la fin de 1979. Cette situation exceptionnelle va conduire à une décision draconienne.

Pièce d'investissement *Feuille d'érable* d'une once en or pur 9999 sur une presse Hordern, Malon, Edwards, Ottawa

Photo : © 2007 Monnaie royale canadienne – Tous droits réservés

Le nouveau président de la Banque fédérale de réserve, Paul Volcker, face à la crainte d'une crise économique grave, prend la décision au dernier trimestre de 1979 de ne plus contrôler les taux d'intérêt, mais seulement la masse monétaire, ce qui amène les taux d'intérêt à évoluer librement à court terme.

La politique de Volcker a pour conséquence de faire monter les taux courts à des niveaux extrêmement élevés, conduisant à une baisse du rythme de l'inflation durable, résultat consolidé par ses successeurs. Dans ces conditions, l'investissement en or n'a plus d'intérêt et la baisse des cours, entreprise le 22 janvier 1980 par un recul de 143 $ en une seule séance, va se poursuivre jusqu'à 250 $ à la moitié de 1999 et au premier trimestre 2001. La baisse de pouvoir d'achat s'établit à 85 % sur cette période de 20 ans. Cette chute du prix de l'or est accompagnée ou accentuée par les ventes des banques centrales à partir de 1992 lorsque le cours de l'or baisse entre 350 $ et 400 $. Entre 1992 et 1999, celles-ci vendent environ 400 tonnes de métal par an. La dépression du marché de l'or est accentuée par la décision de la Suisse en 1997 de vendre la moitié de son stock d'or, à la suite de la suppression de la disposition de la constitution suisse prévoyant que la circulation monétaire doit être entièrement garantie par une couverture en or. Elle crée une puissante onde de choc. En 1999, la Banque d'Angleterre lui emboîte le pas et vend 415 tonnes sur son stock de 715 tonnes.

Lors de la création de la Banque centrale européenne en 1998, concomitante à la création de l'euro, il a bien été prévu que 15 % de ses réserves doivent être détenues en or, mais cela ne modifie pas la tendance du marché. En contraste total avec la situation du marché de l'or existant en 1980, celle de 1999 est devenue préoccupante et en septembre les banques centrales européennes se mettent d'accord pour limiter leurs ventes à 400 tonnes par an, avec l'accord du FMI et du Trésor américain. Il s'agit de maintenir la valeur des réserves des banques centrales, tandis que, pour un certain nombre de pays en développement, la production d'or est un ajout non négligeable à leur produit national brut.

Un autre élément de retour à l'équilibre se met en place. La hausse des niveaux de vie et la baisse relative du prix de l'or comparé à celui d'autres biens conduisent à une croissance de l'industrie de la bijouterie, supérieure à l'augmentation de la production minière. L'ascension reprend à partir du premier trimestre 2001 dans un contexte économique qui commence à se détériorer après l'éclatement de la « bulle Internet » et dans un contexte géopolitique des plus tendus à la suite de l'attaque du World Trade Center. La hausse générale des matières premières, la faiblesse du dollar, une politique monétaire laxiste et une forte croissance économique favorisent une bonne tenue du marché de l'or au cours des années suivantes.

Par ailleurs, la retenue des banques centrales quant à leur politique de cession se confirme.

Aujourd'hui, le marché primaire de l'or (production minière + recyclage – bijouterie + industrie) se trouve en excédent et la tendance toujours haussière du marché est déterminée par le couple investissement-spéculation, comme souvent dans le passé.

L'utilisation de l'or dans la finance moderne

Après la création du marché de l'or au Comex en 1975, chacun des acteurs du marché développe, en fonction de ses besoins, une activité par l'intermédiaire de techniques ou de produits faisant largement appel aux connaissances mathématiques et à l'informatique. Les acteurs du marché sont les sociétés minières, les banques centrales, les industriels, les investisseurs et les spéculateurs. Les sociétés minières ne sont pas seulement des producteurs cédant leur production au fur et à mesure de l'exploitation de leurs gisements. Elles procèdent à une modulation de leurs ventes, soit en fonction de circonstances qui leur sont imposées, soit en fonction de décisions qui leur paraissent prudentes.

Dans la seconde moitié des années 1990, le financement de la mise en production de gisements est devenu difficile en raison de la réticence des banques à consentir des prêts destinés à cette fin ; alors que la tendance du cours du métal est orientée à la baisse, les risques financiers s'ajoutent au risque d'exploitation habituel. Certaines sociétés procèdent à des ventes à terme à des échéances diverses, engageant une partie de leur production à venir. Cette opération est techniquement réalisable et avantageuse, dans la mesure où le prix du métal à échéance s'établit au cours du comptant, augmenté du taux d'intérêt sur la période considérée et diminué du coût d'emprunt du métal. Le prix de l'or à terme est ainsi toujours supérieur à celui du comptant et parfois dans des proportions importantes si les taux d'intérêt sont élevés. L'opération de financement peut aussi s'effectuer sous la forme d'un prêt d'or à la société minière. L'or emprunté est alors vendu au comptant en dollars, ce qui dégage les ressources nécessaires. Le remboursement de cet or s'effectue après la mise en production pendant un certain nombre d'années.

Certains producteurs ont eu recours à des produits dérivés plus ou moins complexes. Les plus simples consistent en des ventes d'options d'achat à des échéances et des prix déterminés ou à l'achat de *puts* destinés à assurer une protection contre une baisse éventuelle du métal. Ou encore au système du *collar* à coût nul : un achat de *puts* jumelé à une vente simultanée de *calls* (ces derniers ayant un prix plus élevé que celui des *puts*). Les plus compliqués combinent des achats, des ventes, des échéances différentes, des effets de seuil, etc. ; ils sont alors appelés « exotiques ». Parfois, on accroît cette complexité en y incluant des opérations sur les monnaies, en particulier pour les sociétés dont les coûts s'établissent en devises différentes de la devise de cession de la production, le dollar américain. Ces produits, traités sur les marchés de gré à gré et construits pour chaque société en fonction de leurs besoins ou de l'imagination sans bornes des intermédiaires, ont été utilisés massivement en 1997 et en 1999.

« L'accident » survient en septembre 1999 lorsque les banques centrales européennes se mettent d'accord pour limiter leurs ventes, la limitation s'étendant aussi aux prêts d'or. Il en résulte une forte augmentation du taux de ses derniers qui deviennent supérieurs pour un temps au taux du Libor, c'est-à-dire que les ventes à terme s'effectuent à un cours inférieur à celui du comptant. Les produits dérivés « exotiques » deviennent alors très dangereux.

Pour certaines entreprises ayant cédé à la tentation de la spéculation, la situation devient même plus difficile : incapables de livrer les quantités vendues qui sont supérieures à leur production, elles subissent des pertes considérables. Une des conséquences de cette situation est la simplification des dérivés utilisés par les sociétés minières, ainsi que de la hausse ultérieure de l'or. La complexité de ceux-ci rend leur analyse difficile, même pour des spécialistes chevronnés.

Aujourd'hui, la tendance est totalement inversée. Dans un environnement haussier, les sociétés minières éliminent leurs systèmes de protection contre une baisse des cours de l'or en rachetant leurs contrats de ventes à terme ou en livrant dans les contrats existants (*dehedging*) et qui, de façon directe ou indirecte, contribuent à la demande d'environ trois cents tonnes par an (moyenne des cinq dernières années). La reprise des cours du métal qui se prolonge n'est alors pas entièrement exploitée, au détriment des marges d'exploitation et au mécontentement des actionnaires, tandis que l'obtention de prêts devient plus facile.

Les banques centrales restent des intervenants de premier plan sur le marché de l'or. Elles en assurent la liquidité en prêtant du métal, en général par l'intermédiaire de spécialistes (*Bullion Dealers*). Ces prêts sont indispensables à la bonne marche d'un certain nombre d'opérations ou à la mise au point de produits dérivés et sont effectués à des taux fluctuant au gré de l'offre et de la demande. Ils dépendent parfois pour certaines banques centrales de leur ratio prudentiel. Ainsi, une partie des banques centrales n'effectuent pas de prêts, d'autres s'engagent plus hardiment, ce qui augmente le risque de contrepartie.

Parquet de la Bourse de New York

Photo : © Erik Freeland, Corbis

Ces prêts sont aussi l'occasion d'assurer une faible rentabilité au stock détenu. Les banques centrales détiennent encore environ 30 000 tonnes de métal (y compris le FMI) dans leurs réserves de change et d'or sur un stock global mondial, mobilisable ou non, de 150 000 tonnes environ. La répartition du métal est déséquilibrée.

À la fin de 2006, les banques centrales signataires de l'accord de limitation des ventes détiennent 42 % du stock mondial : 2 % par les États-Unis, 11 % par le FMI, 2 % par la Chine et 18 % par le reste du monde (chiffres arrondis). Les banques centrales européennes alimentent le marché à raison de 500 tonnes par an environ. Les cessions des banques centrales viennent renforcer l'excédent déjà constaté dans le marché primaire (production minière + recyclage – bijouterie + industrie) et l'excédent combiné atteint au total 1 100 tonnes en 2007.

L'activité des bijoutiers ou des industriels ne donne lieu à aucune remarque particulière, en raison de la simplicité de leurs opérations, essentiellement destinées à la gestion de leurs stocks.

Le couple investissement-spéculation est donc devenu depuis quelques années l'élément moteur du marché de l'or. L'investissement sous sa forme traditionnelle (barres, lingots, pièces, pièces commémoratives) est toujours important au Moyen-Orient et en Extrême-Orient, mais se heurte à plusieurs limitations (stockage, assurance, manipulation) ainsi qu'à l'impossibilité réglementaire qu'ont certains organismes (fonds de retraite, etc.) d'acheter du métal physique. L'investissement en « or-papier » s'est donc développé. Des fonds spécialisés ont été créés (fonds négociables en bourse ou Exchange Traded Funds [ETF]) cotés en Bourse et ayant le statut de valeurs mobilières dont la seule activité est de gérer le volume d'un stock d'or en fonction de l'offre et de la demande de leurs titres. Le premier a été lancé en Australie en 2003. À la fin de 2006, leur nombre était de 7 cotés sur 9 marchés. Leur succès leur vaut un encours de 648 tonnes, encore augmenté à la fin de mai 2007. Un accroissement de leur nombre est prévisible, des projets particuliers concernent l'Inde, grande importatrice d'or, et le Japon. Cette réussite devrait exercer un effet de contagion et d'autres lancements verront le jour. Des produits voisins existent déjà (fonds canadiens, certificats divers, etc.). Le succès des fonds indiciels (ETF) doit aussi beaucoup à leur simplicité de fonctionnement relative (bonne duplication des cours du métal, frais de fonctionnement modestes). L'encours de ces fonds indiciels est plus ou moins sensible aux fluctuations du cours de l'or, dans la mesure où les intervenants sont en majorité des investisseurs à moyen et long terme. La spéculation à plus court terme est exercée sur les marchés traditionnels ou, pour certains produits structurés, sur le marché hors cote ou sur les marchés de gré à gré. Les principaux marchés d'instruments liés à l'or et cotés sont le Comex et le Chicago Board of Trade aux États-Unis et le Tocom au Japon. On y traite des contrats à échéances diverses ou des options. Ces marchés ne sont pourtant pas les seuls. D'autres moins sophistiqués ont vu le jour à Shanghai (Shanghai Gold Exchange), en Inde (Multi Commodity Exchange, National Commodity and Derivatives Exchange Limited) ainsi qu'à Dubai. Les marchés américains sont transparents et les positions spéculatives sont connues (*combined non-commercial and non reportable positions*). Ces positions sont un excellent indicateur du niveau général de la spéculation sur le marché de l'or.

Les combinaisons possibles à partir de ces produits standardisés sont nombreuses. Une des plus notables est l'exploitation de la corrélation qui existe entre les fluctuations du dollar et celles de l'or. Il existe un véritable « effet miroir » avec une corrélation qui peut atteindre 0,9 à 0,95, sauf lors de circonstances extrêmes. L'or peut donc être utilisé pour se protéger contre les fluctuations de la devise américaine sans être pourtant le seul instrument disponible et en sachant que symétrie ne signifie pas égalité d'amplitude.

L'activité sur les marchés hors cote ou de gré à gré est en expansion, parfois au détriment des marchés de « futurs » traditionnels. On y traite des produits variés, dérivés divers comprenant pour la plupart des produits structurés à la demande, en fonction des objectifs d'investissement des opérateurs. On y retrouve partiellement l'activité des producteurs miniers. Ces marchés présentent des caractéristiques de flexibilité, de coûts relativement faibles, mais aussi des manques de transparence, ce qui de façon paradoxale peut être de l'intérêt de certains investisseurs institutionnels. On y trouve toutes sortes de produits originaux, mais aussi des produits à taux fixe liés à l'or, ainsi que des instruments structurés à partir de paniers de matières premières, où l'or est représenté en fonction de critères prédéfinis. Ces derniers ont une influence importante sur la tenue du métal, surtout lorsque la tendance générale du marché des matières premières montre une orientation franche (le *boom* de mai 2006 suivi d'un repli brutal). C'est ainsi que la corrélation entre ces marchés et celui de l'or s'est précisée, ce qui correspond à une évolution caractéristique du marché du métal.

Aujourd'hui, les marchés de l'or sont développés et sophistiqués, ce qui influe sur le volume des transactions. On estime que les volumes échangés, sous toutes formes de transactions (physique, or-papier, dérivés, etc.) représentent l'équivalent de 10 à 20 millions d'onces par jour, soit de 300 à 600 tonnes (contrevaleur : 6 à 13 milliards de dollars américains), à rapprocher de la densité du marché primaire de l'or (production minière + recyclage) d'environ 3 500 tonnes par an. Le marché de l'or est donc particulièrement actif mais reste finalement étroit si on le compare aux transactions sur les marchés des changes, estimées à une moyenne quotidienne de 2 000 milliards de dollars américains (contrevaleur).

Conclusion et perspectives

L'or a conservé un rôle financier important : celui de réserve de valeur. L'humanité a besoin d'une valeur financière de dernier ressort, acceptée par tout le monde et partout, garantie par ses caractéristiques physiques. Cela peut être résumé par la formule : « On peut imprimer des billets de banque mais pas des lingots d'or. » L'or reste donc encore aujourd'hui une valeur refuge ici et là, mais il a acquis un statut de valeur de diversification prudentielle dans nos économies modernes en même temps que son utilisation a évolué techniquement en fonction des caractéristiques technologiques, débouchant ainsi sur un marché actif et sophistiqué. Ce dernier reste pourtant étroit, ce qui gêne l'acquisition ou la disposition de métal physique par des intervenants importants. Les perspectives du métal semblent ainsi assurées pour le long terme, même si l'on admet que son rôle monétaire appartient au passé. Ses caractéristiques de protection contre l'inflation, les dévaluations monétaires et autres événements restent indéniables et en font son attrait. Son handicap principal est toutefois l'absence de rendement.

Bibliographie

BERNSTEIN, Peter L., *Le pouvoir de l'or, histoire d'une obsession*, édition Mazarine, 2007, 565 p.

ELUÈRE, Christiane (1990), *Les secrets de l'or antique*, coll. « Aspects de l'art », Paris, Bibliothèque des arts, 238 p.

Documentation UBS (Organisme suisse de gestion financière pour les particuliers et les entreprises)

Documentation Global Gestion

Gold Surveys : GFMS Limited

La Monnaie royale canadienne

Ian E. Bennett
Président de la Monnaie royale canadienne

L'or, rare, légendaire et précieux, fascine l'humanité depuis l'aube de son histoire. La Monnaie royale canadienne travaille avec passion à l'affinage de l'or le plus pur, au ciselage des plus belles pièces d'investissement et de collection en or et à la production de pièces de circulation de haute qualité, pour le Canada et pour plus de 60 pays dans le monde.

L'attrait de ce noble métal se comprend facilement. Il représente une valeur universelle et ne ternit jamais à l'état pur. Il s'agit du métal le plus malléable qui soit, le seul qui puisse être étiré jusqu'à devenir transparent. En effet, une seule de nos pièces d'investissement d'une once d'or pur à 99,999 % pourrait être étirée en un mince fil continu de 80 kilomètres de long. Les propriétés de cet élément extraordinaire en ont fait un matériau convoité pour des applications artistiques, industrielles et scientifiques.

On a dit de l'or qu'il est le roi des métaux et le métal des rois. Depuis 1908, sa présence dans la trame de notre histoire a couronné la Monnaie royale canadienne de nombreux succès dans l'affinage et la fabrication de l'or. Nous sommes fiers d'exposer plusieurs de nos réalisations au sein de l'exposition *Or des Amériques*.

Notre contribution vient broder un autre fil précieux dans la riche tapisserie des artéfacts rassemblés à Québec par le Musée de la civilisation, des objets qui racontent l'histoire captivante de l'or en Amérique du Nord et du Sud, de son influence chez nos cultures ancestrales à sa prééminence dans le monde des affaires d'aujourd'hui.

Pièce d'investissement *Feuille d'érable* de 100 kg
Millésimée 2007, en or pur 99999 et d'une valeur nominale d'un million de dollars, accompagnée de diverses pièces et de lingots, cette pièce a été homologuée en 2007 par le Guinness World Records comme étant la plus grosse pièce de monnaie en or au monde.

Création de Stan Witten
Diam : 51 cm Ep : 3 cm
Photo : © 2007 Monnaie royale canadienne – Tous droits réservés

◂ ***Corbeau apportant la lumière au monde***
Masque haïda en or de Robert Davidson.
Ce masque a servi d'inspiration pour la pièce en or de 200 dollars millésimée 1997 de la Monnaie royale canadienne.

Diam : 30 cm
Photo : © 2007 Monnaie royale canadienne – Tous droits réservés

«Le délire morbide des mines manifestait ses premiers symptômes... il n'est pas facile de définir cette sorte de possession qui nous travaille intimement et qui n'a rien à voir avec le désir concret de découvrir des richesses extraordinaires. Ce désir-là n'est pas le motif principal, il y a autre chose de plus profond, de plus indéfinissable. Quelque chose qui est en relation avec l'or, bien sûr, mais seulement parce que nous l'arrachons à la terre, parce que la terre le retient jalousement et nous le livre qu'après une dure lutte dans laquelle nous mettons notre peau en jeu. C'est comme si nous voulions tenir dans nos mains, juste une fois, un fragment minuscule et maléfique d'éternité. Cela n'a rien à voir avec le pouvoir que peut exercer une drogue, ni la fascination du jeu.»

Alvaro Mutis
MUTIS, Alvaro, Écoute-moi, Amirbar, *Paris, Grasset, 1992, p. 127.*

CHAPITRE 9

L'OR, MYTHE OU RÉALITÉ

L'or et la brève histoire de l'éternité

JACQUES-M. CHEVALIER, Ph. D. Anthropologie, Université Carleton, Ottawa,
et ZÉLIE LAROSE-CHEVALIER, anthropologue et muséologue

Thésée

L'or et la brève histoire de l'éternité

Jacques-M. Chevalier
Anthropologue, Université Carleton, Ottawa

Zélie Larose-Chevalier
Anthropologue et muséologue

Tout comme l'argent, l'or ne fait pas le bonheur. Rêvant du contraire, Crésus, roi de Lydie, tenta un jour d'impressionner avec son or un homme d'État athénien nommé Solon. Il reçut comme unique réponse que, la jalousie des dieux étant ce qu'elle est, seul le hasard importe lorsqu'il est question de bonheur. Midas, un roi phrygien qui voulait être riche comme Crésus, apprit la même leçon grâce à la bienveillance du dieu Bacchus. La légende veut que Bacchus ait offert à Midas d'exaucer le rêve de son choix. Midas, ravi, demanda que tout ce qu'il touche soit transformé en or. Son souhait exaucé vira au cauchemar lorsque son repas et sa fille, au premier toucher, se transformèrent en or ! Qu'ils soient lydiens ou phrygiens, rois ou paysans, alchimistes ou truands, ceux qui font de l'or la clé du bonheur éternel se font rappeler les incontournables du hasard et de la vie tels que nous les connaissons.

Et avec raison, car ce n'est pas l'or qui fait l'histoire mais bien l'histoire du monde et de son entreprise du désir qui a façonné l'or. Le récit de l'or et du désir qu'il incarne nous renvoie à trois histoires d'éternité qui ont contribué à la globalisation progressive du monde, c'est-à-dire à la formation des empires et à leur réseautage économique et politique. Il y a d'abord l'ancien monde qui crée la monnaie bimétallique et lui confère une auréole sacrée, celle de la chair des dieux et des veaux d'or de l'Antiquité – ponts d'or entre l'Éternel et les humains qui lui prêtent foi. Il y a ensuite le lingot d'or et l'étalon-or du Nouveau Monde, mesures de richesse qui prennent leur distance du sacré et inscrivent leur valeur dans la permanence de la nature et la pérennité du commerce et de ses marchés. La dernière poussée mondialisante, gérée à l'américaine et de loin la plus effrénée, s'exprime à travers l'or flottant, modèle d'affaire en or qui se loge à l'enseigne précaire du postmoderne, du désir de l'éphémère et de son éternel présent.

Chaque formule d'éternité forgée à même l'or a « démondialisé » ce qui appartient pourtant à l'histoire du monde et à l'empire du désir. En ce sens, la vraie « mondialisation » reste à bâtir. Ce projet anthropologique et évolutif verra le jour lorsque l'humanité assumera sa propre histoire et sa liberté vécue en toute plénitude et sagesse, sans les nombreux crimes commis en son nom.

L'ancien monde : la chair des dieux et l'éternité

Il y a des milliers d'années que l'or et l'argent sont utilisés comme unités de compte et réserves de valeurs. Tout en étant l'apanage des empereurs et des pharaons, ces deux métaux forment la base des contrats commerciaux dès l'Égypte ancienne, et même antérieurement, en Akkadie (Mésopotamie centrale). L'or prend son véritable élan monétaire, il y a de cela 2 500 ans, le jour où la Lydie crée un monopole étatique sur toute émission de monnaie et frappe les premières pièces d'or, convertibles en plus petites monnaies d'argent. L'or étant moins pratique pour les transactions courantes, l'argent reste le métal le plus utilisé dans les échanges monétaires quotidiens, et ce, jusqu'au XXe siècle. C'est ainsi que le système monétaire bimétallique inventé en terre lydienne marque le début de l'histoire mondiale de ce qui est mesure de richesse.

L'or joue un rôle de premier plan dans les débuts de la « globalisation ». Bien qu'elle soit différente de la mondialisation accélérée que nous connaissons maintenant, la poussée globalisante qui traverse l'Antiquité permet le développement des empires, des marchés et des réseaux d'interdépendance économique à

◂ Crépuscule des dieux

Thésée, Québec, 1990
Photo : Idra Labrie, Perspective, Musée de la civilisation

Plaque pectorale, Veraguas, Panamá

Musée des beaux-arts de Montréal, Inv. 1960.Ac.1
H: 1,8 cm Diam.: 17,2 cm
Photo: Christine Guest, Musée des beaux-arts de Montréal

l'échelle du monde connu. L'or constitue alors la clé de l'histoire à grande échelle et de longue durée. Il devient d'autant plus englobant qu'il est synonyme de campagnes militaires et d'expansions territoriales, par voie de paiements remis aux mercenaires et aux armées qui s'affairent à conquérir le monde livré au pillage et aux horreurs de la guerre.

Pour expliquer l'utilisation de l'or comme mesure de richesse, il faut évoquer ses propriétés physiques. Le métal est rare, dense et hautement durable, tout en étant identifiable, malléable et facile à fondre. Aussi répandue soit-elle, cette explication terre à terre demeure partielle. Une autre explication nous renvoie à l'ordre du désir et à l'imaginaire. Métal extrait de ce monde, l'or possède pourtant un éclat, une pureté et une durabilité qui sont la parure du divin et l'apanage des êtres célestes. Que d'empereurs, de rois et de princes ont plaqué d'or leurs demeures et leurs dieux ! Tous ces temples, toutes ces statues et tous ces monuments à la gloire des dieux, tous ces chariots, trônes, sceptres, meubles, bijoux et enluminures qui remontent à la plus haute Antiquité, qu'ont-ils en commun ? Serait-ce qu'ils se sont tous logés à l'enseigne du divin ? Yahvé n'annonce-t-il pas à Moïse que les Égyptiens seront dépouillés de leur or ou chair de leurs dieux pour que les fils et les filles du peuple choisi le portent et le consacrent à la construction du temple de Salomon ? Les monnaies d'or ne serventelles pas à imprimer l'image du Christ sous le pieux règne de Justinien II (685-695, 705-711) et, plus tard, la parole biblique sous le règne papal d'Innocent IV (1243-1254) ? Ne servent-elles pas aussi à transmettre la parole d'Allah, dans le monde islamique à la fin du VIIe siècle, lors de la naissance officielle du dinar ?

Plusieurs anciennes civilisations se sont servi de l'or comme mesure du divin. Les Incas, les Aztèques et les Mayas le font bien avant d'être conquis. Dans leur cas comme dans d'autres, la tendance à auréoler le divin d'or brillant est associée au culte du Soleil, corps céleste qui, depuis que le monde est monde, fonde l'ordre temporel tel qu'il nous est donné. Le mot « or » vient du latin *aurum*, signifiant aussi aurore. C'est d'ailleurs un dieu-soleil de couleur jaune éclatant et situé au centre de l'univers qui inspire le culte du veau d'or et que Moïse décrie après sa rencontre avec Yahvé au sommet du mont Sinaï. C'est à ce même astre solaire que nous renvoient le taureau et le lion gravés sur les monnaies lydiennes. Ces animaux dorés sont des signes astrologiques qui symbolisent la résurrection du Soleil à l'équinoxe du printemps (Taureau) d'une part, et de son apogée au solstice d'été (Lion) d'autre part. Compte tenu des antécédents solaires et zodiacaux du culte voué à l'or, il ne faut guère s'étonner de l'importance du système de numération duodécimale (12) d'inspiration chaldéenne qui gouverne plusieurs régimes monétaires depuis des millénaires : le solidus valant 12 dinars, l'once troyen comptant 24 carats d'or pur, et, plus proche de nous, le shilling anglais valant 12 pences.

Ainsi, à travers l'Antiquité, l'or sert d'étalon de ce qui est vie sans mesure, infiniment malléable et durable, intemporel et pur. L'or est la thésaurisation du temps conjugué à l'infini. Dans un premier temps, la mondialisation s'instaure donc par le truchement de ce que l'on pourrait appeler la « démondialisation » de l'or, c'est-à-dire sa fuite constante vers un autre monde. De tous les paradoxes que l'humanité s'affaire à inventer, celui de l'éternité, qui fonde la loi de l'échange temporel et matériel, est de loin le plus étonnant. L'effet miroir de ce paradoxe surprend tout autant. Il n'y a pas d'immuable ou d'éternel sans un monde charnel qui entretient son allégeance au sacré et instaure un commerce de foi, d'investissements et de spéculations dans l'au-delà. Ce commerce surréel répond à la jalousie et à la folie des dieux, qui ne peuvent se passer de l'allégeance et des sacrifices des hommes, quitte à ce que ces derniers en meurent. Après tout, l'immortalité des uns dépend de la mortalité des autres. La quête d'éternité des tout-puissants

Masque funéraire, Nasca, Pérou
« Même couverts d'or, les princes de ce monde et leurs dieux finissent par s'éteindre. » La fonction du masque consiste à transformer l'apparence de celui qui le porte lors de son voyage au-delà de la mort.
Musée des beaux-arts de Montréal, Inv. 1972.Ad.1, H : 13 cm La : 20 cm
Photo : Christine Guest, Musée des beaux-arts de Montréal

passe par le désir d'infini de ceux qui se savent ni rois ni héritiers de Dieu. L'infini n'est convaincant pour ceux qui le possèdent que si les exclus y croient et le désirent, ces derniers enviant aux dieux et à leurs protégés leur vie et leurs jours filés d'or. Le commerce matériel et la foi en l'au-delà ne sont que les deux faces de la même monnaie ancienne. La foi et l'or monnayé ont en commun d'assurer le commerce entre les dieux, les rois et les humains.

L'or des dieux préside aux destinées de ce monde. Grâce à l'or érigé en richesse absolue, le commerce du vœu et de l'offrande acquiert toute son écrasante matérialité et devient offre et demande. Et pourtant, le désir d'absolu n'est en fait que le règne absolu du désir. Règne fluctuant, s'il en est un… Comme tout royaume, l'empire du désir a sa propre histoire et combien de chagrins et d'affaires en souffrance ! Même couverts d'or, les princes de ce monde et leurs dieux finissent par s'éteindre. Seul perdure l'ordre du désir, guidé par les signes et les *desiderata* (Lat. *desiderare, de- + sideris,* « astre ») de ce que l'on attend du Soleil et des astres. Voilà le seul bien précieux que les défunts et les dieux nous envient, notre propre désir d'un autre monde qui persiste et survit, sans ambages, à la mort des rois comme des dieux.

Le Nouveau Monde : le lingot d'or et la pérennité

L'or est à la charnière du temporel et de l'éternel, deux pièces d'une seule attache inévitablement rongée par le temps. Déjà, à l'époque de Crésus, l'or s'éloigne de l'éternel et se démocratise : il devient monnayé, donc accessible au commun des mortels. S'ensuit la spoliation des dieux, comme en témoigne le dépouillement du somptueux habit d'or qui couvrait Athéna, déesse de la Sagesse et du Parthénon, pour payer les coûts d'une campagne militaire. Ce geste de spoliation ne restera pas sans écho à travers les siècles. Le financement des croisades et des campagnes militaires du Moyen Âge se fait à grands coûts d'or. Les temples dits païens et leurs trésors aurifères sont pillés durant le règne de Constantin devenu chrétien (306-337) et de Henri VIII (1509-1547) en rébellion contre l'Église catholique. L'iconoclasme, qui devient loi sous le règne papal et guerrier de Léon III, n'est pas moins destructeur d'objets sacrés et dure plus de cent ans (730-843).

Mais, de toutes les spoliations aurifères que connaît l'histoire, celle du Nouveau Monde demeure à ce jour inégalée. Avant qu'il ne découvre l'Amérique, l'ancien monde se fait toute une histoire de l'au-delà cousu d'or, à ce point que tous croient que le monde entier approche de sa fin et s'apprête à se fondre dans l'éternel. Faisant fi d'innombrables prophéties d'inspiration apocalyptique, le monde connaît une expansion triomphante et survit, sonnant ainsi le glas de l'éternité et de son or sacré. Cette histoire de la chute de l'or éternel commence par la mort de l'empereur inca Atahualpa aux mains de l'intrépide et crapuleux Francisco Pizarro, tragédie humaine certes, mais aussi divine, celle du fils du soleil assassiné et de ses objets votifs fondus en vulgaires lingots d'or. Malgré quelques relents du discours de guerre sainte que colportent Pizarro et ses missionnaires acolytes, ce geste brutal de conquérant et la Renaissance (1420-1630) du monde qui l'accompagne mettent un terme à la courte histoire de l'éternité. Les émules de dieu font place à une ruée d'explorateurs assoiffés d'or, à l'instar des grands explorateurs qu'ont été Henri le Navigateur, Christophe Colomb et Fernand de Magellan. Les

Rencontre entre François Ier de France et Henri VIII d'Angleterre au « camp du Drap d'or » près de Calais
Les toiles des tentes de deux monarques sont tissées de fils d'or et rivalisent de richesses.

Friedrich Bouterwek, d'après Hans Holbein le Vieux, 1520
Châteaux de Versailles et de Trianon, Versailles, France
Photo : Erich Lessing, Art Resource, NY

velléités d'éternité d'un monde rendu ancien cèdent au pouvoir royal et princier qui, bien qu'il soit de droit divin, se pare de trônes, de couronnes, de sceptres, de palais, de joyaux et d'étoffes qui ne sont plus du ressort des dieux.

L'or, qui pèche par carence en Europe médiévale, retrouve grâce à l'abondance des ressources du Nouveau Monde son rôle comme moteur de conquêtes économiques et territoriales. Aussi le métal précieux reprend-il sa valeur ostentatoire tout en prenant ses distances du sacré. Les rois d'Europe s'approprient l'or du Nouveau Monde et en font le symbole de leur pouvoir absolu et le garant de leur richesse et de leur mémoire immortalisée. Cela donne lieu à un étalage d'or qui n'a d'égal que le règne fastueux de Hatsheput d'Égypte (1470-1458 av. J.-C.). Le camp du Drap d'or, situé en Flandres (1520), en est l'exemple le plus célèbre et traduit à lui seul la fin du Moyen Âge. Ce lieu est connu pour la démonstration de puissance et de rivalité que s'offrent mutuellement François Ier, roi de France, et Henri VIII, roi d'Angleterre. Les deux rois et leurs cours y rivalisent de richesses et d'apparat, déployant des centaines de tentes recouvertes d'étoffes brodées au fil d'or. La tente royale française y est drapée d'or et le palais de Cristal anglais, non moins fastueux, est décoré d'un drap d'or frisé et recouvert à l'intérieur d'une tapisserie parsemée de lys d'or.

L'imaginaire qu'instaurent le Nouveau Monde et la Renaissance ne repose plus sur la foi d'un peuple en quête de vie éternelle. Il repose dorénavant sur deux entreprises du désir : d'une part, l'abondance et l'immortalité qu'exprime le faste royal et, d'autre part, la sécurité et l'ordre que promet le souverain à ses sujets fuyant les supplices de la misère, de la guerre et de la torture qui hantent la fin du Moyen Âge.

La ruée vers l'or de l'Amérique, commanditée par les rois d'Europe, constitue l'épicentre du tremblement de terre que représente l'avènement du Nouveau Monde. La course au pouvoir du Nouveau Monde est certainement la plus « globalisante » de tous les temps. L'or richesse triomphe sur son adversaire de longue date : l'or sacré. À partir du XVIIIe siècle, le monde désormais moderne ne retient que l'aspect sécurisant de l'intemporel, celui du désir constamment monnayable, de l'échange différé et garanti, de l'ordre et de la stabilité de ses marchés toujours croissants. La valeur de l'or est absolue, dans le sens moderne, puisqu'elle prend sa source dans la permanence de la nature, assurant la pérennité du bonheur matériel qui se déclare étranger au temps. L'or reste « démondialisé », non plus en vertu de sa nature sacrée, mais grâce à sa valeur naturelle qui transcende le temps.

Tout comme l'éternité, l'histoire de l'intemporel devenu abondance matérielle et sécurité naturelle relève du désir et ne dure qu'un temps. L'or du Nouveau Monde apporte à la fois jours de gloire et descentes aux enfers. Parmi ces descentes, il faut compter de nombreuses pénuries d'or et les crises des marchés et des empires qui en découlent et qui font la hantise des temps modernes. Ces pénuries proviennent de l'épuisement inévitable des mines aurifères. Elles découlent aussi de la thésaurisation privée ou publique qui retire l'or du marché pour faire face à l'insécurité qu'engendrent les guerres, les famines, les épidémies, les grandes dépressions et les crises économiques.

La rareté et la pénurie de l'or à l'ère moderne provoquent la création de tout un arsenal de lois et de mesures palliatives, à la fois ingénieuses et maladroites, qui cherchent à extraire l'insécurité et l'arbitraire des marchés en proie à l'inflation ou à la dépression. Ces mesures incluent l'étalon-or. Celui-ci fixe la valeur de chaque monnaie nationale par rapport à l'or qui sert d'instrument de réserve pour les banques centrales et de monnaie internationale pour le règlement des échanges. Ce régime est instauré en Angleterre au début du XIXe siècle et se « globalise » en moins de 100 ans, mettant fin du même coup à la longue rivalité monétaire dressée entre l'or et l'argent.

En théorie, l'étalon-or est le garde-fou d'une économie de marché qui se protège contre l'expansion incontrôlée du crédit et de l'inflation par la dévaluation de la monnaie nationale. Lorsqu'il y a expansion économique et inflation rapide, les banques subissent une pression sur leurs réserves d'or et haussent leurs taux d'intérêt pour attirer de nouveaux capitaux. Cela augmente le chômage, mais renfloue éventuellement les réserves d'or et améliore le taux de change, donc la valeur en or de la monnaie nationale. L'État n'a nul besoin d'intervenir, se fiant à la valeur stable de son or, source naturelle et absolue de toute richesse, et à la main invisible des lois du marché telles qu'elles sont décrites par Adam Smith (1723-1790). Ainsi l'État assure la stabilité et la croissance de ses marchés, sans que la demande n'excède la richesse absolue disponible.

Il faut la dépression des années 1930 pour faire la preuve de ce que John Maynard Keynes et le président Roosevelt considèrent être l'absurdité de l'étalon-or. Ceux-ci dénoncent la croyance bien partagée et parfaitement insensée selon laquelle l'or, de par sa nature même, fait le bonheur des nations et arrange tout, tant et aussi longtemps qu'il est sagement stocké et préservé en toute sécurité. Cette idée souligne la difficile tâche d'un monde qui tarde à faire sa propre histoire. Elle est tributaire de l'imaginaire de l'or absolu et intemporel qui règne déjà depuis plusieurs millénaires. Et pourtant, l'or absolu et son héritier moderne, l'étalon-or, n'ont rien d'éternel. L'histoire récente sonne leur glas, à l'aube d'une ère plus globalisante que jamais.

Le monde postmoderne : l'affaire en or et l'éternel présent

L'ère que l'on dit postmoderne donne crédit à une nouvelle forme d'intemporalité qui retarde une fois de plus une mondialisation entendue comme une conscience de l'humanité et la pleine présence dans l'histoire et dans le temps. Elle met en vedette la croissance des marchés et son puissant moteur, la demande illimitée, laquelle tolère mal toute mesure de valeur ou étalon métallique. La monnaie métallique cède ainsi sa place à l'argent de papier, aux chèques et aux comptes bancaires et électroniques, rivaux fiduciaires qui font leurs débuts à la Renaissance et qui permettent l'expansion du commerce bien au-delà de ce que les réserves d'or peuvent soutenir.

De nos jours, la mondialisation des marchés sans frontières repose sur un marketing acharné à l'affût de la consommation immédiate et fugace. C'est désormais le règne du bonheur instantané que l'on zappe au gré de l'éternel moment présent. Les désirs d'éternité, d'immortalité ou de sécurité cèdent aux occasions en or médiatisées par l'omniprésente publicité. L'humanité vit au jour le jour et tarde à réaliser ce projet d'un monde qui décide de lui-même et de son histoire. Tout flotte dans l'instant même, l'or y compris.

L'ère postmoderne débute en quelque sorte en 1944, avec les accords de Bretton Woods qui remplacent l'étalon-or par l'étalon

Sharp Edge, vue intérieure
Daniel Brush, 1995-1996
Or pur et acier
Collection privée
Photo : David Behl

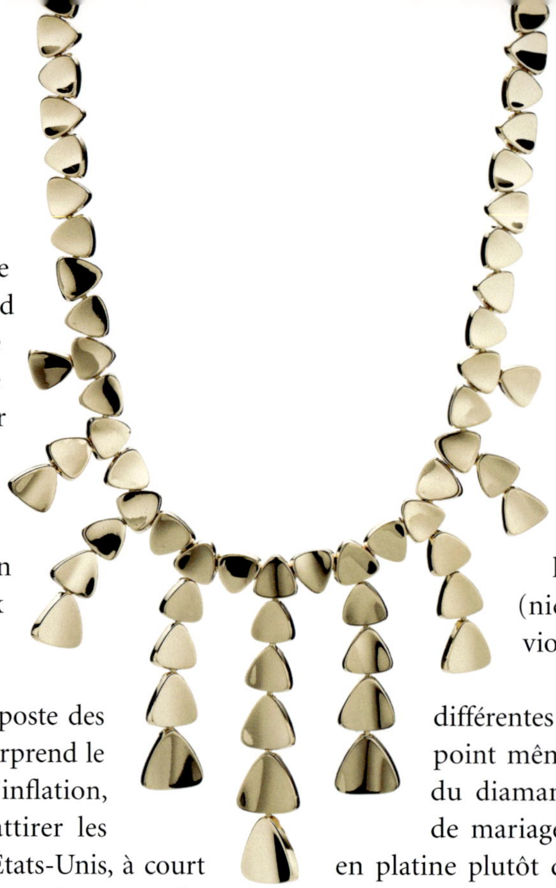

Collier en or

© Création de Paloma Picasso
Photo : © Tiffany & Co.
Archives 2008

change-or ou le « Gold Exchange Standard ». Ce nouveau standard fait du dollar la seule monnaie convertible en or et fixe le cours des autres monnaies sur la monnaie américaine. Ces accords durent jusqu'à ce que les gouvernements membres du « *pool* de l'or » décident, en 1968, de ne plus protéger le prix figé de l'or et de le laisser fluctuer sur le marché, détrônant ainsi le dollar américain. La riposte des États-Unis arrive en 1971 et surprend le monde entier. Pour contrer l'inflation, réduire les importations et attirer les investissements étrangers, les États-Unis, à court d'or, renoncent unilatéralement à la convertibilité du dollar. Un nouveau système, celui des changes flottants, est mis en place au cours des années 1970, laissant la valeur des monnaies nationales flotter selon les caprices de l'offre et de la demande. Le prix de l'or subit le même sort.

Depuis les deux dernières décennies, la valeur de l'or est soumise à l'état des réserves minières, aux coûts et volumes de production, à l'évolution des stocks d'or des banques centrales, aux besoins de l'industrie et aux demandes d'orfèvrerie. Aussi l'or sert-il toujours de refuge en temps de crise. Malgré ses hauts et ses bas, le prix de l'or est généralement à la baisse et subit une chute de 60 % entre 1980 et 1999. Le fait que l'or se vend meilleur marché en augmente par ailleurs la demande, laquelle double dans les années 1990, au profit de l'industrie bijoutière qui connaît un essor sans précédent.

Le dollar reprend sa place hégémonique, et l'or devient, pour la première fois de son histoire, une marchandise ostentatoire pour le consommateur apparemment devenu roi. Ce faisant, l'or perd sa pureté et son panache, même lorsqu'il s'agit d'apparat. L'or est maintenant accessible, multiple et populaire. Depuis les années 1980, il est vendu aux comptoirs des magasins à grande surface. Il est bijou, montre, stylo, monture de lunettes ou accessoire de salle de bain. Il est de qualité variable et offert dans une grande variété de prix, de formes et de couleurs. Peu soucieuse d'exhiber un métal à l'état pur, la coquetterie d'aujourd'hui cherche des alliages durables et d'une couleur qui accompagne le teint ou les vêtements. L'or blanc (allié à l'argent) et l'or rose (allié au cuivre et à l'argent) sont les plus populaires d'une gamme de teintes incluant l'or rouge (cuivre), l'or vert (nickel), l'or gris (fer) et l'or violet (aluminium).

L'or du XXIe siècle prend différentes formes et se popularise, à ce point même qu'il se déclasse, au profit du diamant et du platine. Les bagues de mariage, désormais en or blanc ou en platine plutôt qu'en or jaune, sont souvent agrémentées d'un diamant qui, plus que l'anneau lui-même, devient le point de mire. Les noces de platine valent dix ans de mariage de plus que les noces de diamant, et vingt ans de plus que les noces d'or. Au palmarès de la chanson canadienne, un album se voit décerner le disque de diamant s'il s'est vendu à 1 000 000 d'exemplaires, ce qui représente dix fois plus qu'un disque de platine et vingt fois plus qu'un disque d'or.

Comble de tout, l'or devient utile. Grâce à sa malléabilité, sa ductilité, sa réflexivité, sa résistance à la corrosion et son exceptionnelle conductibilité électrique et thermale, l'or est aujourd'hui un matériau prisé dans plusieurs industries. Sans l'or, des objets aussi pratiques que le téléphone, l'ordinateur, la calculatrice, la machine à laver, la télévision et l'avion ne seraient pas ce qu'ils sont aujourd'hui.

Autant l'or est désormais utile, autant il devient objet reprochable et nuisible. L'or traîne une liste de plus en plus longue de crimes commis en son nom. Sur leur passage, les mines d'or endommagent les écosystèmes et les milieux de vie traditionnelle et communautaire. L'image de l'or souffre, comme en témoignent les efforts de marketing du World Gold Council, qui se déclare le « Global Advocate for Gold ».

L'or a noirci et n'est plus que l'ombre de lui-même. Loin d'être pur et inutile, il se prête à plusieurs alliages et devient utile, mais déclassé par d'autres métaux ostentatoires et industriels. Sa valeur n'étant plus garantie, l'or flotte. Il reflète bien son époque, une postmodernité qui flotte dans les limbes d'un monde soumis à la mondialisation gouvernée par les rois de l'or noir, de la finance et du marketing. L'or d'aujourd'hui occupe une région de l'histoire mal définie et à peine explorée, une époque liminale qui rassemble toutes les illusions intemporelles et les hantises de notre passé. La postmodernité contient en elle le legs universel de ces vieux espoirs et ces angoisses que nous signifient l'au-delà, la nature pérenne et la vie désormais vécue au seul moment présent. Ainsi, les désirs d'éternité ont beau avoir fait leur temps, voilà que l'humanité est à nouveau aux prises avec la jalousie des dieux et les excès du Monde libre se dressant contre l'Axe du mal, ou encore de l'Islam se voyant, comme jadis, en guerre contre les armées des croisés. Depuis la Renaissance, l'éternité cède à la permanence de la nature qui se veut source de toute richesse et qui demeure, jusqu'à nos jours, le grand lieu de rassemblement de la vie telle qu'elle nous est donnée. Mais voilà que le monde à l'état dit naturel est menacé par une industrie plus polluante que jamais et par une biotechnologie cupide prête à modifier le code génétique de la nature à son gré. Enfin, depuis peu, l'ordre du désir et de l'imaginaire vascille au quotidien, au profit de tout ce qui est affaire en or et assurances de courte durée. Et voilà que la sécurité et l'accroissement des marchés sont de nouveau soumis aux spectres de la guerre, des pénuries, des épidémies et des catastrophes planétaires, réelles ou appréhendées, autant de dangers de longue durée qui réduisent la postmodernité à ce très bref moment que nous vivrons néanmoins comme le plus long de notre histoire. Comme nous le rappelle Woody Allen, « L'éternité, c'est long. Surtout vers la fin. »

Se pourrait-il que l'époque liminaire de l'or flottant marque la fin de l'histoire du monde, limbes où s'entremêlent et se globalisent rêves illusoires et cauchermars de tous les temps ? À bien y penser, l'inverse nous rapproche davantage de la vérité : après quelques millénaires d'éternité, l'histoire du « monde en ce monde » débute enfin. La postmodernité et son éternel présent ne sont qu'un soubresaut parmi tous les intemporels qui se succèdent et n'en finissent plus d'expirer, le dernier soupir d'une mondialisation qui s'acharne depuis des millénaires à « démondialiser » le sort de l'humain et son entreprise du désir.

L'or flottant nous invite à mettre un terme à la mondialisation érigée au détriment de ce monde. Il nous offre cette journée finale qui répond à la journée liminaire de Crésus et de Midas en quête d'un bonheur absolu et sans histoire. Les grands récits meurent, certes, y compris celui de l'or. L'or n'a pas à être écarté pour autant. Il est d'ores et déjà digne d'être présenté dans un musée, entouré d'écritures enluminées qui nous rappelleront les dures leçons d'une éternité devenue chose du passé. Le monde y trouvera peut-être son compte, puisque, pour la première fois de son histoire, l'humanité doit se réfléchir, sans la complaisance du simple effet miroir. Elle est conviée à se découvrir comme projet, en se donnant sa propre « puissance sage qui gouverne le monde », tel que l'exprimait Jean-Jacques Rousseau. Il ne s'agit pas ici d'une puissance offrant les assurances de l'absolu et les garanties d'un ordre sacré ou naturel qui transcende l'histoire. Il ne s'agit pas non plus d'une puissance que l'on peut remettre à un « trust » ou à une direction unique qui accapare et monopolise le pouvoir du commerce et ses menaces. Pour que cette puissance devienne réellement sage, le principe fiduciaire, du latin *fiducia*, « confiance » qui fonde tout échange humain, doit prendre toute son envolée et devenir la confiance que l'on accorde à l'humanité entière, seule en mesure de créer ses propres *valeurs* qui confèrent un sens nouveau à l'histoire.

Lingots d'or
Photo : Joe Drivas, Getty Images

ÉPILOGUE

L'OR TRÉSOR

La production de faux objets métalliques préhispaniques

Paloma Carcedo de Mufarech, Ph. D. Histoire de l'art, Pontificia Universidad Católica, Lima, Pérou

Le plus grand coffre au trésor du monde

Hélène Dionne, ethnologue et muséologue, Direction de la publication, Musée de la civilisation, Québec

***Or des Amériques*, un voyage au-delà des frontières**

Hélène Daneau, historienne et muséologue, chargée de projet de l'exposition *Or des Amériques*

La production de faux objets métalliques préhispaniques

PALOMA CARCEDO DE MUFARECH
Professeure d'histoire de l'art, Pontificia Universidad Católica, Lima, Pérou

Traduit de l'espagnol par Louis Jolicœur

LES ARCHÉOLOGUES ET LES HISTORIENS qui se consacrent à l'étude de l'art précolombien du Pérou sont habitués à la triste réalité que constituent les pillages de tombes, la destruction du patrimoine, la falsification, l'achat et la vente d'objets, et à bien d'autres difficultés propres à ce champ d'étude. Si de telles choses se produisent, c'est en partie parce que le Pérou est l'héritier d'un riche patrimoine matériel préhispanique, mais aussi parce qu'au fil des siècles il a conservé quelque chose qui s'est perdu dans plusieurs pays, c'est-à-dire un patrimoine immatériel riche et varié, qui s'est transmis de génération en génération par l'intermédiaire de ses artisans.

Nous avons pu vérifier dans diverses études réalisées dans des communautés andines sur le travail des métaux que les artisans utilisent des techniques et des instruments fort semblables à ceux des cultures qui se sont développées dans les Andes centrales il y a plus de 1 000 ans. On remarque un phénomène analogue dans les domaines de la céramique et du textile préhispaniques, ainsi que pour les tableaux de l'époque coloniale. Les spécialistes, qui ont l'immense responsabilité de conserver cette culture immatérielle, doivent malheureusement faire face à des vendeurs sans scrupule qui offrent à des collectionneurs, mal conseillés et peu préparés, des pièces auxquelles on ne peut attribuer d'autre appellation que celle d'« artisanat moderne ».

◂ Couteau de cérémonie (*tumi*)
Sicán (Lambayeque), Batán Grande, Pérou,
pré-colombien, IXe-XIe siècles apr. J.-C.
Or martelé, argent et turquoise
The Metropolitan Museum of Art, NY, Jan Mitchell and Sons Collection,
don de Jan Mitchell, 199, Inv. : 1991.419.58,
H : 33 cm
Photo : ©The Metropolitan Museum of Art

Le problème de la falsification et de la production de copies de pièces métalliques archéologiques péruviennes n'est certes pas nouveau, mais il s'est amplifié au cours des dernières décennies. Il est d'abord apparu en 1937, année où des journaux comme *El Comercio* et des revues spécialisées[1] ont rapporté la fabuleuse découverte faite par des pilleurs de tombes : d'un *tumi*, de masques, de vases et d'autres objets provenant de Batán Grande, sur la côte nord du Pérou. La nouvelle de la découverte des « trésors cachés » de la région commence à faire tache d'huile : le masque et le *tumi* sicán deviennent les symboles de l'orfèvrerie préhispanique. Puis, le 15 juin 1959, l'édition espagnole de la revue *Life* publie la photo d'un masque sicán extraordinaire – on le confond à l'époque avec un masque chimú –, exposé à la galerie D'Arcy de New York[2]. Les questions fusent de toutes parts au moment de la parution de cette photo. On se demande s'il s'agit d'un faux ou d'une pièce authentique, ou alors on veut savoir comment elle est sortie du Pérou et on accuse même un citoyen américain, James W. Moseley, de l'avoir fait sortir clandestinement[3]. À la suite du scandale du masque de la galerie D'Arcy, des articles commencent à paraître dans le journal *El Comercio* et d'autres journaux locaux[4] pour dénoncer la gravité de l'affaire. D'autres masques semblables commencent à apparaître en divers points du Pérou,

1. « Los trabajos arqueológicos en el departamento de Lambayeque », *El Comercio*, Lima ; « El Oro de Batán Grande », *Revista del Museo Nacional* 6, Lima, 1937, p. 144-168.
2. *El Comercio* : « Desmedro de nuestro patrimonio arqueológico », 15 juin 1959, et « El Perú exigirá la devolución de la mascara de oro », 17 juin 1959.
3. *Peruvian Times*, 6 mai 1960, p. 3.
4. *El Comercio* : « No aclaran como apareció en Galería de los EEUU valiosa máscara incaica » , 15 juin 1959. « El misterio de la máscara de oro », 20 juin 1959. *La Prensa* : « Se cree son muchas las máscaras de oro que han salido del Perú en forma ilegal », et « El Perú exigirá la devolución de la máscara de oro », 17 juin 1959.

Le jeune sacrifié et le coffre en or de la tombe Est de Huaca Loro
Chambre mortuaire sicán de la tombe Est, située sur la face nord du tumulus où s'érigeait le temple de Huaca Loro dans la vallée La Leche, sur la côte nord du Pérou. Photo : Izumi Shimada

tant dans les musées nationaux que dans les collections privées, dont celle d'Hugo Cohen[5], achetée plus tard par la banque Wiese et aujourd'hui exposée au Museo del Banco Central de Reserva, à Lima.

La collection de ce musée pose un problème particulier à cause du grand nombre de faux qu'on y trouve, cela en dépit du fait que, peu avant sa mort, le collectionneur Raúl Apesteguía[6] ait effectué une sélection parmi les objets, éliminant les faux pour n'exposer que les pièces supposément authentiques[7]. À la fin de l'année 1959, la popularité des masques de type sicán est telle que des articles et des caricatures commencent à paraître dans les journaux locaux sur la présence partout au Pérou d'un grand nombre de falsifications de ce type de masques[8].

À partir de ce moment, de fausses pièces de la culture sicán, dont des masques, des vases, des *tumis* et diverses parures semblables aux objets montrés dans les catalogues d'expositions internationales, commencent à circuler sur les marchés, surtout péruviens et américains. Tout au long des années 1960, la prolifération de faux est telle que les collectionneurs américains et européens commencent à écrire à différents spécialistes et à leur envoyer des photos des pièces à vendre. La galerie d'André Emmerich à New York compte parmi celles qui se spécialisent dans la vente d'authentiques pièces métalliques précolombiennes du Pérou, en particulier celles des cultures sicán et chimú. La grande valeur des pièces et la forte demande pour celles-ci vont grandement inciter les faussaires.

À l'époque où j'étais l'assistante de Junius Bird (1979-1984), l'information que nous recevions sur les falsifications était alarmante. Nous avions établi quatre types de falsifications de pièces métalliques préhispaniques en provenance du Pérou, ainsi baptisées par le professeur Bird : « Mr. Chan-Kham collection », « Punch'n Judy », « Pink Crud » et

5. *El Comercio* : « Cuatro máscaras de oro mochica posee el coleccionista Hugo Cohen », 22 juin 1959.
6. Raúl Apesteguía a été assassiné chez lui à Lima le 26 janvier 1996.
7. À ma connaissance, il reste encore des faux dans la collection de la Banco Central de Reserva.
8. *La Prensa* : « Ratifican que aquí se hacen réplicas de máscaras de Oro », 8 novembre 1959 ; pour une caricature, voir *La Prensa* : 11 août 1959.

Vase, décoration en relief représentant une tête humaine avec des canines de félin, des yeux en amandes et des pendants d'oreilles
Sicán (Lambayeque), Pérou, IXe-XIIIe siècles apr. J.-C.
Museo Arqueológico Rafael Larco Herrera, Inv. ML100759
Photo : Museo Arqueológico Rafael Larco Herrera, Lima, Pérou

« Bonamichi », ce dernier étant le nom d'un falsificateur tué par un coup de feu dans une rue de Lima en 1964. Malheureusement, les meilleurs faussaires de tous, les frères Lanao, spécialistes des masques et vases de la culture sicán, sont aujourd'hui décédés.

Jusqu'en 1987, les pièces que l'on préfère falsifier sont celles qui rappellent les cultures sicán et chimú. Elles sont inspirées des découvertes et des pillages de différents sites : les tombes mochica de Huaca Rajada (mai 1987) et de La Mina (1986-1988), les tombes d'élite de la culture sicán de Huaca del Oro à Batán Grande (1991), les tombes cupisniques de Kuntur Wasi (1995). Puis, au fur et à mesure que ces pièces métalliques sont représentées dans les livres d'art et les monographies, ce sont ces modèles que les falsificateurs utilisent de plus en plus pour faire leurs copies.

Dans les années 1990 et au début du XXIe siècle, le gouvernement du Pérou adopte des lois plus sévères contre le trafic illicite de pièces archéologiques. Bien que l'information détenue par les spécialistes sur les pièces métalliques provenant des cultures cupisnique, mochica et sicán soit plus précise que celle dont ils disposaient dans les années 1950, les falsifications continuent à pulluler, essentiellement pour satisfaire le marché péruvien. Cependant, les nouvelles falsifications sont de facture de plus en plus grossière. La demande augmente également en raison de la hausse de la vente de pièces précolombiennes sur Internet. Mais, si le commerce et la falsification d'objets métalliques ne sont pas des phénomènes nouveaux, l'augmentation que nous observons au cours des dernières décennies est remarquable. Différents facteurs peuvent l'expliquer :

1. Les photographies d'objets métalliques andins sont rares et d'accès limité. Elles paraissent dans des publications spécialisées difficiles à obtenir ou dans des livres de luxe auxquels a accès un public restreint. Ainsi, parce qu'elles sont peu connues, il est plus facile de tromper le consommateur.

2. L'étude de la métallurgie est un thème qui intéresse peu les archéologues et les spécialistes des sociétés andines précolombiennes, car il s'agit d'un domaine qui concerne davantage les scientifiques et les ingénieurs. L'archéologie s'est traditionnellement penchée sur la céramique, l'architecture ou le textile, les programmes universitaires consacrés à la métallurgie précolombienne étant fort rares. Le manque de connaissances sur le sujet a amené des archéologues de renom à reconnaître comme authentiques des pièces métalliques de collections privées de facture douteuse. C'est là l'une des causes principales des falsifications et l'un des aspects les plus délicats du débat qui a cours parmi les spécialistes, car le fait qu'une pièce soit reproduite dans un ouvrage ou exposée dans un musée ne signifie pas pour autant qu'elle soit authentique.

3. L'accès aux collections métalliques précolombiennes, tant publiques que privées, est difficile. Le manque de publications ainsi que l'absence d'information sur l'endroit où se trouvent les pièces reproduites dans les livres rendent l'identification et l'analyse de ces pièces fort laborieuses. En outre, les pièces de qualité, en or ou en argent, exposées dans les institutions publiques font l'objet de grandes mesures de sécurité qui obligent le spécialiste à faire

Funérailles de Huayna Capac

Dans Johann Ludwig Gottfried,
Newe Welt und americanische Historien.
Frankfurt, 1655
Musée de la civilisation, bibliothèque
du Séminaire de Québec, SQ025651
Photo : Idra Labrie, Perspective, Musée de la civilisation

valoir toute son expérience pour obtenir, généralement au prix de moult efforts, les permis nécessaires à ses recherches.

4. Les métaux précolombiens restent toujours des métaux, et valent leur « pesant d'or ». Des collections complètes d'objets métalliques préhispaniques ont été utilisées au cours du XXe siècle pour payer des dettes ou régler des affaires, non pas en fonction de leur valeur esthétique ou culturelle, mais pour leur seule valeur matérielle, ce pourquoi elles ont souvent été acquises par des banques ou des particuliers. Dans la plupart des cas, les spécialistes n'ont rien à voir avec ces ventes, ce qui explique pourquoi nous trouvons aujourd'hui des collections publiques ou privées comptant une grande quantité de pièces de facture douteuse. Il faut également mentionner le problème des dons ou des objets saisis puis cédés à des musées d'État sans qu'une étude professionnelle n'ait évalué en profondeur la pertinence d'ajouter les objets en question à leurs collections.

5. Les collectionneurs d'objets métalliques précolombiens cherchent essentiellement des pièces en or ou en argent, et, trahissant par le fait même une mentalité tout à fait occidentale, ils ne comprennent pas que l'or et l'argent servaient souvent de base à l'application d'autres éléments, comme des plumes ou de la peinture. Si bien que, pour laisser à la vue la couche d'or ou d'argent d'un objet, ils n'ont parfois guère de scrupules à éliminer tout type de vestiges iconographiques. Il faut en outre comprendre que la majorité des objets métalliques précolombiens du Pérou sont fabriqués de plaques unies les unes aux autres ou d'objets individuels unis de façon mécanique, ce qui permet aux collectionneurs de manipuler les pièces et de les altérer « à leur goût », les faisant apparaître comme bon leur semble dans les publications. Enfin, malgré le fait que de nombreux spécialistes, conservateurs et collectionneurs soient conscients qu'il existe de nombreuses falsifications et que l'achat de celles-ci est illégal, le commerce de ces pièces demeure plus lucratif que jamais.

6. La dernière question, mais non la moindre, concerne les publications elles-mêmes. C'est là sans doute l'aspect le plus épineux pour le spécialiste. Qui mettrait en doute l'originalité d'une pièce qui a été publiée dans un livre ou un catalogue ? La légitimité d'une pièce est justement consacrée par les publications. Lorsqu'un lecteur consulte un livre ou un catalogue, il ne met pas en doute l'originalité des pièces qui s'y trouvent, car celles-ci sont en quelque sorte endossées par le signataire des textes. Ce que le lecteur ne sait pas, c'est que les spécialistes envoient souvent leurs articles aux éditeurs, lesquels peuvent ensuite ajouter d'autres photos de leur propre chef, sans les consulter. Il est également possible qu'un texte soit préparé pour le catalogue d'une collection particulière que le spécialiste ne connaît pas dans sa totalité, et qu'en joignant son nom à cette collection il se trouve à l'endosser automatiquement. Les spécialistes devraient-ils présenter des reproductions de pièces métalliques archéologiques non enregistrées ou de provenance douteuse? Je crois qu'il est de notre devoir d'exiger que toutes les pièces publiées avec notre caution soient légalement enregistrées, et de refuser que nos textes puissent endosser des pièces fausses ou de provenance douteuse.

Quand une pièce tombe entre les mains d'un collectionneur, elle a généralement subi différentes transformations. La première étape est le pillage, c'est-à-dire la profanation d'un site archéologique. Dans le cas des pièces métalliques, il s'agit en général d'un cimetière ou d'une tombe. Au Pérou, le pillage de tombes a une longue tradition. Il est même parfois commis par des spécialistes de ce genre de travail, appelés *huaqueros*. Ces pilleurs, parfaitement organisés, utilisent lors de leurs excavations des piliers, des pelles, des leviers et parfois même des bulldozers, détruisant tout sur leur passage et ne conservant que ce qu'ils estiment avoir une valeur mercantile. Les pilleurs, une fois leur butin obtenu, modifient les pièces en prévision de la vente. Ces modifications se font en différentes étapes. D'abord, ils lavent la pièce pour en enlever la boue ou la terre provenant de la tombe. Ensuite, s'il s'agit par exemple d'un masque, ils enlèvent tous les restes de cinabre, de peinture, de toile ou de plumes qui y adhèrent encore, de sorte que la pièce apparaît telle qu'elle doit être à leurs yeux, ou aux yeux du futur acheteur: un objet métallique lisse et sans aucune autre trace. Si au moment d'ouvrir la tombe les pilleurs mettent la main sur des pierres semi-précieuses, des morceaux de métal ou des pièces métalliques détachées de leur ensemble, ils reconstruisent les pièces selon leur goût ou selon celui du futur acheteur. Or, dès que les pièces ainsi recomposées sont publiées sans que rien n'indique que leur forme originelle a été altérée, elles sont ensuite copiées pour en faire des souvenirs, voire des faux.

Tout spécialiste qui a participé à des fouilles scientifiques sait que les pièces métalliques que l'on découvre dans les tombes précolombiennes du Pérou se trouvent, la plupart du temps, les unes par-dessus les autres, et qu'elles sont fortement endommagées par le passage du temps, les courants d'eau, le mouvement et le poids de la terre, etc. Voilà autant d'éléments qui peuvent modifier la patine et causer d'importantes transformations chimiques au métal. Les colliers, par exemple, sont en général empilés les uns sur les autres et souvent le fil de coton qui les reliait ne résiste pas au poids des siècles. Lorsque ces pièces sont retirées brusquement, comme c'est le cas lors des pillages, le fil se brise, détruisant ainsi la structure exacte des colliers. Le pilleur les recompose alors à son goût pour ensuite les vendre aux collectionneurs, qui les exposent tels quels, comme s'il s'agissait de leur structure originelle. Parfois, on réserve un sort similaire aux pièces de toile ornées de plaques métalliques cousues. Dans ces circonstances, la tâche du spécialiste consiste à examiner attentivement l'objet pour tenter de découvrir quel était l'état exact de la pièce lorsqu'elle a été enterrée, de manière à pouvoir déterminer avec exactitude son usage et sa symbolique.

Le cas le plus éclairant pour nous permettre de comprendre la situation des falsifications d'objets métalliques au Pérou est sans doute celui du Museo de Oro del Perú y Armas del Mundo, de Lima. En avril 2001, à titre de spécialiste de la Pontificia Universidad Católica du Pérou, on me demande d'agir pour l'Instituto Nacional de Defensa de la Competencia y Protección de la Propiedad Intelectual (INDECOPI), pour évaluer les pièces métalliques exposées dans ce musée. Après avoir fait l'examen de 20 000 objets, ma collègue Gabriela Shöerwel, représentante de l'Instituto Nacional de Cultura, et moi-même avons recensé et décrit dans notre rapport cinq types de pièces métalliques exposées dans les vitrines du musée: des originaux[9], des répliques[10],

9. On entend par « originaux » les pièces ayant appartenu historiquement à une culture précolombienne des Andes centrales et qui détiennent de ce fait une grande valeur historique et patrimoniale. Ces pièces doivent être exposées selon les critères actuels de conservation et accompagnées d'une explication où l'on décrit la culture à laquelle chaque pièce appartient, le matériau avec lequel elle a été fabriquée, la technique utilisée pour son élaboration, ainsi que son usage. En outre, elles doivent être dûment cataloguées et enregistrées dans les archives du musée et de l'Instituto Nacional de Cultura (INC), selon les normes en vigueur dans cette institution.

10. On entend par « répliques » les pièces élaborées aujourd'hui par un artisan et dont le matériau (or, argent ou cuivre), la technique de travail, ainsi que le poids, la mesure et la forme doivent correspondre exactement à ceux de la pièce originale, de telle sorte que le visiteur ne puisse distinguer l'original de la réplique. Pour cette raison, toute réplique doit arborer sur une partie non visible de la pièce le sceau de l'orfèvre ou de l'artisan, ainsi que l'année de fabrication. Une fois la réplique fabriquée, le moule, si moule il y a, doit être détruit devant notaire, car chaque réplique doit être unique. Une explication claire doit apparaître en vitrine indiquant qu'il s'agit d'une réplique, « dont l'original se trouve dans tel musée ou telle collection », dans le but d'éviter toute confusion. Des répliques de pièces métalliques, en particulier de pièces en or, sont exposées dans certains musées qui n'ont pas les ressources nécessaires pour assurer la sécurité des lieux; dans d'autres cas, des répliques seront utilisées dans le but d'améliorer la compréhension d'une exposition dans son ensemble. Avant d'effectuer une réplique, il faut, bien entendu, obtenir les permis réglementaires de la part de l'institution qui détient la pièce originale. Les répliques n'ont pas de valeur historique ou patrimoniale, mais elles peuvent avoir une certaine valeur sur le marché de l'art, selon leur qualité.

des copies[11], des pièces reconstruites avec du matériel archéologique mais de facture moderne[12], et des pièces d'artisanat moderne ou des inventions[13]. Même si les nuances proposées sont utiles et éclairantes, on pourrait en réalité réduire ces cinq catégories à deux seules : les originaux et les faux.

Certes, je trouve dommage de voir qu'un musée aussi important ait exposé tant de pièces fausses au milieu de pièces uniques et extraordinaires. Cela étant dit, l'expérience de distinguer les originaux des faux s'est avérée fort instructive. D'abord, nous avons pu constater que les pièces les plus copiées avaient fait l'objet de reproductions parues au cours des années précédentes dans des livres d'art péruvien. Ensuite, nous avons découvert que la majorité d'entre elles avaient été trouvées lors des fouilles archéologiques scientifiques effectuées sur les sites des tombes royales de Sipán (1987) et de Kuntur Wasi (1992), ainsi que sur le site du projet archéologique sicán de Huaca del Oro, à Batán Grande (1992-1995). Par ailleurs, certaines de ces pièces ont vu leur valeur monter en flèche après ces découvertes et grâce à la publicité qui a suivi. On peut donc facilement déduire à quel moment ces pièces ont été acquises par les musées.

Il est d'usage dans les livres d'art (mais non dans les livres scientifiques) que les pièces soient reproduites de face, sans mesures ni détails quant à la partie arrière. L'orfèvre faussaire dont la tâche est de copier une pièce à partir des photos d'un de ces livres ne peut qu'imaginer les dimensions exactes et la partie arrière de la pièce. Or, si cette dernière peut, même sans ces détails, avoir l'apparence d'un objet précolombien, il ne fait aucun doute pour le spécialiste que l'orfèvre n'a jamais tenu l'original entre ses mains.

Nous avons également pu observer au cours de ce travail que des ateliers se spécialisaient dans certaines techniques et certains matériaux. Ainsi, nous avons pu séparer en groupes distincts les figures ainsi que les pièces creuses, martelées et laminées. La majorité des rondes-bosses et des figures creuses étaient faites par le même orfèvre faussaire ou le même atelier et conservaient un style déjà connu dans les années 1960 et associé à Bonamichi. L'élément qui nous a le plus étonné était que de nombreuses pièces arboraient clairement la facture et le sceau de leur orfèvre, de sorte qu'après quelques jours il était possible de classer les pièces par artiste et par atelier. Les pièces pouvaient être reconnues non seulement par leur technique, mais aussi par le matériau utilisé. Il était en effet facile de distinguer ceux qui travaillaient l'or ou l'argent de ceux qui utilisaient d'autres alliages. On pouvait ainsi facilement distinguer les styles « Bonamichi », « Lanao », « Mr. Chan-Kham collection », « Punch'n Judy » ou « Pink Crud ».

Les orfèvres actuels, à l'instar de ceux de l'époque précolombienne, sont des artisans spécialisés qui travaillent chacun dans leur secteur de prédilection : pièces creuses, laminées, dorées ou soudées. Certaines familles ou certains ateliers se sont également spécialisés dans le travail de l'or, de l'argent ou du cuivre. Comme chaque artiste, l'orfèvre faussaire a un style, une marque. C'est un créateur et son esprit habite forcément chaque œuvre qu'il conçoit. Je suis certaine que les orfèvres qui ont fait ces pièces n'ont jamais imaginé qu'elles seraient exposées comme s'il s'agissait de pièces originales précolombiennes.

Ce qui s'est produit au Museo de Oro del Perú y Armas del Mundo n'est qu'un signal d'alarme pour les autres institutions publiques et privées, que l'on doit sensibiliser au grave problème des falsifications et altérations des objets métalliques précolombiens. L'achat de pièces et les falsifications constituent une réalité pour tous les spécialistes au Pérou. Des personnes fortunées achètent des objets en pensant faire une bonne affaire et elles ont peine à reconnaître qu'elles ont été trompées. Quant aux artisans, ils créent des pièces en utilisant des techniques ancestrales et, très souvent, ils ne sont pas coupables de l'utilisation que des tiers font de ces pièces.

---

11. On entend par « copies » les pièces de facture moderne élaborées en copiant un original existant dans un musée ou une collection. Le matériau, la technique de travail, ainsi que le poids, la mesure et la forme de l'objet fabriqué n'ont pas, dans ce cas-ci, à correspondre exactement à ceux de la pièce originale. Les copies sont fréquemment utilisées aujourd'hui pour être vendues comme souvenirs dans les boutiques des musées. Toute copie doit être accompagnée d'une explication qui donne les détails relatifs à l'endroit où elle a été faite et à celui où se trouve l'original. Les copies de facture moderne n'ont aucune valeur historique ou patrimoniale, mais elles peuvent avoir une certaine valeur sur le marché de l'art, selon leur qualité.

12. On entend ici les pièces dont les composantes sont d'origine archéologique, mais qui ont été modifiées dans le but de recréer une pièce dont l'aspect final peut s'apparenter à une pièce précolombienne. Ces « recréations », faites selon le goût d'une personne donnée, ne respectent aucun critère scientifique et ne correspondent à aucun modèle iconographique, technique ou stylistique de l'époque précolombienne. Les composantes de ces pièces peuvent avoir une valeur historique ou patrimoniale, mais non la pièce dans son ensemble.

13. On entend ici les pièces de facture moderne qui ne sont ni des originaux, ni des copies, ni des répliques, mais simplement de modernes inventions artisanales. Le matériau, la technique de travail, ainsi que le poids, la mesure et la forme de l'objet fabriqué n'ont aucun lien avec des pièces originales précolombiennes. Ces pièces n'ont aucune valeur historique ou patrimoniale et correspondent plutôt à ce qu'on appelle de l'artisanat populaire.

Le plus grand coffre au trésor du monde

Hélène Dionne
Ethnologue et muséologue, Direction de la publication, Musée de la civilisation, Québec

Coffre
Bois et ferrures de laiton,
Fin du XIXe siècle
Musée de la civilisation, Inv. : 87-141
Photo : Pierre Soulard, Musée de la civilisation

Bien des enfants de par le monde ont rêvé de découvrir un trésor. Découvrir un objet caché dans un vieux coffre oublié dans un recoin du grenier ou enterré à cent pas à l'ouest du grand chêne, c'est goûter à l'aventure, toucher au passé. Le coffre est un objet chargé de symbolisme et de mystère. C'est dans un coffre que les conquistadores ont envoyé au roi sa part du trésor. C'est aussi dans un coffre qu'on enfermait à double tour la solde des guerriers et des mercenaires. C'est encore dans un coffre que le trésor royal est gardé dans la chambre forte d'une banque. Et c'est ce même coffre qui a été et est encore convoité par les pirates, les bandits et les révolutionnaires. Dans le cœur de chacun de nous, il y a un coffre où se cache un trésor à découvrir qui fera notre fortune et assurera notre bonheur. Désirer posséder un trésor, c'est s'offrir le rêve d'une vie de luxe et de richesses illimitées. Bien des adultes rêvent encore de richesse instantanée, la preuve en est de l'engouement quasi universel pour les jeux de hasard et les loteries. Le mythe de l'Eldorado se perpétue toujours !

Mais qu'est-ce qu'un trésor? Et à qui appartient-il? La définition courante dit qu'il s'agit d'un ensemble de choses de valeur, accumulées et souvent soigneusement cachées. Il peut aussi s'agir d'un ou de plusieurs objets qu'on admire, qui nous font rêver et qui ont une signification très importante à nos yeux; des objets auxquels on accorde une valeur suffisante pour vouloir les conserver, les protéger, parfois même les garder jalousement ou désirer les transmettre à la génération suivante. Le mot «trésor» vient du latin *thesaurus* qui, utilisé en français, fait référence à l'accumulation de connaissances sur un sujet particulier. En le scindant, on peut aussi y lire les mots «très» et «or». L'or est, aux yeux de la majorité, le métal le plus précieux au monde, le symbole par excellence de la richesse.

Les législateurs en France, au Canada et dans plusieurs pays du monde occidental, ont défini le trésor dans cet esprit: «Un trésor est toute chose cachée ou enfouie sur laquelle personne ne peut justifier sa propriété, et qui est découverte par le pur effet du hasard.» Ils ajoutent: «Un trésor appartient à celui qui le trouve si le fonds où il est découvert n'est la propriété de personne. Si quelqu'un peut justifier la propriété du terrain où le trésor a été découvert, celui-ci peut réclamer la moitié de la valeur au découvreur[1].»

La passion, le désir, la fascination sont tous à l'origine de la constitution d'un trésor. Qui dit trésor dit richesse ou valeur inestimable. Trouver un objet que l'on considère comme un trésor dans le fond d'une caverne, dans le grenier de grand-mère ou au marché aux puces, c'est toucher à l'émotion. C'est transcender la matérialité physique de l'objet pour franchir le pont établi entre le passé et le présent. Montrer cet objet, le faire découvrir à un ami, à un parent, l'exhiber, le faire admirer, c'est partager avec fébrilité l'excitation de notre découverte, notre joie de posséder ce trésor et transmettre une partie de sa passion. Accorder une telle valeur à un ou plusieurs objets nous engage moralement à garantir leur sécurité. Assurer la protection d'un trésor entraîne le retrait de ces pièces «d'or» de la libre circulation et modifie instantanément leur statut et leur nature.

L'angoisse pour quiconque possède un trésor est la crainte de se le faire dérober. Le désir et la convoitise s'emparent du cœur de celui que l'or a envoûté. Certains scénarios de livres ou de films racontent l'astuce, la supercherie ou l'arnaque que des esprits futés ont minutieusement élaborées pour s'emparer du trésor d'autrui. Un trésor volé ou disparu prive son propriétaire du plaisir de le voir, de le toucher, de sentir le frémissement qui va de l'œil aux mains et jusqu'au cœur quand l'admiration vous subjugue l'âme.

Les trésors modernes nous sont souvent révélés par les archéologues. Ces derniers ne font pas qu'estimer la valeur «civilisationnelle» des trésors qu'ils découvrent, ils les interprètent. Ils nous expliquent la signification de ces objets du passé témoins d'identités méconnues. Et tels des Indiana Jones, ils se battent pour que ces trésors de l'humanité soient remis et conservés dans des musées. Les musées sont nés de la passion des collectionneurs et du «besoin de montrer au peuple les joyaux de la Couronne». À la fin du xxe siècle, le Conseil international des musées (ICOM) a défini les musées comme étant «des institutions permanentes, sans but lucratif, au service de la société et de son développement, ouvertes au public et qui font des recherches concernant les témoins matériels de l'homme et de son environnement, acquièrent ceux-là, les conservent, les communiquent et notamment les exposent à des fins d'études, d'éducation et de délectation». Les musées sont donc des écrins géants où sont exposés, protégés et préservés les trésors de l'humanité pour la postérité.

Quand un objet devient-il digne d'être qualifié de trésor? La richesse d'une pièce de trésor ne se résume pas à son unique valeur marchande. La rareté ou l'unicité d'une chose ou d'un savoir peut lui conférer le titre de trésor. Au Japon, les maîtres artisans ayant atteint le sommet de leur art sont considérés comme des «trésors» vivants auxquels la société nippone entière voue un culte et un profond respect, à tel point qu'elle subvient à tous leurs besoins, leur demandant de se consacrer entièrement à leur art afin de transmettre à leurs apprentis leurs techniques et leurs savoirs et de les guider jusqu'à la parfaite maîtrise. Cette pensée se traduit aujourd'hui, dans une majorité de cultures, par un intérêt et une prise de conscience de la valeur inestimable des savoirs traditionnels. Des efforts considérables sont mis en œuvre pour inventorier et conserver le patrimoine immatériel de chacune de ces cultures. La valeur des savoirs immatériels a été reconnue parce qu'elle est le ferment de toute identité culturelle.

1. Code civil [français], 1804, art. 716 et ss.

Outils de travail du prospecteur Joe Mann (Chibougamau)
Photo : Jean-Claude Labrecque, tirée du documentaire *Une rivière imaginaire* (scénario et réalisation d'Anne Ardouin), ©1993

Les musées d'histoire et de civilisation assurant la conservation et la mise en valeur des cultures et des identités par la préservation des collections nationales sont tenus d'y inclure les savoirs associés. C'est pourquoi les objets de culture matérielle sont aujourd'hui considérés comme d'inestimables trésors puisqu'ils sont les témoins de notre culture et l'expression des savoirs des générations qui nous ont précédés et qui ont forgé notre identité. Si les musées d'art acquièrent, présentent et conservent les plus belles expressions artistiques du génie humain, les musées de civilisation ont le devoir et la responsabilité de collectionner et de présenter des expositions qui traitent de tous les aspects des identités culturelles. Les groupes minoritaires, aussi bien que les cultures disparues, doivent être présentés et abordés avec le même intérêt, la même intégrité et le même effort que les groupes majoritaires. Les musées sont donc investis d'une mission délicate : trouver comment réconcilier les différences culturelles des ethnies ou groupes qui composent une nation et s'assurer que leurs représentations soient significatives dans les collections nationales et dans les expositions.

L'héritage n'est pas constitué uniquement d'événements glorieux ou d'objets de richesses. Il faut parfois voir et comprendre l'objet au-delà de sa forme et de son matériau. Il faut permettre à l'objet mis en exposition d'exprimer tout le savoir dont il est porteur. Il faut y voir les gestes de celui qui l'a créé, de ceux qui l'ont utilisé et l'amour de celui qui l'a acquis pour le chérir comme son trésor. La beauté et la valeur de l'objet sont dans l'œil de celui qui regarde. Le visiteur d'une exposition doit prendre un certain recul pour mieux comprendre le joyau qu'on lui propose d'admirer, qu'on veut lui faire voir, sentir et avoir envie de toucher la beauté du trésor qu'il possède collectivement. Il est invité à lire ce qui se cache entre les lignes, comme si la vérité pouvait en émerger.

À vous de découvrir les trésors cachés dans le plus grand coffre au trésor du monde lors de votre prochaine visite dans un musée.

TERRES·NOEVFVES
NOVVELLE FRANCE
COSTE·DE·LA·FLORIDE
Isles·des·Esores
TROPICQVE DE·CANCER
Isles du Perou
LA·LIGNE
MER·DV·SV
LE·PERV
Riuiere des Amazones
La France Antartique
LE·BRESIL
TROPICQVE·DE·CAPRICORNE

Or des Amériques, un voyage au-delà des frontières

Hélène Daneau
Historienne et muséologue, chargée de projet de l'exposition *Or des Amériques*

Il y a déjà cinq siècles, des hommes ont franchi l'océan pour découvrir et explorer de nouveaux continents et la face du monde en a été changée à jamais. Ils étaient motivés par un but commun, un même désir: trouver de l'or et devenir riches! Ce métal, qui n'est après tout qu'un minerai, a profondément marqué le destin des Amériques. L'or a séduit autant qu'il a détruit et il continue d'envoûter quiconque s'en approche.

Ne dit-on pas du filon d'or qu'il est une veine qui descend au cœur de la terre? L'or s'est écoulé des rivières et a été exhumé des entrailles du continent par des femmes et des hommes qui se sont échinés à le recueillir en espérant y trouver la fortune et la liberté. La fortune, ils l'ont fondue, coulée au fond des mers, ils l'ont jouée et perdue aux cartes, mais la liberté, le véritable gain, ce sont les peuples des Amériques qui l'ont gardée puisque les continents du Nouveau Monde sont vus comme des terres de liberté. Les stigmates laissés par les conflits dans le cœur des Indiens, des immigrants, des esclaves et des Métis existent toujours mais la liberté, cette richesse jamais acquise, son désir et l'espoir de l'obtenir signent d'un trait l'âme des Amériques.

Telle une flamme qui repousse les limites de la nuit, l'énergie que suscite la quête de l'or a embrasé de son souffle tous ceux qui se sont rencontrés pour réaliser ce projet d'exposition. Par-delà les frontières et l'immensité du territoire, à travers la richesse de nos différences linguistiques et culturelles, des voix et des mains se sont unies pour rassembler cet *Or des Amériques*. La réalisation de l'exposition a été une expérience humaine et professionnelle très enrichissante qui a favorisé le maillage des connaissances et des amitiés. Un sentiment d'appartenance est né de la conviction d'avoir fait progresser le projet. L'identité de l'équipe a dépassé la somme des individus qui la composaient.

La collaboration teintée de complicité qui a existé tout au long du projet aura permis de nourrir les instants de création, de sensibilité et d'émotions, et de forger la signature de cette exposition. L'énergie que vous aurez ressentie, aussi bien en visitant la salle qu'au fil des pages de ce livre, vient de l'exceptionnelle communion d'esprit que nous avons partagée. La réalisation d'une exposition de grande envergure ne peut se faire qu'avec l'appui inconditionnel d'une équipe. Je remercie donc sincèrement toutes les personnes qui ont œuvré à la réalisation de l'exposition *Or des Amériques* et qui en ont, d'ores et déjà, assuré la réussite.

Carte marine de l'océan Atlantique
de Pierre de Vaux, 1613.
Photo: AKG-images

Où sera le prochain Eldorado ?

Cours d'eau à Cap-Tourmente, Québec
Photo : Frédérick Bussières

Index

Le Vaisseau D'Or

C'était un grand vaisseau taillé dans l'or massif.
Ses mâts touchaient l'azur sur des mers inconnues
La Cyprine d'amour cheveux épars chairs nues
S'étalait à sa proue au soleil excessif

Mais il vint une nuit frapper le grand écueil
Dans l'océan trompeur où chantait la Cyrène
Et le naufrage horrible inclina sa carène
Aux profondeurs du gouffre immuable cercueil!

Ce fut un vaisseau d'or dont les flancs diaphanes
Révélaient des trésors que les marins profanes
Dégoût Haine et Névrose ont entre eux disputé

Que reste-t-il de lui dans la tempête brève
Qu'est devenu mon cœur navire déserté!
Hélas! il a sombré dans l'abîme du rêve!

Émile Nelligan. F.W.

4 Mars 1912.

Table des matières

◂ Le Vaisseau d'or
Poème manuscrit d'Émile Nelligan, 1899
Photo : Bruno Rodi

COMPOSÉ EN MINION CORPS 11 ET EN ARGO
SELON UNE MAQUETTE RÉALISÉE PAR PIERRE-LOUIS CAUCHON
CET OUVRAGE A ÉTÉ ACHEVÉ D'IMPRIMER EN AVRIL 2008
SUR PAPIER HORIZON GLACÉ 200 M
SOUS L'ŒIL ATTENTIF D'YVON BÉGIN DES PRESSES LITHOCHIC À QUÉBEC
ET RELIÉ AUX ATELIERS MULTI-RELIURES S.F.
LE TOUT POUR LE COMPTE DE GILLES HERMAN
ÉDITEUR À L'ENSEIGNE DU SEPTENTRION